Ellen Key

Das Jahrhundert des Kindes

Studien

Übersetzt von Marie Franzos

Ellen Key: Das Jahrhundert des Kindes. Studien

Übersetzt von Marie Franzos.

Berliner Ausgabe, 2016
Durchgesehener Neusatz bearbeitet und eingerichtet von Michael Holzinger

Barnets århundrade. Erstdruck: Stockholm, Bonnier, 1900. Deutsche Erstausgabe: berlin, S. Fischer Verlag, 1902, übersetzt von Marie Franzos unter dem Pseudonym Francis Maro.

Herausgeber der Reihe: Michael Holzinger
Reihengestaltung: Viktor Harvion
Umschlaggestaltung unter Verwendung des Bildes:
Hanna Hirsch-Pauli, Porträt der Ellen Key

Gesetzt aus der Minion Pro, 11 pt

Inhalt

Eurer *Kinder Land* sollt ihr lieben: diese Liebe sei euer neuer Adel, – das unentdeckte, im fernsten Meere! Nach ihm heiße ich eure Segel suchen und suchen!

An euren Kindern sollt ihr *gut machen*, dass ihr eurer Väter Kinder seid: alles Vergangene sollt ihr *so* erlösen! Diese neue Tafel stelle ich über euch!

Also sprach Zarathustra.

Allen Eltern,
die hoffen, im neuen Jahrhundert
den neuen Menschen zu bilden.

1. Das Recht des Kindes, seine Eltern zu wählen

Alle, die, von wehmütigen Erinnerungen oder bebenden Hoffnungen erfüllt, der Jahrhundertwende harrten und bei dem Glockenklang des Zwölfschlages unzählige unbestimmte Ahnungen in die Welt hinaussandten, sie fühlten, dass das neue Jahrhundert ihnen selbst mit Gewissheit nur eines geben würde, Ruhe; dass die jetzt Wirkenden nicht mehr Zeuge der Entwickelung sein würden, deren Bahn die Richtung zu geben sie bewusst oder unbewusst das ihre beigetragen.[1]

Die Ereignisse um die Jahrhundertwende veranlassten eine Zeichnung des neuen Jahrhunderts als eines nackten Kindleins, das sich zur Erde hinabsenkt – aber sich erschrocken zurückzieht bei dem Anblick des mit Waffen gespickten Balles, auf dem für die neue Zeit nicht ein Zoll breit Boden frei ist, den Fuß darauf zu setzen! Die vielen, die über den Sachverhalt nachdachten, den das Bild veranschaulichte: wie auf den ökonomischen und den kriegerischen Schlachtfeldern alle niedrigen Leidenschaften des Menschen noch entfesselt werden; wie es der ganzen ungeheuren Kulturentwickelung des verflossenen Jahrhunderts noch nicht gelungen ist, dem Kampfe ums Dasein edlere Formen zu verleihen – sie haben ganz gewiss auf ihre Frage, warum dem noch so ist, sehr verschiedene Antworten gefunden. Einige begnügen sich damit, überlegen zu erklären, dass es, so wie es ist, bleiben müsse, da die menschliche Natur dieselbe bleibe; da der Hunger, die Fortpflanzung und das Verlangen nach Geld und Macht immer den Weltverlauf beherrschen würden. Andere wieder sind überzeugt, dass, wenn die Lehre, die durch 1900 Jahre vergeblich versucht hat, diesen Verlauf umzuwandeln, einmal eine lebendige Wirklichkeit in den Seelen der Menschen würde, die Schwerter zu Pflugscharen umgeschmiedet werden würden.

Ich hingegen bin überzeugt, dass alles nur in dem Maße anders wird, in dem die Menschennatur sich umwandelt, und dass diese Umwandlung sich vollziehen wird, nicht wenn die ganze Menschheit christlich wird, sondern wenn die ganze Menschheit zu dem Bewusstsein von der »Heiligkeit der Generation« erwacht. Dieses Bewusstsein wird das neue Geschlecht, seine Entstehung, seine Pflege, seine Erziehung zu

1 Dieses Buch erschien in Schweden – wo der Anbruch des neuen Jahrhunderts am Sylvesterabend 1899 gefeiert wurde – im Dezember 1900, wird aber erst jetzt und in etwas gekürzter Form meinem deutschen Leserkreis übergeben. Stockholm, Februar 1902. *Ellen Key.*

der zentralen Gesellschaftsaufgabe machen, um die alle Sitten und Gesetze, alle gesellschaftlichen Einrichtungen sich gruppieren werden; zu dem Gesichtspunkt, aus dem man alle anderen Fragen beurteilen, alle anderen Entschlüsse fassen wird. Bis jetzt erfährt man bloß in Schulreden und pädagogischen Abhandlungen, dass die Erziehung der Jugend die höchste Angelegenheit des Volkes ist; in Wirklichkeit werden sowohl in der Familie wie in den Schulen und im Staate ganz andere Werte in den Vordergrund gestellt.

Denn die neue Anschauung von der »Heiligkeit der Generation« erhält die Menschheit nicht eher, als bis sie in vollem Ernst die christliche Lebensanschauung verlassen und die angenommen hat, die auch vor Jahrtausenden geboren ward, aber deren Siege erst das soeben vollendete Jahrhundert geschaut hat.

Der Entwickelungsgedanke wirft nicht nur Licht auf einen hinter uns liegenden, durch Millionen von Jahren fortgesetzten Verlauf, dessen schließlicher Höhepunkt der Mensch ist. Er erhellt auch den Weg, den wir zu wandern haben: er zeigt uns, dass wir physisch und psychisch noch immer im Werden begriffen sind. Während der Mensch früher als eine physisch und psychisch unverrückbare Erscheinung betrachtet wurde, die zwar in ihrer Art vervollkommnet, aber nicht umgestaltet werden könne, weiß man nun, dass er im stande ist, sich zu erneuen; anstatt eines gefallenen Menschen sieht man einen unvollendeten, aus dem durch unzählige Modifikationen in einem unendlichen Zeitraum ein neues Wesen werden kann. Beinahe jeder Tag bringt neue Kunde von bisher ungeahnten Möglichkeiten erweiterter physischer oder psychischer Macht, engerer Wechselwirkung zwischen der Innen- und der Außenwelt, der Überwindung von Krankheiten, der Verlängerung des Lebens und der Jugend, des Eindringens in die Gesetze der physischen und psychischen Entstehung. Man spricht sogar davon, unheilbar Blinden eine neue Art Sehvermögen zu geben, Tote ins Leben zurückrufen zu können – all das und vieles andere freilich noch bloß dem Gebiet der Hypothese angehörig, den Möglichkeitsberechnungen der psychischen und physischen Forschung. Aber man sieht doch schon genügend große Ansätze, um zu zeigen, dass die Umwandlungen, die der Mensch durchgemacht hat, bevor er zum Menschen wurde, weit davon entfernt sind, das letzte Wort seiner Genesis zu sein. Wer heute erklärt, dass »die Menschennatur sich immer gleich bleibt« – d. h. so, wie sie sich in den ärmlichen Jahrtausenden gezeigt, in denen unser Geschlecht sich seiner selbst bewusst war – verrät dadurch, dass er auf derselben Höhe der Reflexion steht, wie z. B. ein Ichthyosaurus der

Juraperiode, der vermutlich auch nicht den Menschen als eine Zukunftsmöglichkeit ahnte!

Wer hingegen weiß, dass der Mensch unter unablässigen Umgestaltungen das geworden, was er nun ist, sieht auch die Möglichkeit ein, seine zukünftige Entwickelung in solcher Weise zu beeinflussen, dass sie einen höheren Typus Mensch hervorbringt. Man findet schon den menschlichen Willen entscheidend bei der Züchtung neuer und höherer Arten in der Tier- und Pflanzenwelt. In Bezug auf unser eigenes Geschlecht, auf die Erhöhung des Menschentypus, die Veredelung der menschlichen Rassen herrscht hingegen noch der Zufall in schöner oder hässlicher Gestalt. Aber die Kultur soll den Menschen zielbewusst und verantwortlich auf allen Gebieten machen, auf denen er bisher nur impulsiv und unverantwortlich gehandelt hat. In keiner Hinsicht ist jedoch die Kultur zurückgebliebener als in all den Verhältnissen, die über die Bildung eines neuen und höheren Menschengeschlechts entscheiden.

Erst wenn die naturwissenschaftliche Anschauung die Menschheit durchdrungen hat, kann diese die volle, naive Überzeugung der Antike von der Bedeutung des Körperlichen wiedererlangen. Schon in der Spätantike – bei Sokrates, bei Plato – sah die Seele auf den Körper herab; die Renaissance suchte beide zu versöhnen, aber sie war leider nicht fromm genug – frech war sie hinreichend – als dass ihr eine Aufgabe gelungen wäre, zu der man, wie Goethe von sich selbst sagt, frech und fromm zugleich sein muss. Erst jetzt, seit man weiß, wie Seele und Körper sich gegenseitig aufbauen oder untergraben, beginnt man eine zweite, höhere Unschuld in Bezug auf die Heiligkeit und das Recht des Körperlichen wiederzuerlangen.

Ein dänischer Schriftsteller hat dargelegt, wie das mosaische sechste Gebot ins Nichts zurücksinkt, sobald man einsieht, dass die Ehe nur eine zufällige soziale Form für das Zusammenleben zweier Menschen, das ethisch Entscheidende aber die Art des Zusammenlebens ist. In der Moral vollzieht sich eine allgemeine Verschiebung von den objektiven Gesetzen, die befehlen und zwingen, zu der subjektiven Grundlage, von der die Handlungen ausgehen. Die Ethik wird so eine Ethik des Charakters, der Gemütsbeschaffenheit. Man fordert, absolviert oder verurteilt nach der inneren Beschaffenheit des Individuums, und man nennt nicht gerne eine Handlung unmoralisch, die nur in äußerer Hinsicht mit einem Gesetze nicht übereinstimmt oder demselben widerstreitet. In jedem besonderen Fall entscheidet man nach dem inneren Zustande des Individuums. Und wendet man das auf die Ehe an, so findet man fürs erste, dass diese Form keine Garantie dafür bietet, dass die richtige geschlechtliche Gesinnung vorhanden ist. Diese kann ebenso gut außerhalb wie innerhalb der Ehe da sein, und viele feine und ernste Menschen ziehen nun für ihr Zusammenleben die freiere Form als die sittlichere vor. Aber infolgedessen ändert sich der Inhalt des sechsten Gebotes, der darin bestand, dass jedes Geschlechtsverhältnis, das außerhalb der Ehe entsteht, unsittlich sei. Man macht schon seine Erfahrungen mit Verbindungen außerhalb der Ehe; man sucht neue Formen für das Zusammenleben zwischen Mann und Weib; man stellt das ganze Problem unter Debatte! Die Menschheit befindet sich in dieser Beziehung auf dem Gebiet der Entdeckungen. Man sieht immer mehr ein, wie zusammengesetzt, wie voll von Gefahren für das Glück des Menschen das ganze Geschlechtsverhältnis ist. Man macht beständig neue Beobachtungen, sowohl in Bezug auf die Bedeutung dieses Verhältnisses für die Individuen selbst als für die Nachkommenschaft. Allmählich Licht in dieses Chaos zu bringen, ist das für die Menschheit vor allem Wichtige, und die Litteratur sollte deshalb in diesem Falle die größtmögliche Freiheit haben – im geraden Gegensatz zu den Tendenzen der Gegenwart, die diese Freiheit einschränken wollen. Während ich dem oben Gesagten voll beistimme, möchte ich darauf hinweisen, dass das größte Hindernis einer freien Diskussion über dieses Thema jedoch noch immer die christliche Betrachtungsweise der Entstehung und der Natur des Menschen ist, nach welcher seine einzig mögliche Erhebung aus den Folgen des Sündenfalls durch den Glauben an Christus geschieht. Denn mit dieser Betrachtungsweise kam auch die durch das Christentum in das Abendland eingeführte Anschauung, dass alles mit der Fortpflanzung Zusammenhängende das Unreine sei, das man womöglich unterdrücken, und wenn schon nicht das, so wenigstens in Schweigen und Dunkelheit hüllen müsse. Für das Christentum ist immer noch das Ewigkeitsleben, nicht das Erdenleben das Bedeutungsvolle, und den Dualismus des Daseins sucht es in erster Linie durch die Askese aufzuheben, nicht durch die Veredelung des Trieblebens. Diese Auffassung feiert noch in unseren Tagen ihre Siege, z. B. in der Gesetzgebung gegen »das Nackte« in Kunst und Litteratur!

Die christliche Betrachtungsweise des Geschlechtsverhältnisses als eines Niedrigen und seiner einzig möglichen Heiligung durch die unauflösliche Ehe hat in einem gewissen Zeitabschnitt eine große mittelbare Bedeutung für die Entwickelung gehabt. Sie hat die Selbstbeherrschung gefördert, die das Seelenleben erhoben hat, und die Schamhaftigkeit, die Heimlichkeit, die Treue, die – neben unzähligen anderen

Einflüssen – den Trieb zu Liebe entwickelt haben. Wenn diese Gefühle aus der Liebe verschwänden, so wäre sie nicht mehr menschlich, sondern nur tierisch.

Aber wenn auch die individuelle Liebe zwischen jedem neuen Menschenpaar immer Einsamkeit und Verschwiegenheit fordern wird; wenn auch die persönliche Schamhaftigkeit stets eine der Errungenschaften des Menschen vor dem Tiere bleibt, so ist es doch gewiss, dass diese Art von Geistigkeit, die mit Schweigen und Scham an allen mit diesem Gegenstand zusammenhängenden ernsten Fragen vorbeigeht – oder sie nur als Zweideutigkeiten, als Anlass zu Scherz und Erröten behandelt – dass diese Art von Geistigkeit ausgerottet werden muss!

Nur dadurch, dass jeder von frühester Kindheit an auf jede seiner Fragen über diesen Gegenstand ehrliche, dem betreffenden Stadium seiner Entwickelung angepasste Antworten erhält und so volle Klarheit über seine eigene Art als Geschlechtswesen empfängt, sowie ein tiefes Verantwortlichkeitsgefühl in Beziehung auf seine zukünftige Aufgabe als solches, eine Gewöhnung an ernstes Denken und ernstes Sprechen über diesen Gegenstand, nur dadurch kann ein vornehmeres Geschlecht mit höherer Sittlichkeit hervortreten.

Aber schon als Björnson in *Thomas Rendalen* die Frage der Erziehung der Jugend zur Reinheit durch Einsicht stellte, führte ich als Einwand gegen sein Buch an, dass es so wie die Reinheitspredigten des Christentums sein Streben mehr auf die Beherrschung der Naturtriebe als auf deren Veredelung richte. Ich legte dar, dass Björnson allerdings zwei neue Gesichtspunkte brachte, den der körperlichen Gesundheit und den der Veredelung des Geschlechts, anstatt wie das Christentum einseitig die geistige und die persönliche Seite der Frage zu betonen, und dass diese neuen Gesichtspunkte bedeutungsvoll waren, weil sie den berechtigten Egoismus des Individuums zugleich mit dem verbindenden Altruismus des Solidaritätsgefühls einschlossen. Die Umgestaltung der ererbten Anlagen in Bezug auf das Verhalten der Menschen zur Sittlichkeit und dadurch die Schaffung einer gesunden und glücklichen neuen Generation, bei der die Leiden der jetzigen geschlechtlichen Disharmonie aufgehört haben werden – das war das große Ziel des Björnsonschen Buches. Und für dieses wollte er, dass auch die Schule wirke, durch die Mitteilung der Kenntnis des Menschen als Geschlechtswesens, und wie er als solches sich selbst und dann seine Nachkommenschaft behüten sollte.

Ich wendete schon damals gegen diesen Plan ein, dass die Schule nicht der Ort sei, wo der Grund zu dieser Kenntnis gelegt werden sollte; diese müsste langsam und behutsam von der Mutter selbst mitgeteilt werden und in der Schule nur ihren theoretischen Überbau erhalten. Noch mangelhafter fand ich die eigentliche Auffassung der Keuschheitsfrage als einer körperlichen Reinheitsfrage allein, als eines negativen, nicht eines positiven Ideals, und ich behauptete, dass nur der erotische Idealismus Begeisterung für die Keuschheit wecken könne. Schon durch das Märchen, dann durch die Geschichte und durch die schöne Litteratur muss der Grund zum erotischen Idealismus gelegt werden; die physiologische Einsicht ist in dieser Hinsicht sehr unzulänglich, wenn nicht Phantasie und Gefühl sich in derselben Richtung bewegen. Und weder Phantasie noch Gefühl werden durch Naturkunde und körperliche Übungen allein rein erhalten, ebensowenig wie durch christlichen Religionsunterricht!

Nein, man muss, auf naturwissenschaftlicher Basis, in neuer und edlerer Form die ganze antike Liebe zu der Stärke und Schönheit des eigenen Körpers wiedererlangen, die ganze antike Ehrfurcht vor der Göttlichkeit der Fortpflanzung, vereint mit dem ganzen modernen Bewusstsein von dem seelenvollen Glück der idealen Liebe! Nur so kann der Fanatismus der echten Keuschheit die Menschheit aus all den Qualen erlösen, die die sexuelle Zersplitterung und Erniedrigung jetzt mit sich bringen. Es ist tief bedeutungsvoll, dass in der Welt der Vergangenheit dem Weibe auf Grund von Beobachtungen über die Fortpflanzung Göttlichkeit zugesprochen wurde, während im Christentum die Frau als die Jungfrau-Mutter göttlich ward! Der heidnische und christliche Gedanke zusammen werden vereint und veredelt dem Weibe eine neue Andacht vor sich selbst als Geschlechtswesen schenken. Die antike und die moderne Liebe, die Liebe der Sinne und die der Seele werden vereint und veredelt die Menschen, Mann wie Weib, dahin bringen, wieder Eros, den Allherrscher, anzubeten.

Die Bedeutung der Liebe verringern, sie als einen erniedrigenden Sensualismus bekämpfen, heißt nicht, für die Erhebung des Menschen wirken, das heißt im Gegenteil, seine Erniedrigung fördern. Denn ebenso erniedrigend, wie das Geschlechtsleben wäre, wenn er in ihm schamerfüllt eine tierische Forderung befriedigt, wäre es, wenn er zur Erhaltung der Art mit Widerwillen eine als niedrig angesehene Pflicht erfüllte!

Schon die Antike – z. B. wenn Lykurg Gesetze gab in der Gewissheit, dass »in blühender Frauen Schoß eines Volkes Stärke liegt«, und man demgemäß in Sparta die physische Ausbildung des Weibes überwachte wie des Mannes und das Heiratsalter mit Rücksicht auf eine kräftige Nachkommenschaft bestimmte – stand höher als die Gegenwart. Noch höher stand das Judentum in Bezug auf die Auffassung von dem Ernst der Zeugung, eine Auffassung, die sich in der strengsten Gesundheitsgesetzgebung ausdrückt, die die Geschichte kennt. Die jüdische, sowie andere morgenländische Gesetzgebungen ruhten in Bezug auf die Geschlechtsmoral sowie in Bezug auf die Diät auf scharfsinnigen Beobachtungen der Naturgesetze und der Krankheiten. Und ehe nicht die Menschen anfangen, mit alttestamentarischer Schlichtheit und alttestamentarischem Ernst die Lebensfragen zu behandeln, die der Idealismus des Christentums zwar vergeistigt, aber gleichzeitig erniedrigt hat, kann nicht der Grund zu einer neuen Ethik in diesen Fragen gelegt werden.

Diese neue Ethik wird kein anderes Zusammenleben zwischen Mann und Weib unsittlich nennen, als das, welches Anlass zu einer schlechten Nachkommenschaft gibt und schlechte Bedingungen für die Entwickelung dieser Nachkommenschaft hervorruft. Und die zehn Gebote über diesen Gegenstand werden nicht vom Religionsstifter, sondern vom Naturforscher geschrieben werden.

Aber noch – teilweise infolge der verkehrten Schamhaftigkeit in diesen Dingen – hat die Wissenschaft nur sehr unvollständige Beobachtungen über die physischen und psychischen Bedingungen für die Erhöhung des Menschentypus schon in und mit der Zeugung anstellen können.

Die Ontogenie ist eine für unser Jahrhundert neue Wissenschaft. Von Leeuwenhock, de Graaf und anderen vorbereitet, wurde sie von v. Baer 1827 begründet. Die Meinungsverschiedenheiten und die Entdeckungen der verschiedenen Theorieen sind noch lange nicht zu Ende geführt, und neben den rein wissenschaftlichen treten die sozialen oder physiologischen oder ethischen Gesichtspunkte hervor. Man hat behauptet, dass durch Veränderungen in der Ernährungsweise der Mutter das Geschlecht des Kindes bestimmt werden könne; man hat beweisen wollen, dass ungefähr? aller genialen Menschen Erstgeborene seien.[2] Viele männliche und weibliche Ärzte heben die Wichtigkeit, nicht durch künstliche Mittel die Mutterschaft zu verhindern, sowie die Bedeutung der Enthaltsamkeit während der Schwangerschaft als Grund-

2 Professor Schenk in Wien und Professor Axenfeld in Perugia. Beider Sätze gehören noch in das Gebiet der sehr fraglichen Hypothesen. Aber in diesen wie in so vielen anderen Fällen wird es sich vielleicht zeigen, dass die kühnen Hypothesen neue Entdeckungen veranlassen.

bedingungen für die physische und psychische Gesundheit der Mutter wie des Kindes hervor; andere wieder sehen jenes für ungefährlich, dieses für unnötig an. Die Absolutisten betonen, dass die Mutter vor der Geburt des Kindes keine Spirituosen über die Lippen bringen dürfe, sowie dass alkoholartige Getränke nicht in die Diät der nährenden Mutter oder später in die des Kindes fallen sollen. Der Vegetarismus hebt die Bedeutung seiner Prinzipien für die Gesundheit und Gemütsart von Mutter und Kind hervor, u. s. w. Man studiert, von welchem Einfluss das Alter der Eltern auf das Kind ist. Große Jugend der Eltern scheint ungünstig für die Nachkommenschaft zu sein, ebenso wie hohes Alter. Das erste Kind einer zu jungen Mutter ist oft schwach; und außerdem ist von ihr gewöhnlich die Mutterfreude nicht ersehnt, weil sie fühlt, dass sowohl physisch wie psychisch das Kind eine zu große Bürde für sie ist, die selbst eben noch Kind gewesen. Der Wunsch nach einem kräftigen, gut aufgezogenen Nachwuchs erfordert so die Hinausschiebung des Heiratsalters für die Frau, das im Norden – wenn nicht vom Gesetz, so von der Sitte – auf ungefähr zwanzig Jahre festgesetzt werden sollte. Und das ebenso sehr, damit das junge Weib einige Jahre sorgloser Jugendfreude und ungestörter Selbstentwickelung hinter sich, wie damit sie die für die Mutterschaft notwendige physische Entwicklung erreicht habe. Wenn zwanzig Jahre als das früheste Heiratsalter betrachtet würde, so würde das faktische oft noch um einige Jahre hinausgerückt werden, zum Wohle der Frau, des Mannes, der Kinder und der ganzen Ehe, in der die meisten Konflikte dadurch verursacht werden, dass die Frauen über ihr Schicksal entschieden haben, bevor ihre Persönlichkeit noch bestimmte Formen annehmen, bevor ihr Herz noch seine Wahl treffen konnte. Die Liebe des Mannes wählt, und das junge Mädchen verwechselt oft das Glück, geliebt zu werden, mit dem Glück, zu lieben, das sie später vielleicht in tragischer Weise erlebt. Zu den vielen Fragen, die im Zusammenhang mit der Erblichkeit und der Auslese stehen, gehört auch die von der Bedeutung der Absicht der Natur, oft starke Gegensätze die stärkste Anziehung ausüben zu lassen, eine Anziehung, die sich dann während des ehelichen Zusammenlebens oft in Widerwillen verwandelt, und beinahe immer in Unduldsamkeit gerade gegen die Eigenart, die ursprünglich einen so tiefen Zauber besaß. Die Natur scheint in diesem Falle ihr Ziel mit großer Rücksichtslosigkeit gegen das Glück des Individuums erreichen zu wollen. Manchmal zeigen sich nämlich wirklich die Gegensätze der Eltern in dem Kinde zu voller Harmonie verschmolzen; zuweilen hingegen äußern sie sich als tiefe Disharmonie, aber in beiden Fällen entsteht oft das Ausnahmewesen. Zu richtigen Schlussfolgerungen in diesem Falle zu gelangen, gehört zu den zahlreichen noch offenen Möglichkeiten.

Am allerstärksten bekriegen sich die Meinungen in der Vererbungstheorie, wo der Kampf zwischen Darwins Ansicht, dass auch erworbene Eigenschaften sich vererben, und Galtons und Weismanns Überzeugung, dass das nicht der Fall sei, geführt wird. In Zusammenhang damit steht auch die Frage der konsanguinen Ehen, die einige als an und für sich gefährlich für die Nachkommenschaft betrachten, andere als nur aus dem Gesichtspunkte gefährlich, dass derselbe Familienzug sich oft bei beiden Eltern vorfindet und dann so bei den Kindern verstärkt auftritt; z. B. dass die angeborene Kurzsichtigkeit beider Gatten Blindheit wird, ihre Dummheit Idiotismus, ihre Schwermut Schwachsinn u. s. w.

Das Abendland hat allmählich die morgenländische Ehegesetzgebung aufgehoben, die Moses geltend gemacht hat – während die anderer morgenländischer Gesetzgeber, zum Beispiel Manus und Mohammeds, noch zum großen Teil befolgt werden, sowie auch in China entsprechende Gebote verpflichtende Macht haben. Hie und da hat das Gefühl von der Bedeutung der Erblichkeit bei einigen abendländischen Schriftstellern durchgeschimmert, z. B. bei Thomas Morus, der ebenso wie Plato eine körperliche Untersuchung vor dem Eingehen der Ehe fordert. Aber erst im 19. Jahrhundert hat die Frage nach dem Rechte des Kindes in jeder Hinsicht begonnen, die Aufmerksamkeit auf sich zu ziehen. Und so wie Robert Owen es war, der in einem Fall das allgemeine Rechtsbewusstsein zu Gunsten der Kinder wachrief, durch seine 1815 begonnenen Untersuchungen – die zeigten, dass Kinder unter acht Jahren, von den Hieben der Lederpeitsche angestachelt, 15 bis 16 Stunden arbeiteten, mit der Folge, dass ein Viertel oder Fünftel von ihnen als Krüppel endete – war es ein anderer Engländer, Malthus, der durch seinen schon 1798 herausgegebenen *Essay on the Principle of Population* die Aufmerksamkeit der Gesellschaft auf die Verhältnisse lenkte, die ihn veranlasst hatten, seine Arbeit zu schreiben, nämlich den durch Übervölkerung hervorgerufenen Mangel an Lebensmitteln und die hierdurch verursachte Schwierigkeit, Ehen zu schließen, was wieder seinerseits teils große Kindersterblichkeit, teils Kindermord zur Folge hatte. Schon Malthus sah die Bedeutung der Auslese und die Gefahr der Degeneration der Art ein. Und mit vollkommener Gewissensruhe trotzte er dem Sturm, den er hervorrief. Persönlich ein ebenso untadeliger, wie zartfühlender Mensch, musste Malthus, wie alle anderen Reformatoren der Sittlichkeitsbegriffe, unverschämte Beschuldigungen der Verderbtheit und Unsittlichkeit über sich ergehen lassen. Dasselbe widerfuhr Harriet Martineau, die für Malthus' Ansichten eintrat. Als sie ihre Novelle über diesen Gegenstand schrieb, wusste sie sehr wohl, welchen Dingen sie sich aussetzte. Aber diese seltene Frau, die selbst unvermählt und kinderlos starb, war so früh von dem Gefühl der Heiligkeit des Kindes durchdrungen, dass sie, erst neunjährig, bei der Geburt eines kleinen Schwesterchens auf die Kniee fiel und inbrünstig Gott dankte, der ihr die Gnade zu Teil werden ließ, Zeuge des großen Wunders der Entwickelung eines Menschenwesens vom Anfang an sein zu dürfen! Und dasselbe Gefühl veranlasste sie, in der obenerwähnten Novelle die Pflicht einer freiwilligen Beschränkung der Volksvermehrung darzulegen, weil sie bei dem Gedanken an das Schicksal litt, das die Kinder trifft, deren Anzahl nicht in richtigem Verhältnis zu der Möglichkeit der Eltern steht, sie zu erhalten und zu erziehen. Dieser Teil der Frage von dem Rechte des Kindes hat in allen Ländern Schriften und Gegenschriften hervorgerufen; und da diese Frage in Deutschland wie überall sich noch im Stadium der Diskussion befindet, gehe ich dazu über, in größter Kürze die Meinungsverschiedenheiten über andere Seiten des Rechts des Kindes zu berühren.

In Francis Galtons berühmter Arbeit *Hereditary Genius*[3] ist beinahe schon alles, was aus dem Gesichtspunkte der Rassenveredelung heute gefordert wird, ausgesprochen. Galton, der schon in den siebziger Jahren anfing, Darwins Ansicht, dass auch erworbene Eigenschaften sich vererben, entgegenzutreten, hat seither in dieser Beziehung einen Mitstreiter in dem Deutschen Weismann erhalten, der seinerseits wieder bekämpft wurde, u. a. von dem englischen Darwinisten Romanes.[4]

Galton, der aus einem griechischen Worte einen Namen für die Wissenschaft von der Veredelung der Rasse geschaffen hat, »eugenics«, beweist, dass der zivilisierte Mensch, was die Fürsorge für die Veredelung der Rasse betrifft, jetzt viel tiefer steht als die Wilden, um nicht von Sparta zu sprechen, wo es den Schwachen, den zu Jungen, den zu Alten nicht gestattet war, zu heiraten, und wo der nationale Stolz auf eine reine Rasse, eine kräftige Blüte so groß war, dass die Einzelnen

3 Nicht nur in diesem grundlegenden Werke, sondern auch in »Inquiries into human faculty and its development«, in »Life history album«, »Record of family faculties« und »Natural inheritance« hat Galton seine Gesichtspunkte dargelegt.

4 Romanes ist der Verfasser von »Mental evolution in animals«, »Mental evolution in man« usw.

sich in die Opfer fanden, die dieses Ziel erheischte. Galton – sowie Darwin, Spencer, A. R. Wallace u. a. – hebt hervor, dass das Gesetz der natürlichen Auslese, das in der übrigen Natur »the survival of the fittest« gesichert hat, in der menschlichen Gesellschaft nicht mehr gilt, wo ökonomische Beweggründe zu unrichtigen Heiraten führen, die der Reichtum ermöglicht, während die Armut die richtigen Heiraten hindert, und wo außerdem die Entwickelung der Sympathie als ein die natürliche Auswahl störendes Moment aufgetreten ist. Die erotische Sympathie wählt nämlich nach Motiven, die allerdings auf das Glück des Einzelnen abzielen, aber darum nicht die Veredelung der Rasse verbürgen. Und während andere Schriftsteller[5] einen freiwilligen Verzicht auf die Ehe in jenen Fällen erhoffen, wo dieselbe eine schlechte Nachkommenschaft erwarten lässt, befürwortet Galton hingegen sehr strenge Maßregeln, um die schlechten Menschenexemplare zu hindern, ihre Laster oder Krankheiten, ihre geistige oder physische Schwäche fortzupflanzen. Gerade weil Galton nicht an die Erblichkeit erworbener Eigenschaften glaubt, ist für ihn die Auslese von allergrößter Bedeutung.

Andererseits tritt er dafür ein, mit allen Mitteln jene Heiraten zu fördern, bei denen der Stammbaum auf beiden Seiten eine ausgezeichnete Nachkommenschaft verspricht. Denn für ihn, wie später für Nietzsche, ist das Ziel der Generation die Hervorbringung starker, genialer Persönlichkeiten.

Galton betont, dass der zivilisierte Mensch durch sein Mitgefühl mit schwachen, lebensuntauglichen Individuen dazu beigetragen habe, deren Fortdauer zu unterstützen, während dies seinerseits die Möglichkeiten der Lebenstauglichen, die Gattung fortzupflanzen, verringere. Auch Wallace und mehrere andere heben bei verschiedenen Anlässen hervor, dass die Menschen in Bezug auf diese Fragen härter werden müssen, wenn die Art sich nicht verschlechtern soll; dass die moralischen, sozialen und sympathischen Faktoren, die in der Menschheit dem Gesetz von »the survival of the fittest« entgegengewirkt und es den Niedrigstehenden möglich gemacht haben, sich am meisten zu vermehren, neuen Gesichtspunkten in der Betrachtung gewisser moralischer und sozialer Fragen weichen müssen, wodurch dann das natürliche Gesetz durch den Altruismus unterstützt werden wird, anstatt dass ihm wie bis jetzt dieses Gefühl entgegenwirkt.

Es liegt eine große Wahrheit in Spencers Gedanken, den jemand gerade in diesem Zusammenhang angeführt hat: »Wir sehen den Keim

5 Z.B. W. R. Grey, der die Frage in »Enigmas of Life« behandelt hat.

zu vielen Dingen, die sich späterhin in einer Weise entwickeln, die keiner nun ahnt, und tiefe Umwandlungen der Gesellschaft und ihrer Mitglieder bewirken, Umwandlungen, die wir nicht als unmittelbare Resultate zu hoffen haben, aber die wir als schließliche Folgen getrost erwarten können.« Das Streben, die natürlichen Gesetze zu finden, von denen die Hebung oder das Sinken der Rasse abhängt, ist einer dieser Keime. Aber von der wissenschaftlichen Forschung auf diesem Gebiete gilt auch ein anderes, von der Wissenschaft oft übersehenes Wort desselben Denkers: »Zu dem Eifer, die Wahrheit zu entdecken, muss der Eifer kommen, sie für das Glück der Menschheit zu gebrauchen!« Doch erst wenn die Wissenschaft wirklich in gewissen Schlussfolgerungen zur Einigkeit gekommen ist, kann man erwarten, dass die Menschheit ernstlich ihre Selbstpurifizierung beginnt. Aber dann wird es auch gewiss dazu kommen. Wenn man in ethnographischen und soziologischen Werken[6] liest, welchen ehelichen Restriktionen die wilden Völker sich oft nur auf Grund abergläubischer Vorurteile mit religiösem Gehorsam unterworfen haben, da dürfte die Hoffnung, dass die Kulturmenschen sich einmal vor wissenschaftlich bewiesenen Sätzen beugen werden, wohl nicht zu optimistisch sein!

Wallace befürwortet nicht so absolute Maßregeln wie Galton, um die Ehen der Minderwertigen zu hindern und die der Übermenschen zu fördern. Er sieht ein, dass das Problem ungeheuer verwickelt ist. Unter anderm, weil die persönliche Erotik gerade aus dem Gesichtspunkt der Rassenveredelung außerordentlich wesentlich ist. Wenn die Menschen gleich Zuchtvieh gezüchtet werden könnten, so dürfte das wohl kaum den Übermenschen hervorrufen! Die Menschenrasse des Mittelalters sank, sagte Galton, weil die Besten in die Klöster flohen und die Schlechteren sich fortpflanzten. Aber wenn Galtons strenge Forderungen an jeden Stammbaum erfüllt werden müssten, bevor eine Ehe gestattet würde, so würde nicht nur die Ehe ihren tiefsten Inhalt verlieren, sondern auch die Rasse ihr edelstes Erbe.

Aber auch mit einer starken Begrenzung von Galtons Sätzen und einer weisen Einschränkung seiner Forderungen hat die Wissenschaft schon so viele der ersteren bestätigt, dass man im ganzen genommen die Bedeutung der letzteren zugeben muss. So weiß man, dass die ererbte Anlage bei den Kindern oft ein andere Gestalt annimmt als bei den Eltern; dass z. B. von 300 Idioten 145 zu Eltern Trinker hatten,

6 Z.B. in McLennans »Primitive Marriage« oder Westermarcks »The human marriage«.

und dass die Epilepsie oft durch dieselbe Ursache hervorgerufen wird. Man weiß, dass scheinbar gesunde Individuen oft in demselben Alter von einer Krankheit ergriffen werden, in welchem die Eltern von ihr heimgesucht wurden. Andererseits gibt es auch erfreuliche Erfahrungen dafür, dass Individuen mit Willenskraft gewissen gefährlichen, erblichen Belastungen entgegenarbeiten können. Und was auch und mit vollem Recht in der Diskussion über den Gegenstand hervorgehoben wird, ist die Möglichkeit, dass die krankhafte Anlage des einen Teils durch die Gesundheit des anderen bei den Kindern neutralisiert werden kann. Aber sowohl dieses wie viele andere Momente, ist, wie ich auch oben hervorhob, noch lange nicht ergründet.

Maudsley[7] hat besonders die Frage von der Erblichkeit der Geisteskrankheiten beleuchtet, obgleich auch in diesem Fall die nervösen und psychischen Krankheiten der Eltern bei den Kindern oft ihren Charakter verändern. Auch er fordert ein ärztliches Zeugnis vor der Eheschließung und verlangt, dass das Auftreten einer Geisteskrankheit in der Ehe einen gesetzlichen Grund zur Scheidung bilde. Und er hofft, dass ein »reiner« Stammbaum, in einem neuen Sinne des Wortes, ebenso wichtig für die Ehen der Zukunft werden wird, wie für die des Adels in früheren Tagen. Einer von Maudsleys Sätzen ist so interessant, dass er hier angeführt werden soll, nämlich dass Väter, die ihre ganze Energie für die Erwerbung von Reichtum angespannt haben, entartete Kinder erhalten; denn die erwähnte Nervenspannung untergräbt das System ebenso unfehlbar wie Alkohol oder Opium! Sollte dieser Satz sich bestätigen, so würde man noch einen Gesichtspunkt zu den vielen besitzen, die zeigen, wie lebensfeindlich das jetzige, nur auf Macht und Gewinn abzielende Gesellschaftsleben ist und wie notwendig jene Umgestaltung des Daseins, die die Arbeit und die Produktion einem neuen Zwecke dienstbar machen wird: der Forderung jedes Menschen, ganz, allseitig und menschenwürdig zu leben und eine mit allen Möglichkeiten für ein ähnliches Leben ausgerüstete Nachkommenschaft hinterlassen zu können. Bricht dieser Tag an, dann wird man wie einen erschreckenden Atavismus auf dem Antlitz eines Kindes den Ausdruck entdecken, den ein Künstler der Gegenwart in dem Bilde des Knaben, der »mit der Zeit Millionär wird«, bewahrt hat!

7 Besonders in »The Physiology and Pathology of Mind«. Eine der bekanntesten älteren Arbeiten über diesen Gegenstand ist Prosper Lucas': »Traité philos. et physiol. de l'hérédité naturelle« (Paris 1850).

Schließlich will ich aus der Litteratur über diesen Gegenstand Nietzsches Werke hervorheben. Obgleich Nietzsche seine Gedanken vom Übermenschen nicht unmittelbar auf Darwins Theorieen stützt, sind doch die ersteren, wie Georg Brandes kürzlich dargelegt hat, die große Konsequenz des Darwinismus, die Darwin selbst nicht einsah. In keinem Zeitgenossen ist die Gewissheit stärker gewesen als in Nietzsche, dass der Mensch so, wie er nun ist, nur »eine Brücke« ist, nur ein Übergang zwischen dem Tier und dem Übermenschen; und im Zusammenhang damit sieht Nietzsche die Pflichten der Menschen für die Veredelung der Art ebenso ernst wie Galton, obgleich er seine Sätze mit der Stärke der Seher- und Dichterworte, nicht mit der der naturwissenschaftlichen Beweisführung ausspricht.

Die Litteratur über diese Themen wächst mit jedem Tage, und die verschiedenen Meinungen prallen noch hart aufeinander. Solange dies der Fall ist, hat man allen Grund, die Warnung des deutschen Soziologen Kurella zu beachten, der, als er sich über diesen Gegenstand äußerte,[8] Ammons umstrittenes Buch *Die natürliche Auslese beim Menschen* angriff und darlegte, dass man immer mit sozialen sowohl wie mit anthropologischen Momenten rechnen müsse, wenn man der Entartung der menschlichen Gattung entgegenwirken wolle. Er betonte auch, dass, ob nun die Darwinsche Theorie, von der Erblichkeit erworbener Eigenschaften, oder die seiner Widersacher die siegreiche bleibe, d. h. die Theorie von einer unveränderlichen »Erbmasse«, die von den Eltern auf die Kinder übergeht, sodass bessere Typen nur durch die neue Mischung der Eigenart des Vaters und der Mutter, sowie durch die natürliche Auslese im Kampfe ums Dasein entstehen könnten – man doch behutsam sein müsse, bevor man anfange, auf Grund von anthropologischen Motiven sozial-politisch zu *handeln*. Er setzte schließlich mit vollem Rechte auseinander, dass das Material, das man in den Arbeiten von Spencer. Galton, Lombroso, Ferri, Ribot, Letourneau, Havelock Ellis, J. B. Haycraft, Colajanni, Sergi, Ritchie u. a. besitzt, erst systematisch bearbeitet werden und der Soziologe auch Zoologe, Anthropologe und Psychologe werden müsse, bevor man neue Kulturpläne für die Erhebung des Menschengeschlechts durchführen solle und könne.

In Bezug auf die seelischen Anlagen meinen einige – und das hat ja in unserer Zeit das Interesse für die Mütter berühmter Männer so sehr

8 Mitte der 90er Jahre in »Die Zukunft«.

gesteigert –, dass die Ausnahmsbegabung meistens ihre Eigenart von der Mutter ererbt hat, wenn es ein Sohn, aber vom Vater, wenn es eine Tochter ist. Eine andere, schon besser ergründete Erscheinung scheint die zu sein, dass, wenn in einer Familie die Anlagen in einem Säkulargenie ihren Kulminationspunkt erreicht haben, dieses Genie dann entweder kinderlos bleibt, oder seine Kinder nicht nur gewöhnlich, sondern oft unbedeutend werden – sei es, dass die Natur ihre Produktionskraft in der großen Persönlichkeit erschöpft hat, oder dass, wie man oft annimmt, die schaffende Kraft derselben in geistiger Richtung die Schaffenskraft in geschlechtlicher Beziehung verringert.

Im Zusammenhang mit der Erblichkeitsfrage steht die von der Entwickelung der Rassen. Schon im Anfange von *Origin of Species* hat Darwin gezeigt, wie wesentlich die reine Abstammung für die Heranziehung einer »edlen« Rasse ist, und auf diese Erfahrung stützt sich ein moderner antisemitischer Schriftsteller,[9] der die Juden als das typische Beispiel für die Stärke der reinen Rasse hingestellt hat, ein Gedankengang, den einer der hervorragendsten Repräsentanten des Judentums, Disraeli, auch in den Worten ausgedrückt hat: »Rasse ist alles; es gibt keine andere Wahrheit, und jede Rasse, die sorglos Blutvermischung zulässt, geht unter.« Andere Gelehrte hingegen halten gewisse Rassemischungen für höchst ersprießlich für die Nachkommenschaft.

Ein finnischer Soziologe[10] hat die Bedeutung, die die Schönheit für die Liebe und so für die Rasse erlangt hat, gut motiviert, indem er darlegte, wie der Mensch als körperliche Schönheit die volle Entwickelung all jener Züge aufgefasst hat, die dem menschlichen Organismus im allgemeinen, den beiden Geschlechtern im besonderen und der Rasse in erster Linie ihr Gepräge geben. Er meint, dass dies darauf beruht, dass Individuen mit diesen Zügen gerade die ihren Lebensaufgaben am besten Angepassten sind. Es wird so eine Folge der natürlichen Auslese, dass gerade jene Individuen am schönsten gefunden und am meisten begehrt werden, die zuerst als Menschen am besten die allgemeinen Aufgaben des menschlichen Organismus, als Geschlechtswesen die ihres Geschlechts erfüllen, und die als Rassewesen am besten den sie umgebenden Bedingungen angepasst sind. Im Kampfe ums Dasein sind diejenigen besiegt worden, welche von Menschen abstammen, deren Liebesinstinkte sie zu Individuen zogen, welche jenem Kampfe schlecht angepasst waren, während die Siegenden hingegen

9 H. S. Chamberlain: »Die Grundlagen des 19. Jahrhunderts.«

10 Westermarck: »The human marriage.«

Kinder glücklich angepasster Individuen sind. So hat sich der Geschmack ausgebildet, nach dem die beste Anpassung als die höchste Schönheit erscheint. Diese ist gleichbedeutend mit Gesundheit, mit der Kraft, den Angriffen der Außenwelt zu widerstehen; während jede größere Abweichung vom reinen Typus des Geschlechts und der Rasse einen geringeren Grad von Anpassungsvermögen in sich schließt, d. h. von Gesundheit und so auch von Schönheit.

Ein anderer Schriftsteller hat den Fuß als Beweis für diese Sätze angeführt. Der schmale, hochgewölbte Fuß mit feinem Knöchel wird ja – sagt er – als der schönste betrachtet. Aber dieser findet sich nur zugleich mit einem feinen, starken und elastischen Knochenbau vor. Ein solcher Fuß bekommt außerdem durch seine starke Elastizität eine größere Tragkraft als der platte Fuß. So erleichtert der hochgewölbte Fuß beim Gehen und Springen die Tätigkeit der Lungen und des Herzens. Diese macht wieder den Gang elastisch, fest und leicht, behend und stolz, was, aus demselben Grunde wie die Schönheit des Fußes selbst, als ein Rassezeichen angesehen wird. Diese physische Kraft und Leichtigkeit wirkt auf den Mut, auf das Selbstvertrauen zurück und steigert so das Herrschergefühl und die Lebensfreude, die eines der Merkmale des Adelsmenschen sind.

In welchem Maße diese Beweisführung in diesem einzelnen Falle Stand hält oder nicht, beweist nichts gegen die Wahrheit der Grundanschauung, auf der sie ruht und die sich allmählich durchringt, der Anschauung, nach welcher Seele und Körper sich unter Anpassung an die Umgebung gegenseitig aufbauen.

Es gilt demnach, nicht nur herauszufinden, welche Bedingungen die beste Auslese geben, sondern auch, welche äußeren Bedingungen die schon durch die natürliche Auslese begründeten Eigenschaften stärken oder schwächen. Man hat wieder die Bedeutung der körperlichen Übungen eingesehen, und nachdem man die schmerzlichen Erfahrungen gemacht hat, die notwendig sind, um die Folgen der Übertreibung und Überanstrengung, der Wettraserei und der Sporttorheit zu hindern – die sich besonders für die Frauen mit Hinblick auf die Mutterschaft oft verhängnisvoll gezeigt haben – wird Sport und Spiel, Gymnastik und Fußwanderung, Natur- und Freiluftsleben und eine nach dem Muster der schwedischen Volkstänze regenerierte Tanzkunst eine der herrlichsten Quellen der psychischen und physischen Erneuerung der Generation werden.

In dem Gedanken an diese Erneuerung hat man auch auf den Einfluss der Kunst hingewiesen. So hat man z. B. gezeigt, wie ein Burne-

Jones den neuen englischen Frauentypus geschaffen hat, der sich unter einer allmählich sich vollziehenden Anpassung an den vornehmen und stillen Stil bildete, der durch ihn als der mustergiltige angesehen wurde! Es wird behauptet, dass man nur eine Schar junger Engländerinnen vor seinen Bildern zu sehen brauche, um zu merken, wie nicht nur der Ausdruck, sondern auch die Gesichter eine auffallende Übereinstimmung zeigen! Der Künstler hat der Jugend dieses Gepräge aufgedrückt, bevor sie noch bewusst war; sie sind vor diesen Formen aufgewachsen, haben sie in ihren Bilderbüchern gesehen, sie wurden in Kleider von einem Schnitte gekleidet, der auf die Bilder des Meisters zurückzuführen ist. Ja, noch mehr: aus denselben Gründen, aus denen der griechische Reiz von der statuesken Schönheit beeinflusst wurde, mit der sich die Mütter umgaben, sollen die jetzigen Mütter ihren Kindern den Burne-Jonestypus vererbt haben! In der Antike glaubte man ja auch in anderen Fällen – z. B. bei der Erreichung des erstrebten blonden Haares – dass man dieses, sein Ziel, vorsätzlich erreichen könne.

Was die Bedeutung derartiger äußerer Einflüsse auf die Mütter betrifft, so hat man doch noch zu wenig Material, um darauf Folgerungen aufzubauen; und auch in diesem Falle sind die Gelehrten unter einander uneinig. Ich habe darum nur im Vorbeistreifen auch dieses Moment unter den unzähligen erwähnen wollen, die ergründet werden müssen, bevor die Menschen schließlich sicheren Einblick in die Bedingungen der Menschenwerdung erhalten. In Ermangelung wissenschaftlicher Kenntnisse konnte ich nur die Litteratur und die umfassenden Untersuchungen andeuten, durch die man im vorigen Jahrhundert angefangen hat, Licht über die Rätsel des Werdens zu verbreiten. Noch ruht Dunkelheit über vielen derselben. Aber des Menschen Geist schwebt nun über den Tiefen und wird allmählich eine neue Schöpfung aus ihnen hervorrufen!

Im Zusammenhang hiermit steht die Entwickelung neuer Rechtsbegriffe auf diesen Gebieten. Während die heidnische Gesellschaft in ihrer Härte die schwachen oder verkrüppelten Kinder aussetzte, ist die christliche Gesellschaft in der »Milde« so weit gegangen, dass sie das Leben des psychisch und physisch unheilbar kranken und missgestalteten Kindes zur stündlichen Qual für das Kind selbst und seine Umgebung verlängert. Noch ist doch in der Gesellschaft – die unter anderem die Todesstrafe und den Krieg aufrecht erhält – die Ehrfurcht vor dem Leben nicht groß genug, als dass man ohne Gefahr das Verlöschen eines solchen Lebens gestatten könnte. Erst wenn ausschließlich die Barmherzigkeit den Tod gibt, wird die Humanität der Zukunft sich darin zeigen können, dass der Arzt unter Kontrolle und Verantwortung schmerzlos ein solches Leiden auslöscht. Dagegen aber behält diese christliche Gesellschaft noch immer den Unterschied, zwischen »ehelichen« Kindern und »Kindern der Sünde« bei, einen Unterschied, der mehr als irgend ein anderer dazu beiträgt, eine wirklich ethische Auffassung der Elternpflichten zu erschweren. Solange nicht jedes Kind sowohl dem Vater wie der Mutter gegenüber ganz dasselbe Recht hat, und beide Eltern jedem Kinde gegenüber ganz dieselbe Pflicht, ist noch nicht einmal der Grundstein zu der zukünftigen Sittlichkeit im Zusammenleben zwischen Mann und Weib gelegt.

Die Gesellschaft wird einmal die Gestaltung der erotischen Verhältnisse als die Privatsache der mündigen Individuen ansehen. Die Liebenden, die Verheirateten werden sich als vollkommen frei betrachten und auch so betrachtet werden; bindende Versprechung in Bezug auf Gefühle, eigentumsrechtliche Forderungen in Bezug auf die Persönlichkeit werden ja schon jetzt von feinfühligen und entwickelten Menschen als ein Überbleibsel niedrigerer erotischer Gefühle angesehen, Gefühle, verunstaltet durch Machtgier und Eitelkeit, Grausamkeit und blinde Leidenschaft. Man fängt an einzusehen, dass die vollkommene Treue nur durch die vollkommene Freiheit zu erringen ist; der vollkommene Wesensaustausch nur in vollkommener Freiheit statthaben kann; die vollkommene Güte nur bei vollkommener Freiheit zu erwachsen vermag. Wenn jeder aufhört, die Gefühle und Stimmungen, die Gewohnheiten und Neigungen des anderen nach seinen eigenen zwingen und beugen zu wollen; wenn jeder die Fortdauer des Gefühls des anderen als ein Glück betrachtet, nicht als ein Recht; wenn jeder das mögliche Aufhören dieses Gefühls als einen Schmerz erlebt, nicht als ein Unrecht – dann erst ist zwischen den Seelen der reine, kühle, freie Raum, in dem sich jede mit voller Selbstbestimmung bewegen und beide in voller Einheit verschmelzen können.

Für die Treue wird die Freiheit keine Gefahr. Die Art von Treue, die Kirche und Gesetz gefordert haben, ist gewiss ein bedeutungsvolles Erziehungsmittel gewesen. Aber das Mittel ist ein solches, das nunmehr dem Ziel entgegenwirkt. Denn es hat die Besitzrechtgefühle hervorgerufen, die zur Achtlosigkeit in dem Kultus der Liebe führten; die Zwangsforderungen, die Feindlichkeit in Seele und Sinn weckten; die Menschenfurcht, die alle Art von Unredlichkeit, alle mögliche Heuchelei zwischen den Gatten, sowie gegenüber der »Welt« gezeitigt hat. Wenn die Bande des Zwanges wegfallen, wird das Gefühl erstarken. Denn wenn die äußeren Stützen der Treue fehlen, wird die Kraft dazu von innen geschöpft werden. Obgleich die Menschen immer der Möglichkeit tiefer Irrtümer über sich selbst und den Gegenstand ihrer Liebe ausgesetzt bleiben; obgleich die Zeit stets Menschen und Gefühle verändern kann; obgleich also selbst in einer aus gegenseitiger Liebe eingegangenen Ehe Verhältnisse entstehen können, die Nietzsches Gedanken, dass es besser sei, die Ehe zu brechen, als sich von ihr brechen zu lassen, Recht geben – so wird doch die Freiheit im großen Ganzen die Treue fördern, die stets eine Stütze an der Erfahrung ihres psychologischen und ethischen Werts haben wird.

Nicht durch eine Folge von leicht geknüpften und leicht gelösten Verbindungen bereitet man sich für das Glück der großen Liebe vor. Die freiwillige Treue ist ein Adelszeichen, weil sie den Willen voraussetzt, sich um den Kern seines Lebensinhalts zu konzentrieren, weil sie die Einheit mit unserem eigenen innersten Ich einschließt! Das gilt von der erotischen Treue wie von aller anderen Treue. Erst wenn die Liebe die Frömmigkeit des Werktages und die Andacht der Feierstunden ist; wenn sie unter steter Aufmerksamkeit der Seele gehegt wird; wenn sie eine unablässige Steigerung – oder warum nicht das alte, schöne Wort »Heiligung« gebrauchen – der Persönlichkeit mit sich bringt, erst dann ist die Liebe groß. Dann besitzt sie auch ein höheres Recht als eine frühere Verbindung, weil sie dann gerade die Treue gegen unser eigenes höchstes Ich bedeutet. Aber überall, wo sie nicht diesen Charakter hat, hat sie auch nicht dieses Recht. Sie ist dann ein kleines Gefühl, selbst wenn sie durch eine große Leidenschaft verschönt wird. Und die Kinder, die aus flüchtigen Verbindungen hervorgehen, werden oft ebenso halb, als ihr Ursprung es war. »Die große Liebe ist«, wie mir ein junger Arzt kürzlich schrieb, »nur die, welche so tief ergreift, dass man nach ihrem Verluste nicht mehr ein Ganzes, sondern die Hälfte eines Ganzen ist, obgleich die Natur die Generation gegen Vernichtung geschützt hat, indem sie die Möglichkeit gab, mehr als einmal zu lieben. Aber was das Ideal der Natur ist, darüber können wir nicht im Zweifel sein! Die Rasse, die entstehen würde, falls jungen Männern und Frauen die Möglichkeit gegeben wäre, sich zu vereinigen, wenn die erste Liebe von ihnen Besitz ergreift – jene Liebe, die die tiefste ist – diese Rasse würde gesund und stark und eine andere werden, als die unsere ist. Aber wenn jetzt die Jugend liebt, hat sie selten die Mittel zur Vereinigung; und wenn sie die Mittel hat, dann ist oft das, was sie zu einer ehelichen Vereinigung führt, nicht das tiefste, was sie gefühlt hat, sondern etwas, das, wenn es nicht verfälscht ist, doch ein Surrogat bleibt.«

Eine solche Umgestaltung der Gesellschaftsbedingungen und der individuellen Betrachtung der echten Werte des Lebens, die zur Folge hätte, dass die jungen Männer und Mädchen zwischen zwanzig und dreißig Jahren die Möglichkeit erhielten, ein eigenes Heim zu gründen, und die Fähigkeit, in einfachen Verhältnissen Glück zu empfinden, wäre eine der wesentlichsten Grundbedingungen für die Entstehung eines neuen Geschlechtes, das zugleich das antike Gefühl für den Herd als einen Altar, für das Liebesleben als einen Gottesdienst hätte. Erst durch eine solche Umgestaltung lässt sich erwarten, dass das tiefste Elend der Gesellschaft, die Prostitution, gehemmt werden kann; erst nach dieser Umgestaltung kann man mit vollem Recht von der Jugend die Selbstbeherrschung verlangen, die für die neue Generation die besten Voraussetzungen ihrer gesunden Entstehung schafft.

So wie die Verhältnisse jetzt sind, steht es fest, dass ebenso, wie es tief unsittliche unverheiratete Mütter gibt, man auch solche von tiefer Sittlichkeit findet, die Mütter wurden in einer großen, reinen Liebe zu dem Vater ihres Kindes, aber die aus mannigfachen Gründen mit diesem nicht in »gesetzlicher« Ehe vereint sind. Und auch wenn die Schließung der Ehe erleichtert wird, dürfte doch immer eine solche Mutterschaft der einsamen Frauen fortbestehen.

Björnstjerne Björnson eiferte – zu derselben Zeit, zu der er im Norden über die geschlechtliche Sittlichkeit Vorträge hielt – dafür, dass die Frau, die die Mutterschaft wünsche, aber ihrer Ansicht nach nicht für die Ehe tauge, als voll berechtigt zu der ersteren ohne die letztere betrachtet werden solle, falls sie nämlich gegen das Kind ihre mütterlichen Pflichten erfülle. Dieser Gedanke hat ganz gewiss die Zukunft für sich. In Deutschland ist ein Fall wohl bekannt, in dem ein voll entwickeltes, nicht mehr junges Weib kurz vor ihrer Trauung einsah, dass die Temperamente und Verhältnisse jedes der Teile die Ehe zu einem Unglück für beide machen würde. Sie stand darum von der Trauung ab, brachte unverheiratet ihr Kind zur Welt und erzieht es nun, offen und hingebungsvoll. Sie besitzt jetzt neben dem Arbeitsfrieden und dem Mutterglück die Möglichkeit, auch ihre Pflichten als Tochter zu erfüllen – während das eheliche Zusammenleben all dies für alle Teile zerstört hätte! Hier ist einer der vielen Fälle aus der großen Beispielsammlung des Lebens, welche zeigt, wie töricht die Gesellschaftsforderung ist, die vielfältige Menschennatur in für alle gleiche Formen zu pressen, mit einer für alle in gleicher Weise abgesteckten Pflichtensphäre!

Aber die Pflichtensphäre, die sich immer erweitern wird, ist die, die das Recht des Kindes umschließt. Doch dürften auch deren Grenzen in Zukunft in ganz anderer Weise gezogen sein als jetzt. Als das oberste Recht des Kindes wird es dann betrachtet werden, dass es nicht in einer disharmonischen Ehe geboren wird. Vor allem deshalb muss die Ehe frei werden, das will sagen, dass die Gatten sich nach gegenseitigem Übereinkommen frei trennen können und nur bei der Schließung der Ehe, wie bei ihrer Auflösung gewisse Pflichten gegen die Kinder auf sich nehmen müssen. Solche gesetzlichen Verfügungen wären wohl oft auch in diesem Falle überflüssig, in anderen können sie von Bedeutung sein; aber in keinem werden sie ein Hindernis für die Entwickelung des Verhältnisses zu den Kindern; während hingegen die jetzigen ehelichen Zwangsgesetze – sowohl in Bezug auf die Scheidung wie auf die Vormundschaft des Mannes u. s. w. – Hindernisse für eine höhere Entwickelung des Zusammenlebens zwischen Mann und Weib geworden sind.

Nicht das strammere Anziehen der ehelichen Bande wird die Kinder davor behüten, in einem zerstörten Heim heranzuwachsen: sondern ein vertiefter Ernst bei dem Eingehen der Ehe, aber vor allem ein vertieftes Verantwortlichkeitsgefühl gegenüber den Kindern selbst. Dieses wird es ermöglichen, dass die Gatten, die sich in ihrem ehelichen Glück enttäuscht sehen, doch eine friedevolle Resignation, eine hohe Würde bei einem fortgesetzten Zusammensein bewahren können, wenn sie fühlen, dass dies für die Kinder, die schon vorhanden sind, die beste Lösung des Konfliktes ist. Aber diese Würde setzt voraus, dass kein fortgesetztes eheliches Zusammenleben, sondern nur die Elternschaft sie vereint. Nur so kann es den Kindern wirklich Nutzen bringen, dass die Ehe nicht gelöst wird, während die im Innersten getrennten Gatten keinem neuen Wesen das Leben schenken.

Der leichtsinnig eingegangenen Ehen sind viele, der leichtsinnigen Scheidungen wenige, zum mindesten in den Fällen, wo Kinder vorhanden sind. Nicht die Gebote des Gesetzes, sondern die des Blutes wirken schon jetzt in diesem Falle zurückhaltend; nicht der Urteilsspruch der Gesellschaft, sondern der der Kinder erscheint als der vernichtende. Aber diese tiefen Motive sind ebenso entscheidend bei der freien Verbindung wie bei der gesetzlichen, und an dem Vater oder der Mutter, die nur durch Zwang bei ihren Kindern zurückgehalten werden, haben die Kinder nicht viel zu verlieren! Es gilt, für die ungeschriebenen Verpflichtungen, die vom Gesetz zum großen Teile unbestimmbaren, das Gewissen der Väter und Mütter zu wecken, um bessere Sitten zu bilden. Dazu bedarf es vielleicht bis auf weiteres neuer Gesetze; ganz gewiss bedarf es des Aufräumens mit den veralteten Rechtsbegriffen, die wohl einmal ihre Aufgabe als Erzieher zur Sittlichkeit erfüllt haben, jetzt aber der höheren Sittlichkeit im Wege stehen. Der Mann als Verführer oder die Frau als Verführerin – das Leben des jungen Weibes oder des jungen Mannes verwüstend oder den Frieden einer glücklichen Ehe störend – dieser Typus wird von einer immer steigenden Verachtung getroffen werden, je mehr man es lernt, das herzlose Spiel männlicher oder weiblicher Eroberungslust, die genusssüchtigen, seelenlosen Forderungen der Sinne von denen der Liebe zu unterscheiden, je mehr man den Begriff der geschlechtlichen Sittlichkeit gleichbedeutend macht mit dem Verantwortlichkeitsgefühl gegen die neue Generation.

Die der eigenen tiefen Absicht der Natur entgegenwirkende Befriedigung des natürlichen Triebes ist es, die Individuen und Völker zerstört. Aber wie gesagt, nicht durch Ausrottung der Sinnlichkeit wird es gelingen, diesen Verheerungen Einhalt zu tun.

Es ist freudig zu begrüßen, wenn der Dichter die vom Verantwortlichkeitsgefühl losgelöste Herrschaft der Sinnlichkeit bekämpft. Aber es ist unheilvoll, wenn diese Sinnlichkeit von ihm, wie z. B. von Tolstoi, gleichbedeutend mit dem Begriffe Liebe gemacht wird. Nicht dadurch, dass man die Liebe zu bloßer Sinnlichkeit erniedrigt, auch nicht dadurch, dass man sie zu bloßer Geistigkeit ätherisiert, wird das Menschengeschlecht aus der erniedrigenden Herrschaft des Triebes erlöst werden. Dies geschieht, wie ich oft und zuletzt hier oben dargelegt habe, nur dadurch, dass die Sinnlichkeit zur Liebe erhöht wird – das will mit anderen Worten sagen, dass die geistige Wesenseinheit, die Hingebung der Zärtlichkeit, die Sympathie der Seelen, die Arbeitsgemeinschaft und die kameradschaftliche Freude ebenso tief entscheidende Momente in dem erotischen Glücksgefühl und dem erotischen Zauber werden wie die Anziehung der Sinne. Dieser Reichtum an Zusammengehörigkeitselementen ist es, der die Treue der Liebe in innerem, nicht nur in äußerem Sinne erhält; diese Frühlingsluft des Seelenvollen erhält den sinnlichen Zauber frisch, während jedes Verhältnis – die gesetzliche Ehe wie die freie Verbindung – sehr bald das Glück verbraucht und den Überdruss zurückgelassen hat, wenn nur eine sinnliche Verliebtheit, nicht das seelenvoll-sinnliche, geistig-sympathische Zusammengehörigkeitsgefühl der Inhalt der Liebe gewesen ist.

Die verantwortungsvolle Verpflichtung gegen die Kinder wird um so strenger werden, je mehr die Gesellschaft es lernt, als eine ihrer vornehmsten Aufgaben die Verhinderung alles unverschuldeten, sinnlosen Leidens zu betrachten.

Die Sittlichkeit der Zukunft wird nicht darin bestehen, dass man der Heiligkeit der Familie die sogenannten Bastarde opfert, die von der Natur oft reich ausgerüstet sind, aber durch die jetzt herrschende Rechtsauffassung eine solche Behandlung erhalten, dass sie oft dadurch »Bastarde« werden, erfüllt von Rachsucht gegen die Gesellschaft und die verkehrten Rechtsbegriffe, deren Opfer sie sind. Die Kindermorde, die Phosphorvergiftungen, die »Engelmacherei« – alles hängt mit diesen verkehrten Rechtsbegriffen zusammen. Aber alle diese Folgen sind doch weniger unheilvoll, als die, welche die Gesellschaft sich durch jene »unehrlichen« Kinder zuzieht, die wohl nicht physisch, aber psychisch untergehen. In ihnen sind häufig nicht nur gute Kräfte verloren gegangen, sondern gesellschaftszerstörende Kräfte entwickelt worden. Als ganz Europa über den Mord der Kaiserin Elisabeth schauderte, da erschien mir vor allem eine Tatsache schaudervoll, nämlich das Bekenntnis des Mörders: Ich weiß nichts von meinen Eltern!

Die Zeit wird kommen, in der das Kind als heilig angesehen werden wird, selbst wenn die Eltern mit profanen Gefühlen dem Mysterium des Lebens genaht sind; die Zeit, in der jede Mutterschaft als heilig betrachtet werden wird, wenn sie durch ein tiefes Liebesgefühl veranlasst war und tiefe Pflichtgefühle hervorgerufen hat.[11]

Dann wird man das Kind, das sein Leben von gesunden, liebenden Menschen empfangen hat und das dann in Weisheit und Liebe erzogen wird, ein »ehrliches« nennen, auch wenn seine Eltern sich in voller Freiheit vereinigt haben.

Dann wird man das Kind, das in einer liebelosen Ehe geboren oder durch die Schuld der Eltern mit körperlicher oder geistiger Krankheit belastet ist, als Bastard betrachten, und wären dessen Eltern auch vom Papste in der Peterskirche getraut! Und nicht auf die unvermählte, zärtliche Mutter eines strahlend gesunden Kindes wird der Schatten der Missachtung fallen, sondern auf die legitime oder illegitime Mutter eines durch die Missetaten seiner Vorväter entarteten Wesens.

In einem vielumstrittenen Drama *Das Junge des Löwen*[12] fallen folgende Repliken zwischen einem älteren und einem jüngeren Mann:

11 Man sehe den Roman »Mutterrecht« von Helene Böhlau.

12 Unter dem männlichen Pseudonym Harald Gote erschienen, worunter sich jedoch eine Frau verbirgt.

Der Ältere: Das nächste Jahrhundert wird das Jahrhundert des Kindes – sowie dieses das der Frau war. Und wenn das Kind zu seinem Rechte gekommen ist, dann ist die Sittlichkeit vervollkommnet. Dann weiß jeder Mensch, dass er an das Leben, das er hervorruft, mit anderen Banden geknüpft ist, als mit jenen, die die Gesellschaft und die Gesetze auferlegen … Du begreifst, dass ein Mann von seiner Vaterpflicht nicht loskommen kann – und wenn er auch rings um die Erde führe. – Ein Königreich kann gegeben und genommen werden – aber nicht eine Vaterschaft.

Der Jüngere: Ich weiß es.

Der Ältere: Aber damit ist noch nicht alle Gerechtigkeit erfüllt – dass man sorgsam das Leben *erhält*, das man geweckt hat. Kein Mann kann früh genug die Frage bedenken, ob und wann er das Recht, Leben *hervorzurufen* …

Diese Äußerung hat mir den Titel zu dieser Schrift und den Ausgangspunkt zu meiner Behauptung gegeben, dass das erste Recht des Kindes das ist, seine Eltern zu wählen.

Was dabei in erster Linie in Betracht kommen muss, ist der Gedanke, den darwinistische Schriftsteller immer mehr hervorheben: dass die Naturwissenschaften – zu denen man ja nunmehr auch die Psychologie rechnet – die Grundlagen der Rechtswissenschaft sowie der Pädagogik werden sollen. Der Mensch muss die Gesetze der natürlichen Auslese kennen lernen und in dem Geiste dieser Gesetze handeln. Man muss die Gesellschaftsstrafen in den Dienst der Entwickelung stellen, sie müssen eine Schutzmaßregel der natürlichen Auslese werden. In erster Linie muss dies dadurch geschehen, dass der Verbrechertypus – dessen Eigenart als eines solchen jedoch nur der Gelehrte bestimmen kann – verhindert wird, sich fortzupflanzen, damit seine Eigenschaften sich nicht auf seine Nachkommenschaft vererben.

Das Menschengeschlecht wird so allmählich von den Atavismen befreit werden, die vorhergehende niedrigere Entwickelungsstufen reproduzieren. Dies ist die erste Voraussetzung der Evolution, durch die die Menschheit es vermögen wird, in sich selbst

– – – let the ape and tiger die.

In zweiter Linie kommt dann die Forderung, dass die mit erblichen physischen oder psychischen Krankheiten Belasteten diese nicht einer Nachkommenschaft vererben.

Was nun diese Erblichkeit betrifft, so sind die Meinungen darüber noch in hohem Grade geteilt. So stehen sich große Autoritäten in der Frage der Tuberkulose gegenüber, die der eine für erblich, der andere für nur durch Ansteckung übertragbar hält, sodass, wenn das Kind z. B. von der tuberkulösen Mutter fortgenommen würde, keine Gefahr für dasselbe bestände. Auch über die Erblichkeit des Krebses sind die Ansichten in gleicher Weise geteilt. Über andere Krankheiten hingegen hat man volle Gewissheit. Was die Fallsucht betrifft, so hat ja die Gesetzgebung schon eingegriffen, obgleich das Gesetz in der Praxis nicht immer befolgt wird. Aber in Beziehung auf Syphilis, Alkoholismus und mehrere Fälle nervöser Belastung – die in verschiedenen Formen die Kinder am sichersten heimsuchenden Krankheiten – hat die Gesetzgebung noch nichts getan!

Es gibt eine alte Redeweise, dass man seinen Eltern für das Leben Dank schuldig sei. So können unsere Eltern, das weiß ich selbst aus Erfahrung, selbst die Erben der korperlichen und seelischen Gesundheit gewesen sein, die die Folge davon ist, dass Muttereltern, Vatereltern und Voreltern alle frühe, richtige und glückliche Ehen geschlossen haben! Aber in den meisten Fällen müssten die Eltern umgekehrt die Kinder für deren Dasein um Verzeihung bitten.

Sei es, dass man mit Menschen spricht, die in Not oder Verbrechen versunken sind; oder mit Menschen, die an Nervosität und anderen Krankheiten leiden; oder schließlich mit Menschen, die seelisch zerrissen sind, so kann man in den meisten Fällen überzeugt sein, dass sie als die tiefste Ursache irgend einen Umstand bei ihrer Geburt oder in ihrem Kindheitsbewusstsein bezeichnen. Bald sind sie von zu jungen oder zu alten, bald von kränklichen Vätern und Müttern geboren, bald im Rausche erzeugt, bald von einer durch Arbeitsplage oder eine große Kinderschar bedrückten Mutter. Oder sie haben das Leben aus Ehen empfangen, die ohne Liebe geschlossen oder nach dem Aufhören der Liebe fortgeführt wurden; sie sind in Widerwillen empfangen, unter Aufruhrsgefühlen getragen, schon in ihrem Blute den Keim der Disharmonie oder des Lebensüberdrusses tragend. Unzählige Abnormitäten – darunter der Männerhass bei Frauen – können auf diese Ursachen zurückgeführt werden. Oder sie sind schließlich in einem Heim erzogen, in dem sie unter Unterdrückung oder unter schlechten Vorbildern oder unter sich bekämpfenden Einflüssen gelitten haben.

So stark ist schon das Bewusstsein von der Bedeutung der Erblichkeit geworden, dass junge Menschen – die selbst eine durch Generationen angesammelte »Belastung« in der einen oder anderen Hinsicht getragen haben – anfangen einzusehen, dass es ihre Pflicht ist, lieber auf die Elternfreude zu verzichten, als ihr unglückseliges Erbe auf eine neue Generation überzuwälzen. Ich kenne eine Frau, in deren Familie väterlicherseits und mütterlicherseits Geisteskrankheit erblich war, und die darum, obgleich gesund, darauf verzichtete, sich mit dem Manne, den sie liebte, zu verheiraten. Ich weiß von einer anderen, die ihre Verlobung löste, weil sie sich überzeugt hatte, dass der Mann, den sie liebte, ein Trinker war, und sie ihren Kindern nicht einen solchen Vater geben wollte. Besonders in diesem Punkte sündigen die Frauen in der Ehe, sündigen aus Unwissenheit darüber, dass Epilepsie und andere Krankheiten – vor allem Alkoholismus – oft die Folge davon sind, dass ein Kind von einem berauschten Vater gezeugt wurde. Eine junge Frau könnte keinen sichereren Prüfstein für den Gehalt ihres Gefühles für einen Mann haben, als ob sie bei dem Gedanken, seine Eigenschaften auf ihr Kind vererbt zu sehen, jubelnde Freude oder quälende Unruhe empfindet!

Die Männer sündigen nicht nur im Rausche gegen das kommende Geschlecht, sondern auch in anderen Beziehungen, wo die Folgen noch vernichtendere sind.

Doch auch das Gewissen der Männer hat zu erwachen begonnen, und das äußert sich teils in dem Vorsatz, von der Ehe abzustehen, wenn sie wissen, dass sie ein schlechtes Erbe zu überliefern haben, teils in anderen Handlungen der Sittlichkeit, wie zum Beispiel den folgenden.

Ein junger Mann – selbst Arzt – hatte sich für gesund gehalten, als er sich verheiratete. Er entdeckte seinen Irrtum und war nun vor die Wahl gestellt, seiner Frau zu schaden oder von ihr zu lassen. Da sie einander tief liebten, war der einzige Ausweg, sich zu trennen. Denn die Ehe nur als Freunde fortzusetzen, fand er unmöglich und unrecht, weil dies der Frau das Mutterglück geraubt hätte. Er wählte den Tod, den er sich so gab, dass die Frau ihn durch einen Unglücksfall verursacht glaubte.

Ebenso handelte ein anderer Mann, der – nachdem er mehrere Jahre verheiratet gewesen war und drei Kinder gehabt hatte – erfuhr, dass er der Halbbruder seiner Frau war.

Aber sowohl die Handlungen dieser Männer wie die der vorhin erwähnten Frauen sind vorderhand noch zerstreute Einzelfälle. Es bedarf der Entwickelung vieler Generationen, bis es der Frau zum Instinkte wird – zum unwiderstehlich gebieterischen Instinkt – keinen physisch oder psychisch verkommenen oder entarteten Mann zum Vater ihrer Kinder zu machen. Der Instinkt des Mannes ist in dieser Richtung schon stärker. Aber er ist dagegen wieder abgestumpft durch einen veralteten Rechtsbegriff, nach dem die Frau sich noch immer als einer Pflicht Forderungen unterwerfen muss, gegen die ihr ganzes Wesen sich sträubt. Die Frau hat in dieser Hinsicht nur eine Pflicht, eine unumstößliche, eine, gegen die jede Übertretung eine Sünde ist, die, dass das neue Wesen, dem sie das Leben gibt, in Liebe und Reinheit gezeugt und empfangen sei, in Gesundheit und Schönheit, in voller wechselseitiger Harmonie, vollem gemeinsamen Willen, vollem gemeinsamen Glück – niemals im Rausche, in stumpfer Gewohnheit, in Überdruss, mit geteiltem, mit aufrührerischem Sinn. Bis die Frauen diese ihre Pflicht nicht einsehen, wird die Erde noch immer von Wesen bevölkert sein, die im Augenblicke des Entstehens schon um die besten Voraussetzungen der Lebensfreude und Lebenstauglichkeit betrogen worden sind. Zuweilen zeigen sie früh und offenkundig die Zeichen der Degeneration oder der Disharmonie. Zuweilen scheinen sie lange blühende und kräftige Menschenexemplare zu sein – bis sie in irgend einem entscheidenden Augenblicke zusammenbrechen, durch jenes unzureichende Maß physischer und psychischer Widerstandskraft, das durch ihren Ursprung selbst verursacht ist.

Was die Ehen zwischen gesunden und fertigen Individuen betrifft, so kann hier niemals das Gesetz, sondern nur die Sitte ihren Einfluss zum Besseren üben. Erst wenn die Kinder schon vom zarten Alter an ihr Wesen und ihre zukünftige Aufgabe als Geschlechtswesen kennen lernen, können Mutter und Vater zugleich in ihr Bewusstsein nicht den abstrakten »Reinheits«begriff, sondern das konkrete Keuschheitsgebot mit Feuerschrift einprägen: ihre Gesundheit, ihren Reiz, ihre Unschuld für das Wesen zu bewahren, das sie einstmals lieben werden, für die Kinder, die aus dieser Liebe das Leben empfangen können.

Der Arterhaltungstrieb macht wirklich den Menschen niedrig oder klein oder lächerlich – ganz wie bei uns Heidenstam und Strindberg, ebensogut wie Maupassant, Tolstoi und andere aus ganz verschiedenen Ausgangspunkten es geschildert haben – aber nur, wenn der Trieb ohne Zusammenhang mit seinem in der Natur gegebenen Ziel auftritt oder wenn dieses Ziel ohne Rücksicht auf die Hervorbringung einer lebenstauglichen Nachkommenschaft erreicht wird. Die Erotik, die lebenzerstörend ist, die den Wert des Individuums als Lebenschöpfer verringert, diese Erotik setzt wirklich den Menschen herab, ist unsittlich vom Gesichtspunkte der modernen Anschauung, die das Leben will, aber vor allem die Steigerung des Lebens zu immer höheren Formen.

Die Jugend muss daher Ehrfurcht vor ihrer zukünftigen Aufgabe lernen, die sie verfehlt, wenn sie ihre seelische und körperliche Schönheit an leichtsinnig geschlossene und gelöste Verbindungen ohne die Absicht der Treue, ohne die Würde der Verantwortlichkeit vergeudet.

Aber die Jugend muss auch wissen, dass man diese Aufgabe in noch viel tieferer Weise verfehlt, wenn man mit kaltem Herzen und kalten Sinnen das Leben eines Kindes hervorruft, sei es in einer aus weltlichen Motiven geschlossenen Ehe, oder in einer aus »sittlichen« Gründen zusammengehaltenen, in der die eingetretene Disharmonie auf neue Wesen fortgepflanzt wird.

Die Mütter – stumpf und stumm gemacht durch das Bewusstsein unzähliger Treubrüche gegen ihre Jugendträume, ihr ideales Bewusstsein – sind oft diejenigen, die bei den Kindern die reinen erotischen Instinkte, die keuschen und feurigen Gefühle, die hohen Ziele bekämpfen. Sie lehren sie z. B., dass, da die Liebe oft nach der Heirat ein Ende nimmt, man diese ebensogut ohne Liebe schließen könne – ein Gedankengang, vergleichbar z. B. mit der Folgerung, dass ein Fahrzeug ganz wohl mit einem Schaden in See stechen dürfe, da es ja doch auf jeden Fall möglich ist, dass es einen solchen erhält! Sie sprechen von dem Unreinen der Sinnlichkeit, von den Vorzügen der freundschaftlichen Vernunftehe, von der beruhigenden Kraft der Pflicht: lauter eiskalte Vernünftigkeiten, mit denen lebenswarme Seelen gemordet werden!

Erst wenn eine Tochter von ihrer Mutter eine weise und feinfühlige Hilfe empfängt, um vor Übereilungen behütet zu werden, um offenen Auges zu unterscheiden, wo sie selbst in ihrem Gefühl unsicher ist; erst wenn in ihre Seele und ihre Nerven mit feurigem Griffel eingezeichnet wird, dass sie ein gefallenes Wesen wäre, wenn sie sich aus anderen Gründen als aus erwiderter Liebe hingäbe, erst dann wird die große Umwandlung der jetzigen sittlichen Werte vollzogen sein. Solange die Menschen meinen, dass sie mit der Ehe machen können, was sie wollen, und sie aus welchen Motiven immer schließen: dass sie z. B. aus Pflichtgefühl heiraten müssen, um gegebene Versprechungen einzulösen oder begangene Fehler zu sühnen; dass sie z. B. aus Sehnsucht nach einem Heim das Recht haben, eine Ehe ohne Liebe einzugehen – solange stehen sie auf demselben ethischen Standpunkte wie der, welcher mordet, weil er früher gestohlen, oder der gestohlen hat, weil er hungrig war! Zu glauben, dass man das verletzlichste Gebiet des Lebens, das Gebiet, wo zahllose geheimnisvolle Einflüsse die Wesensbestimmungen eines neuen Geschlechts gestalten, nach seinem Gutdünken behandeln dürfe, das ist das große Verbrechen gegen die »Heiligkeit der Generation«.

Solange Kinder noch immer in der kalten Atmosphäre der Pflicht oder in der stürmischen der Disharmonie geboren werden und man solche Ehen noch immer als sittlich betrachtet; solange man alle Art von seelischer Zerrissenheit und körperlicher Ungesundheit auf die Kinder fortpflanzen kann und die Eltern doch noch immer »ehrenhaft« genannt werden – solange ahnt man noch nicht einmal die neue Sittlichkeit, die den neuen Menschen bilden wird.

Diese neue Sittlichkeit hat noch feinere Forderungen. Heute dürfte es selten vorkommen, dass ein junges Mädchen in Unwissenheit über die Wirklichkeit der Ehe in diese eintritt. Aber in meiner Generation weiß ich Fälle, wo in dem einen die Unwissenheit der Braut ihre Geisteskrankheit zur Folge hatte; in dem anderen, dass sie lange Selbstmordgedanken hegte; in dem dritten, dass sie das Kind, dem sie das Leben gab, immer mit Kälte betrachtete; und in dem vierten, dass das Kind anormal in psychischer Beziehung wurde. Es genügt jedoch für die Schönheit der Ehe und die Harmonie des Kindes nicht, dass die Frau so im allgemeinen weiß, was ihr begegnen wird. Ein junger Mann sagte mir einmal, dass die meisten Ehen schon im Anfange dadurch zerstört werden, dass der Mann die Anschauungsweise und die Gewohnheiten jener tief stehenden Frauen mitbringt, die ihn in die »Liebe« eingeweiht haben; dass er so häufig für immer das Zarteste in seinem Verhältnis zu seiner Frau vernichtet, das Schönste in ihrem Gefühl verletzt,[13] und dass der Mann es lernen muss, Ehrfurcht und Geduld zu haben. Und ich kenne Männer, die das wirklich bewiesen haben, weil sie einsahen, dass ihre Gattin, wie es bei Frauen nicht selten der Fall ist, ihre Seele, ihr Herz gegeben hatte, lange bevor ihre Sinne erwacht waren, und dass nur das tägliche Zusammensein allmählich auch sie lehrte, sich nach Ganzheit zu sehnen. Erst durch diese gemeinsame Sehnsucht soll ein Kind das Leben empfangen. Noch werden viele Kinder in legalisierter Prostitution, in legalisierter Notzucht geboren. Noch fehlt dem Bewusstsein vieler Frauen und Männer jeder Schimmer von religiöser Andacht, von Schönheitsgefühl vor dem großen Mysterium des Werdens. Und doch will man noch immer im Namen der »Sittlichkeit« vor der Jugend die Nacktheit der Natur verschleiern und verabsäumt es, ihr Andachtsgefühle vor ihrem eigenen Wesen als dem Heiligtum einzuflößen, in dem das Mysterium des Lebens sich einst erfüllen wird!

In diesem Mysterium gibt es noch verborgene Gebiete, zu denen nur die Intuition gedrungen ist. Nur hier und da hat ein tiefblickender

13 Nach George Sand, die zuerst den Mut hatte, dieses Thema zu behandeln, hat die neuere Litteratur es nicht selten berührt, z. B. Erik Skram in Gertrude Colbjörnson, Jules Case in Jeune Ménage, und noch andere.

Dichter all die unzähligen Affinitäten oder Repulsionen geahnt, die – unter wechselnden seelischen und sinnlichen Dispositionen, unter wechselnden Stimmungen – das erotische Leben eines modernen Menschen bestimmen; die mystischen Einflüsse, die, manchmal für immer, manchmal nur zeitweise, selbst das innigste Gefühl umwandeln können. All diese mystischen Einflüsse, das zarte Gespinnst all dieser feinen Fäden wird dann ein Teil des Lebensgewebes der Kinder. Und diese geheimnisvollen Verläufe erklären die große Verschiedenheit zwischen Kindern derselben Eltern, Kindern, die in äußerlich ganz gleichartigen Verhältnissen geboren und erzogen wurden.

Dass die Menschen in all diesen Eingebungen des Instinktes, diesen kategorischen Imperativen der Nerven und des Blutes zugleich gehorsame Lauscher und strenge Herrscher werden – das ist die Voraussetzung für das zukünftige erotische Glück und für ein glücklicheres Geschlecht der Zukunft.

Die Jetztzeit hat ererbte Sitten und neuerworbene Unsitten, die beide überwunden werden müssen, bevor Seele und Sinne in der Erotik untrennbar werden, oder mit anderen Worten, bevor diese Einheit als die einzige Sittlichkeit in dem Verhältnis zwischen Mann und Weib erkannt wird.

Es gibt freilich – sowohl unter den genialen Männern wie unter den einseitigen Frauenrechtlerinnen – solche, die meinen, dass die Entwickelung einen ganz anderen Verlauf nehmen wird. Nachdem man den niedrigen Trieb, der der Liebe zu Grunde liegt, klar erkannt und wissenschaftlich analysiert hat, wird, sagt man, das hochstehende Individuum entweder den Trieb befriedigen, schamlos und tierisch, ohne alle Gefühlsausschmückung, oder es wird sich seiner Gewalt entziehen und die Lebenskraft, den Gefühlsinhalt, der jetzt noch von der Liebe verbraucht wird, anderen, edleren Aufgaben zuwenden.

Es liegt nichts Unmögliches in dieser Annahme. Ich habe schon dargelegt,[14] dass die Frau durch ihre mütterlichen Funktionen so viel physische und psychische Lebenskraft verbraucht, dass sie auf dem Gebiete der geistigen Produktion minderwertig bleiben muss. Und was ich damals nur intuitiv annahm, ist mir seither von Sachverständigen bestätigt worden. So hat z. B. ein finländischer Arzt[15] dargelegt, wie

14 Man sehe: »Missbrauchte Frauenkraft.«

15 Onni Granholm: »Die Liebe«, ein Buch, das ich kurz nach meinem Vortrage über Das Jahrhundert des Kindes erhielt und in dem ich gewisse Forderungen fand, die mit den damals von mir gestellten übereinstimm-

die ganze Lebenskraft der niedrigeren Organismen sich in der sexuellen Produktion konzentriert, dass aber, je höher man kommt, desto mehr Kraft freigemacht wird; und diese Kraft, die nicht für die Hervorbringung neuer Generationen in Anspruch genommen wird, kann der geistigen Produktion dienen. Jede der beiden verschiedenen produktiven Äußerungen der menschlichen Lebenstätigkeit muss in gewissem Grade hemmend auf die Kraftentwickelung und das Arbeitsvermögen der andern wirken. Dies ist, nach dem genannten Schriftsteller, die natürliche Ursache der geringeren Fruchtbarkeit des Kulturmenschen und würde – nach den früher genannten Pessimisten – auch das schließlich Entscheidende bei dem gewahrsagten Untergang der Liebe sein.

Nach meiner Auffassung des Wortes ist es im Gegenteil die Liebe, die bei der relativen Schwächung des Triebes und durch die wissenschaftliche Klarheit über denselben gewinnen wird. Die Menschen werden dann nicht mehr den Trieb mit der Liebe verwechseln, in der derselbe allerdings immer vorhanden ist, aber in derselben Weise, wie z. B. die Skulpturen des Höhlenmenschen in denen eines Michel Angelo gegenwärtig sind. Der Mensch wird dann erst mit allen Kräften seines ganzen menschlichen Wesens lieben können, wenn die Liebe nach dem schönen Wort des Amerikaners Thoreau »nicht nur eine Glut, sondern ein Licht ist«; er wird dann erst einsehen, welchen Reichtum das Leben durch die Liebe erhalten kann, wenn diese ein menschenwürdiges Glück wird, dadurch, dass sie ein künstlerisches Schaffen ist, ein religiöser Kult und – schließlich – ein Ausdruck der vollzogenen Einheit der Liebenden in einem neuen Wesen, einem Wesen, das einstmals wirklich für das Leben wird danken können.

Wenn es sich um die Vervollkommnung des Menschengeschlechtes handelt, ist die Umgestaltung der Sitten und Gefühle immer das Wesentliche, und im Vergleiche damit wird der Einfluss der Gesetzgebung immer gering sein. Aber auch diese hat, wie schon gesagt, ihre Aufgabe zu erfüllen. Besonders in Bezug auf Krankheiten, von deren Erblichkeit man absolut überzeugt ist, muss die Gesellschaft ehehindernd eingreifen. Man hat in Deutschland und in Amerika einen guten Übergangsvorschlag in dieser Richtung gemacht, nämlich dass das Gesetz das Vorweisen eines ärztlichen Zeugnisses – mit vollständigen Daten über die

ten. Auch Frau Lou Andreas-Salomé hat in einem Essay »Der Mensch als Weib« (Neue Deutsche Rundschau 1900) interessante Gesichtspunkte in dieser Richtung gegeben.

Gesundheit beider Teile – als obligatorische Bedingung der Eheschließung verlangen solle. Dann hätten die Kontrahenten noch immer ihre Entscheidungsfreiheit, aber sie würden wenigstens nicht wie jetzt unwissend in die Ehe treten und sich selbst und ihre Kinder deren schädlichen Folgen aussetzen. Und es scheint mir, als müsste es für die Gesellschaft mindestens ebenso wichtig sein, ein ärztliches Zeugnis über die Fähigkeit zur Ehe, wie über die Fähigkeit zum Kriegsdienst zu erhalten! In dem einen Falle gilt es, Leben zu geben, in dem anderen, es zu nehmen; und obgleich das letztere freilich bis jetzt als eine weit ernstere Angelegenheit betrachtet wurde als das erstere, dürfte doch ein erwachendes Gesellschaftbewusstsein bald einen Schritt in der erwähnten Richtung fordern. Es lässt sich dann denken, dass sich aus diesem Anfang die Sitte entwickelt; sodass eine weitere Gesetzgebung entbehrlich wäre, weil die Menschen gutwillig auf die schädlichste aller Freiheiten verzichten würden, auf die, einer schlechten Nachkommenschaft das Leben zu schenken, während ein Eheverbot jetzt die Elternschaft nicht verhindern würde. Denn der große Haufe könnte ja außerhalb der Ehe fortfahren, schon vor der Geburt den Kindern Gesundheits- und Glücksmöglichkeiten zu rauben, indem er sie mit erblichen Krankheiten oder schlechten Anlagen belastet.[16]

16 Ohne irgend welchen Anspruch auf Vollständigkeit will ich hier einige ältere und neuere Schriften über diesen Gegenstand anführen, in dem die Litteratur fast täglich anwächst. In einem speziellen Gebiet der großen Frage habe ich durch einen von Darwins Söhnen, Professor G. Darwin in Cambridge, Mitteilungen über die Untersuchungen erhalten, die er in den 70er Jahren begann, um die Wirkung zu ergründen, welche die Ehe von Geschwisterkindern auf die Nachkommenschaft ausübt. Er hatte die Frage über »Beneficial restrictions to liberty of marriage« (Contemporary Review 1873) aufgenommen und führte dann im »Journal of the Statistical Society« 1875 seine eigenen Untersuchungen als Beweis für die Gefahren einer Ehe zwischen Blutsverwandten an. Er zählt mehrere Arbeiten auf, die dieselbe Frage behandelt haben und zu demselben Schlusssatz gekommen sind, so Dr. Arthur Mitchells »On Blood relationship in Marriage«; Huth: »The marriage of near kins«; von Mantegazza (der mehrere andere Arbeiten über einschlägige Themen geschrieben hat) »Studio sui matrimoni consanguinei«; Chipault: »Etude sur les mariages consanguins« und mehrere Arbeiten über Idiotismus und Taubstummheit, die diese Erscheinungen in Zusammenhang mit konsanguinen Ehen bringen. Diese sollen außerdem nach verschiedenen anderen Schriftstellern zu Unfruchtbarkeit und erhöhter Sterblichkeit der Nachkommenschaft führen. Wenn die Kinder den Folgen entrinnen, zeigen sich dieselben dafür bei den Kindeskindern. Seit den 70er Jahren ist noch viel mehr über diesen Gegenstand

Nietzsche, der von der Liebe wenig weiß – weil er vom Weibe beinahe nichts weiß – und der darum nicht viel des Lauschens Wertes sagt, wenn er sich über diese Themen äußert, hat doch über die Elternschaft tiefere Worte gesprochen, als irgend ein anderer in unserer Zeit. Er hat gesehen, welche Unreinheit, welche Armut sich unter dem Namen der Ehe verbirgt; welches Pfuschwerk, welche Unwissenheit unter dem der Erziehung! Und er hat herrliche Seher- und Dichterworte für das, was der Mensch durch die Elternschaft erstreben und was die Elternschaft sein sollte:

geschrieben worden, obgleich schon Mantegazza 57 Schriftsteller anführt, die vor konsanguinen Ehen warnen, und nur 15, die sie für unschädlich ansehen. Was die Erblichkeit der verbrecherischen Anlagen betrifft, so sind Lombrosos, Tardes, Krafft-Ebings und andere Arbeiten so bekannt, dass ich hier nur an dieselben zu erinnern und ein paar neuere zu nennen brauche: »L'âme criminelle« von M. Fleury und »Déterminisme et Responsabilité« von A. Hamon. Trotz meiner Versuche, von Sachverständigen genaue Mitteilungen über die neuere Litteratur über »eugenics« zu erhalten, ist es mir in dieser Richtung nur gelungen, mir folgende Arbeiten zu verschaffen: Englisch: S. A. K. Siraham: Marriage and disease; H. Orr: A theory of developement and heredity und Darwinism and Raceprogress, eine populäre Abhandlung von Professor J. B. Haycraft, unter dem Titel: Natürliche Auslese und Rassenverbesserung (Leipzig 1895) ins Deutsche übersetzt. In französischer Sprache hat man vor allem Th. Ribots Arbeiten über L'Hérédité, ses conséquences ethiques et sociales und L'Hérédité psychologique; Magnan et Legrais: Les dégenérés. Dann mehrere größere und kleinere Arbeiten wie Dr. E. Laurent: Mariages consanguins et dégenérescences; Dr. Dallemagne: Dégenérés et déséquilibrés; M. Legrain: Dégenéréscence sociale et alcoolisme und von demselben Verfasser: Hygiène et prophylaxie und Hérédité et alcoolisme; Paul Robin: Dégénération de l'espèce humaine, causes et remèdes; P. Vallet: La vie et l'hérédité; Fere: La famille nevropathique; Le Dantec Evolution individuelle et hérédité; P. Max Simon: Hérédité morale et dissemblance physique; Paul Sollier: Du rôle de l'hérédité dans l'alcoolisme; F. Battesti: Le mariage au point de vue de l'hérédité; J. Fournet: De l'hérédité psychique ou morale; J. Dejerine: L'hérédité dans les maladies du système nerveux. Im Deutschen behandeln folgende Arbeiten denselben Gegenstand: Paul Berger: Die Bedeutung von Krankheiten für die Ehe; Buckmann: Vererbungsgesetze und ihre Anwendungsart auf den Menschen; E. Roth: Die Tatsachen der Vererbung; R. Arndt: Artung und Entartung; W. Hirsch: Genie und Entartung; Krause: Statistischer Beitrag zur Sterblichkeitsfrage bei Geisteskrankheiten. In derselben Frage ist das Buch des Dänen F. Lange: »Über den Einfluss der Erblichkeit bei Geisteskrankheiten« zu erwähnen.

Ich will, dass dein Sieg und deine Freiheit sich nach einem Kinde sehne. Lebendige Denkmale sollst du bauen deinem Siege und deiner Befreiung.

Über dich sollst du hinausbauen. Aber erst musst du mir selbst gebaut sein, rechtwinklig an Leib und Seele.

Nicht fort sollst du dich pflanzen, sondern hinauf! Dazu helfe dir der Garten der Ehe!

Einen höheren Leib sollst du schaffen, eine erste Bewegung, ein aus sich rollendes Rad – einen Schaffenden sollst du schaffen

Ehe: So heiße ich den Willen zu Zweien, das Eine zu schaffen, das mehr ist, als die es schufen. Ehrfurcht vor einander nenne ich Ehe als vor den Wollenden eines solchen Willens.

2. Das ungeborene Geschlecht und die Frauenarbeit

Es gibt wenige Momente im Leben der Gegenwart, in denen der Dualismus zwischen Theorie und Praxis stärker und unbewusster hervortritt, als in der Frauensache. Von den Vorkämpferinnen derselben sind viele christlich gesinnt, und diese protestieren mit Empörung gegen den Gedanken, dass sie irgendwie Teil an jener Befreiung der Persönlichkeit haben könnten, die »Freiheit für alle Kräfte und Mächte der Persönlichkeit« einschließen würde. Individualismus und Selbstbehauptung sind für sie niedrige Worte mit sündiger Bedeutung! Dass die Frauenemanzipation tatsächlich die größte egoistische Bewegung des neunzehnten Jahrhunderts ist – ja, die eingreifendste Betätigung der Selbstbehauptung, die die Geschichte noch gesehen – davon haben sie keine Ahnung! Die Befreiung der Kräfte und der Persönlichkeit der Frau hat sich ihnen nie anders dargestellt als in der Form eines idealen Gerechtigkeitskampfes, eines edlen Sieges!

Und das ist sie auch im Innersten gewesen, wie alle andere Selbstbehauptung, deren Ziel die Anerkennung des Rechts der menschlichen Persönlichkeit auf volle Kraftentwickelung in selbstverantwortlicher Freiheit gewesen ist. Aber sowie jede andere solche Selbstbehauptung des Individuums, der Klasse oder der Rasse leicht in unberechtigten Egoismus umschlägt, so ist dies auch mit der Befreiung der Frau der Fall gewesen.

Die große, tief ernste Frauenemanzipation hat im Laufe der Zeiten einen neuen Namen bekommen, die Frauensache. Die Änderung des Sprachgebrauchs schließt auch eine Änderung des Gedankenganges in sich. Von einer wirklichen Emanzipationsbewegung – d. h. einer Befreiung der gebundenen Kräfte der Frau, ihrer gehemmten Persönlichkeit – ist die Bewegung eine »Sache« geworden, d. h. eine Gesellschaftseinrichtung mit ihren Beamtinnen, eine Kirchenlehre mit ihren Dogmen! Gewiss hört man in Rede und Schrift noch immer, dass die Frauensache im Hinblick auf das Glück und die Entwickelung der ganzen Menschheit betrieben wird. Aber in Wirklichkeit ist die Frauenfrage, seit sie zur »Sache« wurde, ein Selbstzweck gewesen, und ihre Verfechter haben mehr und mehr den Blick für ihren Zusammenhang mit anderen großen Zeitfragen verloren. Die bürgerlichen Rechte und die Arbeitsgebiete der Frau zu erweitern – in beiden Fällen hatte man eigentlich die Frau der oberen Klassen im Auge – dies ist das an und für sich berechtigte Ziel gewesen. Aber in dem Streben nach diesem haben sich die Strebenden immer abweisender dem ersten und höchsten aller Rechte gegenüber gestellt, dem Rechte der weiblichen Persönlichkeit, ihre eigenen Gedanken zu denken, ihre eigenen Wege zu verfolgen, auch wenn diese Gedanken und diese Wege andere Bahnen einschlagen, als die der Frauenrechtlerinnen. Während diese einerseits weit davon entfernt sind, der einzelnen Frau ihre berechtigte Freiheit zuzugestehen, sind sie andererseits blind gegen die Folgen der Selbstbehauptung des ganzen weiblichen Geschlechts in einer immer mehr nach außen gekehrten Arbeit gewesen; blind gegen deren tief eingreifende Wirkungen auf die gegenwärtigen Arbeitsbedingungen, auf das Dasein des Mannes und der Familie, auf die Gesellschaft in ihrer Gesamtheit!

Einen gegen die Frau ungerechten Gesetzesparagraphen abzuschaffen, hundert Frauen auf ein Arbeitsgebiet zu lenken, auf dem früher nur zehn gewirkt haben, eine auf ein solches, auf dem früher keine tätig war – das sind die Meilensteine auf der Fortschrittslinie der Frauensache gewesen, einer Linie, die man ohne Rücksicht auf die weiblichen Anlagen, die weibliche Physis, die umgebenden Verhältnisse verfolgt hat.

Der Ausruf einer Frauenrechtlerin – als eine andere Frau Schlachter geworden war – »gehe hin und tue ein Gleiches!« und eine amerikanische junge Dame, die als Scharfrichter wirkt, sind in dieser Beziehung bezeichnende Phänomene!

Dass die Frauenemanzipation tatsächlich aufgehört hat, eine Seele und Herz erweiternde Befreiung zu sein, und nun ganz amtlich, geschäftsmäßig, dogmatisch betrieben wird, ohne Empfindung für die pulsierende Mannigfaltigkeit des Lebens; dass sie ein egoistischer Selbstzweck geworden ist – das hat es bewirkt, dass ich, so wie andere meiner Generation und noch mehrere der jetzt jungen Generation bald von der Frauensache Abstand nahmen, obgleich wir alle die *Befreiung* der Frau lebhaft wünschten und noch wünschen. Mehr und mehr hat es sich bei den Verfechtern der Frauensache wie bei anderen »Sachen«-Menschen gezeigt: »dass das Ziel, das wir erjagen, schließlich ein durchgehendes Pferd vor unserem Wagen wird«. Und wie blind die Fanatiker der Frauensache an anderen Aufgaben der Zeit vorbeigestürmt sind, das kann man am besten ermessen, wenn man ihre Stellung zu der größten Frage der Zeit, der sozialen, betrachtet.

Der Frauenkongress in London (1899) war in dieser Hinsicht bezeichnend, sowohl für den Abfall von den frauenrechtlerischen Dogmen wie für die Behauptung derselben. In letzterer Hinsicht waren die Ausführungen der Finnländerin Alexandra Gripenberg gegen die Schutzgesetzgebung für Frauen die typischsten. Sie nannte diese Gesetzgebung einen Abkömmling des alten Satzes, dass die Frau Privilegien haben solle, nicht Rechte; dass die Frauen geschützt werden sollen, anstatt sich selbst zu schützen; dass man sie als den kostbarsten Besitz des Volkes betrachte, anstatt als einen Teil des Volkes selbst. Und nachdem sie betont hatte, dass die erwachsene Frau dasselbe Recht haben müsse wie der erwachsene Mann, sich selbst zu schützen, fragt sie, mit welchem Recht man die Frau hindern wolle, zu arbeiten, weil sie verheiratet sei oder Kinder habe? Die Schutzgesetzgebung treibe die Frau aus Fabriken und Werkstätten fort, und weit davon entfernt, dass diese Gesetzgebung die Unterstützung der Frau verdiene, solle diese im Gegenteil auf gleiche Schutzmaßregeln für Frauen und Männer dringen, auf Fachunterricht und erweiterte Arbeitsgebiete für Frauen.

Diese ganze Argumentationsserie ist ganz folgerichtig von dem Ausgangspunkte Fräulein Gripenbergs und ihrer Gesinnungsgenossen: nämlich dem, dass eine Einschränkung der Frauenarbeit »einem der vornehmsten Prinzipien unserer Zeit, der Selbstbestimmung des Individuums«, widerstreite, die das Recht für die erwachsene Frau wie für den Mann bedinge, seine eigene Arbeit zu wählen, sowie dass Privilegien auf Grund des Geschlechtes des Weibes nur hinderten, dass die Frau vor dem Gesetz dem Manne gleichgestellt würde.

Aber diese ganze Art zu argumentieren ruht auf dem sophistischen Gedanken, der die ganze Frauensache verrenkt hat, nämlich dass man die Frau von der Begrenzung der Natur befreien könne. Und sie ruht auf dem anderen sophistischen Gedanken, mit dem die kapitalistische Gesellschaft jeder Forderung einer Schutzgesetzgebung, sei es für Männer, Frauen oder Kinder, begegnet ist: nämlich dass eine solche Gesetzgebung ein Eingriff in das Selbstbestimmungsrecht des Individuums sei!

Jeder sozial geweckte Mensch sieht jedoch ein, dass dieses »Selbstbestimmungsrecht« des Individuums in einer auf Großindustrie aufgebauten Gesellschaft vor der Wirklichkeit die hohlste Phrase ist, und doppelt hohl, wenn es sich um die Frau handelt!

Noch habe ich keine Frau verlangen hören, dass die Frau die Militärpflicht als Äquivalent für gleiche bürgerliche Rechte wie der Mann erfüllen solle. Aber das wäre doch die Konsequenz des oben angeführten Argumentes: dass die Frau auf Grund ihres Geschlechtes keinerlei Privilegien erhalten dürfe. Das größte Privilegium, das sich in einer modernen Gesellschaft denken lässt, ist wohl gerade das, von den Unannehmlichkeiten und dem Zeitverluste der militärischen Ausbildung verschont zu bleiben, von der Gefahr und den Schrecken eines Krieges!

Und dass die Frau nicht absolut *außer stande* zum Kriegsdienst ist, das haben die Frauen mehrere Male – besonders jetzt bei den Buren – gezeigt. Wenn also die Frauenrechtlerinnen vor dieser äußersten Konsequenz ihrer Sätze zurückschrecken und die mütterlichen Funktionen als triftigen Grund für das Privilegium einer Befreiung vom Kriegsdienst anführen, auch wenn die Frau einmal dieselben bürgerlichen Rechte erhält, die der Mann jetzt genießt, dann sind sie in hohem Maße inkonsequent. Hingegen erklären andere Frauen mit voller Konsequenz, dass auf einem anderen Schlachtfeld, einem noch verheerenderen – dem der Großindustrie – dieselben mütterlichen Funktionen auch gewisse Privilegien für die Frau erheischen, sowie diese Funktionen andererseits zur Folge haben müssen, dass sie sich gewissen Einschränkungen ihres individuellen Selbstbestimmungsrechts unterwirft, nämlich in jenen Fällen, wo sie die von der Natur gezogene Grenze nicht überschreiten kann, ohne dem Rechte eines anderen Eintrag zu tun.

Und dieser andere ist das mögliche Kind.

Es liegt in dem individuellen Rechtsgebiet des Weibes wie des Mannes, die Ehe nicht zu wollen, oder sie ohne die Elternschaft zu wollen. Um von der letzeren abzustehen, kann man ebenso oft tief altruistische wie tief egoistische Gründe haben. Es liegt in dem individuellen Rechtsgebiet des Weibes wie des Mannes, dem auszuweichen, was man als hinderlich für die individuelle Entwickelung oder Bewegungsfreiheit betrachtet, und so die Liebe oder die Mutterschaft zu entbehren, wenn man eine von beiden oder beide aus diesem Gesichtspunkte betrachtet. Es ist das volle Recht der Frau, sich in »das dritte Geschlecht« verwandeln zu lassen – in das Geschlecht der Arbeitsbiene, der geschlechtslosen Ameise – falls sie darin ihr höchstes Glück findet!

Als ich vor einigen Jahren in der Frauenfrage auftrat,[17] war ich noch naiv genug, die Mütterlichkeit für das Zentrale in dem Wesen der meisten Frauen zu halten. In der Diskussion über diese Frage habe ich gefunden, dass die notgedrungene Frauenarbeit, der von der Befreiung der Kraft angestachelte weibliche Ehrgeiz, das von vielen anderen Einflüssen des Zeitgeistes modifizierte weibliche Seelenleben bis auf weiteres die mütterlichen Instinkte in den Hintergrund gedrängt hat – eine Gefahr, gegen die zu warnen ich damals noch nicht für zu spät hielt. Es gibt Frauen, bei denen das erotische Gefühl wirklich ganz und gar verkümmert ist; andere, die bei dem modernen Manne nicht die seelenvolle und tiefe erotische Übereinstimmung finden, die sie mit vollem

17 In »Missbrauchte Frauenkraft«.

Rechte wünschen; noch zahlreichere, die die Liebe wollen, aber nicht die Mutterschaft wünschen, ja sie sogar fürchten. Eine berühmte deutsche Schriftstellerin hat in einem ihrer letzten Bücher[18] von dieser Furcht gesprochen, von »dieser fortwährend wachen, aufgeregten, sich zur Wehr setzenden Angst vor der Mutterschaft, welche heute so viele strebende und schaffende Frauen erfasst hat. Eine Angst, ein Abscheu, der so stark, so lebenleitend in ihnen geworden ist, dass man fast an einen dunklen, perversen Instinkt glauben möchte, der doch, wie alle widernatürlichen Instinkte, durch grausame Notwendigkeiten empfangen und geboren und durch sie mächtig geworden ist. Als sage diesen Frauen ein Geheimes in den innersten Gründen ihrer Natur, indem sie dem Geschlechte ihren Tribut zahlen, würden sie jene Kraft, Helle und Schärfe des Geistes verlieren, durch die sie sich über ihr Geschlecht erhoben haben. Und vielleicht hat eine bestimmte Art von Frauen Recht mit dieser Furcht.«

Ich bin ebenso überzeugt wie die deutsche Schriftstellerin, dass jedes auftretende Phänomen – der Krankheit wie der Gesundheit – eine notwendige Folge aus gegebenen Ursachen ist. Und ich bin viel überzeugter als nur je die Frauenrechtlerinnen, dass es in das Gebiet der menschlichen Freiheit fällt, seine eigene Art der Entwickelung, des Glücks, des Untergangs zu wählen. Es fällt mir nicht ein, ein weiteres Wort an die Frauen zu richten, die die Mutterschaft nicht wünschen.

Ja, es würde sehr unheilvoll sein, wenn diese Frauen, die nie von Zärtlichkeit erbebt sind, wenn sie eine weiche Kinderhand in der ihren fühlten, die sich nie gesehnt haben, sich ganz einem anderen Wesen hinzugeben, Mütter würden! Ihre Kinder würden beklagenswerter sein als sie selbst!

Solche Frauen gibt es jetzt viele, und ihrer dürften bis auf weiteres immer mehr werden. Bei einigen von diesen ist aber doch der Mutterinstinkt nicht tot, sondern nur unbewusst. Die modernen psychisch analysierenden, physisch und psychisch verfeinerten Frauen werden oft von der Roheit, dem Unverständnis oder den Anforderungen der männlichen Natur zurückgestoßen. Das ganze erotische Moment in dem Wesen dieser Frauen welkt wie eine nie aufgeblühte Knospe. Und in der Schwärmerei für eine Aufgabe oder eine Freundin finden sie einen Ausdruck für die Hingebung, deren eigentliche Ziele sie leugnen oder übersehen, etwas, das sich doch schließlich oft auf tragische Weise rächt.

18 »Frau Bürgelin und ihre Söhne« von Gabriele Reuter.

Wovon ich also jetzt spreche, ist nur das, dass jedes Weib, das noch nicht aufgehört hat, die Mutterschaft zu wünschen, schon als Mädchen und noch mehr als Frau Pflichten gegen das ungeborene Geschlecht hat, denen es sich nicht ohne rücksichtslosen Egoismus entziehen kann. Dieser Egoismus ist oft eine Erscheinungsform des großen Triebs, der neben dem Arterhaltungstrieb das Dasein beherrscht: des Selbsterhaltungstriebs. Aber gerade das sollte diesen notgedrungenen Egoismus der modernen Arbeiterin jenen furchtbar erscheinen lassen, die sich mit der Befreiung der Frau befassen!

Denn von der »Freiheit« der Frau zu sprechen, von ihrer individuellen Selbstbestimmung, wenn sie wie ein Packtier arbeitet, um das Existenzminimum zu erreichen, das sie vom Hungertode trennt, und unter Verhältnissen, in denen die freie Arbeitsabmachung für die Frau wie für den Mann ein leeres Wort ist – das ist, milde gesagt, Gedankenlosigkeit. Ich kann mit einem Beispiel die Folgen der »Freiheit« beleuchten.

Während in England die Frau an der Fabrikation des Bleiweiß arbeitete, wurden 77 Frauen an einer Fabrik untersucht, und es stellte sich heraus, dass in der Zeit, die die Untersuchung umfasste, unter ihnen 21 Totgeburten vorgekommen waren, 90 Fehlgeburten, und außerdem waren 40 Säuglinge an von der Vergiftung der Mutter hervorgerufenen Konvulsionen gestorben. Im Alter von 18-23 Jahren litt die Physis der Frauen am meisten unter diesem Berufe, der außerdem Lahmheit, Blindheit u. a. im Gefolge hat.

Ein englischer Arzt hat erklärt, dass langjährige, genaue Untersuchungen ihn davon überzeugt haben, dass die ungeheure Säuglingssterblichkeit in den Fabrikdistrikten in erster Linie darauf beruht, dass das Kind einige Wochen nach der Geburt der Pflege der Mutter beraubt wird, die es durch mindestens sechs Monate braucht, weil die Muttermilch nicht voll durch künstliche Mittel ersetzt werden kann, am allerwenigsten, wenn diese, wie hier, ohne peinliche Sorgfalt gebraucht werden. In gewissen textilen Manufakturdistrikten, z. B. in Nottingham, wo Spitzen erzeugt werden – und wo man gerade über das Gesetz geklagt hat, das die Arbeit der Frau einschränkte – *sterben von tausend Kindern zweihundert*; die Sterblichkeit in den Fabrikstädten zeigt sich vier- bis fünfmal größer als in der ländlichen Umgebung. Und doch ist der Tod der Kinder relativ das Beste: noch trauriger ist es, dass die überlebenden für immer geschwächt werden, teilweise durch den Mangel der mütterlichen Pflege in zartem Lebensalter.

In Schlesien, wo Kinder und ganz junge Mädchen in der Glasindustrie verwendet werden, hat diese Arbeit ihren Knochenbau so verkrümmt, dass sie, wenn sie Mütter werden, die schwersten Entbindungen haben. Sie bilden in dieser Beziehung das beste Studienmaterial der Obstetrik, und die Ärzte wallfahrten nach Schlesien, um aus demselben zu lernen!

Noch bevor die Frau erwachsen oder mündig ist und sich nach der Ansicht der Frauenrechtlerinnen »selbst schützen kann«, ist sie so zu Grunde gerichtet worden. Und wenn man einwendet, dass das eben Angeführte zu dem Gebiet des Kinderschutzes, nicht des Frauenschutzes gehört, so ist die Antwort leicht: Kinderschutz und Frauenschutz stehen in einer derartigen Wechselwirkung, dass sie nicht zu trennen sind! Diese verkümmerten Mütter gebären ihrerseits wieder Kinder, die schon seit ihrer Geburt verkümmert sind, und mit geschwächter Widerstandskraft die Arbeitslast tragen oder ihre Schwäche auf die Nachkommenschaft fortpflanzen. Ursache und Wirkung greifen hier so unauflöslich in einander, dass sie nicht gerecht zwischen Kinderarbeit und Frauenarbeit verteilt werden können.

Auch die Frauenrechtlerinnen dürften zugeben, dass die Grenze ihres Rechtsgebiets da aufhört, wo das Recht eines anderen beginnt. Es fällt ihnen nicht ein, dass das »individuelle Selbstbestimmungsrecht« der Frau dahin gehen solle, dass eine Frau beispielsweise für eine Gartenanlage ein Stück des nachbarlichen Grundes oder für eine industrielle Anlage einen Teil seiner Wasserkraft unterschlagen dürfe.

Aber sehen sie denn nicht ein, dass der Frau dieselbe Grenze ihrer individuellen Freiheit in dem Rechte jenes anderen begegnet, der das mögliche Kind ist, das Kind, dessen Eigentumsrecht, die Lebenskraft, sie nicht das Recht hat, im vorhinein zu belasten?

Eine Frau, die aus dem einen oder anderen großen oder kleinen Motiv für immer von der Ehe absteht, hat das volle Recht, sich durch Arbeit zu Grunde zu richten, falls sie dann nicht als arbeitsuntauglich anderen zur Last fällt.

Aber die Frau, die sich die Mutterschaft als eine Möglichkeit denkt, oder die Frau, für die sie schon eine Hoffnung ist, die darf nicht durch schrankenlose freiwillige oder willenlos notgedrungene Arbeit die Lebens- und Arbeitsmöglichkeiten der ungeborenen Generation preisgeben, sodass sie dann schwache, kränkliche, physisch verkümmerte und später vernachlässigte Kinder zur Welt bringt.

Es kommt den dogmatischen Frauenrechtlerinnen nicht in den Sinn, dass ihre Reden von der »individuellen Freiheit« der Frau, sich selbst zu schützen, ihre Behauptung, dass ihrer Selbstbestimmung kein Eintrag zu geschehen brauche, aus dem Grunde, weil sie verheiratet oder Mutter sei – die empörendste Misshandlung nicht nur der Kinder, sondern auch der Frauen selbst bedeutet; denn jede Forderung der Gleichheit, wo die Natur Ungleichheit geschaffen, wird zur Misshandlung des schwächeren Teils! Gleichheit ist nicht Gerechtigkeit – sie ist im Gegenteil nicht selten die blutigste Ungerechtigkeit!

Bei dem Frauenkongress in London war Mrs. Sidney Webb eine warme Verfechterin der Schutzgesetzgebung, einer Ansicht, die ihre Stütze in persönlicher Erfahrung und gründlichen Studien hatte, die sie hundertmal maßgebender in der Frage machten als irgend eine der gegen den Schutz Auftretenden! Schon unter ihrem Mädchennamen Beatrice Potter machte sich nämlich Mrs. Webb durch Aufsätze über soziale Fragen bemerkbar und arbeitete über sechs Wochen in einer Fabrik, um die Verhältnisse der Arbeiterinnen persönlich kennen zu lernen. Sie hat einen Abschnitt in Charles Booths großer Arbeit *Life and Labour in London* ausgearbeitet, und außer einer Menge kleinerer Aufsätze hat sie gemeinsam mit ihrem Manne die berühmten, auf umfassende Untersuchungen gegründeten Arbeiten *The History of Trade Unionism* und *Industrial Democracy* geschrieben. Sie ist außerdem Vortragende an der neuen national-ökonomischen Fakultät der Universität London.

Aber es ist bezeichnend für die Dogmatik der Frauensache, dass, während ihre Führerinnen sich stets in allgemeinen Redewendungen über all das Merkwürdige verbreiten, das die Frauen schon getan, und all das viele, das sie noch tun werden – es niemand Ungeneigteren als die Frauenrechtlerinnen gibt, wenn es sich darum handelt, wirklich bedeutende weibliche Leistungen für den Kulturverlauf anzuerkennen! Nur was kollektiv von und in ihrem eigenen Korps oder in ihrem eigenen Korpsgeist gemacht wird, wird von ihnen gutgeheißen, während sie jede noch so bedeutende weibliche Leistung bekämpfen, herabsetzen oder totschweigen, wenn sie nicht zu ihrem eigenen Feldzugsplan passt oder ihren eigenen Disziplinarverordnungen folgt!

Die guten Gründe Mrs. Webbs und anderer Rednerinnen machten daher keinen Eindruck auf die Gruppe von Frauenrechtlerinnen, die in Bezug auf die Frauenarbeit auf dem veralteten Standpunkt des Individualismus stehen, unberührt von dem sozialen Solidaritätsgefühl, das die Lösung der neuen Zeit ist. Aber glücklicherweise hängt die Schutzgesetzgebung nicht von dieser Art von Frauenrechtlerinnen ab!

Von der Arbeiterbewegung, von den in derselben wirkenden Frauen und Männern aller Klassen wird sie schließlich durchgesetzt werden.

Die Bewegung für den Normalarbeitstag schreitet durch die Erfahrung, dass man dank der größeren Intensität der Arbeit in einer kürzeren Zeit ebensoviel ausrichten kann wie in der längeren, nun von Sieg zu Sieg. Sie hatte zuerst die Arbeit der Kinder und der Halberwachsenen im Auge. Ich habe bei einer früheren Gelegenheit[19] darauf hingewiesen, dass es die Wirkungen der Fabrikarbeit auf die Gesundheit der Frauen selbst sowie auf die von ihnen geborenen Kinder waren, die veranlassten, dass man - zuerst in England, und dann in anderen europäischen Ländern - anfing, die Notwendigkeit einer Normalarbeitszeit auch für Frauen einzusehen. Die Forderung war und ist dreifach: eine Maximalarbeitszeit für die Arbeit der Frau; Einschrankung oder am besten Aufhebung der Nachtarbeit der Frau, zuweilen auch ihrer Arbeit in den Gruben und gewissen anderen gesundheitsgefährlichen Betrieben; schließlich Schutz der Wöchnerin. Und man hat in den meisten europäischen Ländern jetzt die Maximalarbeitszeit auf 8-11 Stunden festgesetzt; die Nachtarbeit, Bergwerksarbeit und Überarbeit ist entweder verboten oder bedeutend eingeschränkt, und eine Ruhezeit von 3 bis 8 Wochen für die Wöchnerin festgesetzt.

Für die Frau noch mehr als für den Mann müssten alle Gesichtspunkte eine achtstündige Arbeitszeit zu der höchsten machen. Der Achtstundentag bedeutet nicht nur für die Frau wie für den Mann die Möglichkeit, das Leben mit bewahrter Gesundheit und mit Zeit zu veredelnden Vergnügungen genießen zu können; sondern für die verheiratete Frau ist er überdies die unumgängliche Voraussetzung, um Ordnung und Behagen im Hause zu schaffen, ihre Kinder physisch pflegen und sie, in gewissem Maße, erziehen zu können. Für die Frau ist der Normalarbeitstag auch deshalb nötiger als für den Mann, weil auf ihr überdies noch die Arbeit des Haushaltes lastet. Die Gefahren der Nachtarbeit wie der Arbeit in den Gruben sind sowohl aus dem Gesichtspunkte der Gesundheit wie der Sittlichkeit so offensichtlich, dass kein weiterer Grund in diesem Falle zur Verteidigung der Schutzgesetzgebung angeführt zu werden braucht.[20]

19 Bei der Maifeier 1894, als ich über die Frau und den Normalarbeitstag sprach.

20 Wer sich wenigstens einen Begriff von der Einwirkung der Grubenarbeit auf die Frauen machen will, muss Zolas Germinal lesen.

Es werden übrigens nicht nur die theoretischen Frauenrechtsprinzipien gegen die Schutzgesetzgebung ins Treffen geführt. Von sozialistischer sowohl wie von frauenrechtlerischer Seite hört man verschiedene berechtigtere Einwände. Vor allem den, dass das Schutzgesetz noch mehr Frauen arbeitslos machen wird, die, um ihren Unterhalt zu finden, genötigt sein werden, der Prostitution zu verfallen. Aber man vergisst, dass ganz dasselbe eine Folge der niedrigen Löhne in den verschiedenen Berufszweigen ist, und dass diese niedrigen Löhne wieder eine Folge des reichlichen Angebotes arbeitender Frauen sind! Ganz kürzlich kam z. B. aus einer schwedischen Fabrikstadt die Angabe, dass dort in einer einzigen Fabrik 80 Arbeiterinnen bei der Polizei eingetragen seien! Das ist schon einer der unzähligen Beweise dafür, dass man die jetzigen Bedingungen der Arbeit, nicht die Schutzgesetze – deren letzte Folgen verbesserte Arbeitsbedingungen sein werden – bekämpfen soll!

Hindert man, heißt es weiter, die Frauen, in den Fabriken zu arbeiten, so kehrt man zu der noch aufreibenderen und gesundheitsgefährlicheren Hausindustrie zurück. Auf diesen Einwand kann man nicht nur mit Frau Wettstein-Adelts Erfahrung entgegnen, sondern auch mit dem englischen Gesetzesvorschlag von 1899 zur Regulierung der Heimarbeit, nach dem jeder Arbeitgeber für die hygienischen Verhältnisse des Ortes, an dem die Arbeit ausgeführt würde, verantwortlich sein sollte, und außerdem die Anzahl der Arbeiter, die Größe des Raumes und dergleichen genau bestimmt werden müsste. Ein Vorschlag, der sich in der rechten Richtung bewegt, um die Frage zu lösen, wie die Erwerbsarbeit der verheirateten Frau ins Haus zu verlegen wäre.

Hindert man durch Schutzgesetze die Frauen, zu arbeiten, heißt es weiter, so können sie ihre Kinder nicht versorgen, sondern diese kommen anstatt dessen in die Fabrik. Die Hilfe in dem letzteren Falle ist überaus einfach: absolutes Verbot aller Kinderarbeit unter 15 Jahren! Hindert man die Frau durch Schutzgesetze, alle Anforderungen eines Berufszweiges zu erfüllen, so wird, heißt es weiter, die Folge die, »dass nicht die Frauen in dem Beruf geschützt werden, sondern dass der Beruf gegen die Frauen schützt«. Hier ist die Abhilfe schwerer, aber gewiss nicht unmöglich, wenn nur der zehnte Teil der Kraft, die jetzt in den Dienst der Agitation für die »freien« Arbeitsrechte der Frau gestellt wird, zu ihrer Ausbildung für Arbeitsgebiete, die sich für sie eignen, verwendet würde. Aber selbst wenn das nicht geschieht, bringt die Schutzgesetzgebung ihr eigenes Korrektiv mit sich. Zuerst wird immer geklagt, dass der Beruf durch die Schutzgesetzgebung untergehen müsse; aber neue Methoden und Maschinen werden erfunden, die die billige, lebende Kraft ersetzen. So klagen oft die Geschützten selbst, dass sie ökonomisch unter dem Schutz leiden, aber eine längere Erfahrung zeigt ihnen, wie durch die Wechselwirkung, die nun zwischen allen Faktoren der Produktion stattfindet, die vorübergehenden Missverhältnisse ausgeglichen werden. Das unfehlbare Mittel, die durch die Schutzgesetze verursachte Arbeitslosigkeit der Frauen zu hindern, liegt jedoch in den schon jetzt in Arbeiterprogrammen hervortretenden Forderungen eines »Rechts auf Arbeit für die Arbeitslosen« und eines gewissen Minimallohns für alle Arbeit. Dies, neben dem Normalarbeitstag – worin die Nachtruhe und die Sonntagsruhe einbegriffen ist – den verschiedenen Schutzgesetzen, der Unfall- und Altersversicherung, sind die Hauptmomente für die schließliche Lösung der Arbeiterfrage für Frauen wie für Männer. Bis diese Ziele erreicht sind, gilt noch immer für die Frau wie für den Mann Ruskins Urteilspruch über den modernen Industrialismus, der das wahrhaft Menschliche im Menschen tötet. »Wir fabrizieren«, sagt er, »alles, außer wirklichen Menschen; wir bleichen Baumwollstoffe, härten und veredeln Stahl, raffinieren Zucker, formen Porzellan und drucken Bücher. Aber einen einzigen lebendigen Geist zu raffinieren, zu reformieren und zu veredeln, das fällt niemals in unsere Profitberechnungen!«

Die Frauen der Arbeitsklasse müssen jedoch so wie die Männer bis auf weiteres die Leiden leiden, die Gefahren tragen, sich dem Zwang unterwerfen, den die Solidarität in dem großen Kampfe mit sich bringt. Diese Bedingungen sind die einzigen, durch die Frauen wie Männer sich erheben werden, teils durch eigenen Zusammenschluss, teils durch die Ausdehnung des immer mehr anerkannten Grundsatzes: dass die Gesellschaft gesetzgebend die Arbeitsverhältnisse ihrer Mitglieder zu bestimmen habe, mit dem Ziele, durch menschenwürdige Arbeits- und Lebensbedingungen ein gesünderes, stärkeres und schöneres Geschlecht heranzubilden.

Alles greift in einander in dem ewigen Kreislauf. –

Die unorganisierte, mittelmäßige und darum schlecht entlohnte Arbeit der Frau verringert die Arbeitslöhne und Arbeitsgelegenheiten der Männer; die Fabriksarbeit macht die Frau untauglich zur Führung eines Haushaltes, untauglich zu ihren mütterlichen Pflichten. In dem Gerassel, der Hitze und der Gejagtheit der Fabriken werden die Nerven und mit ihnen die feineren Gefühle aufgerieben. Die Frau verliert nicht nur die rechte Hand, sondern auch das rechte Herz für das Familienleben. Die untauglichen Frauen erschweren dem Manne das Heiraten, und mit dem Zölibat steigt seine Sterblichkeit. Die niedrigen Löhne – oder

Zeiten der Arbeitslosigkeit – bedingen schlechte Wohnungen und Kleider, und schlechte Ernährung; die abgeplagte oder untaugliche Frau ist nicht im stande, Gutes aus dem Geringen zuzubereiten, das der Mann möglicherweise verdient. Aus all dem resultieren Trunksucht und Krankheiten. Durch diese und andere Ursachen, zugleich mit den schon dargelegten, entartet die Bevölkerung der Fabrikdistrikte, in der republikanischen Schweiz nicht weniger als in dem absolutistischen Russland!

Es ist allerdings wahrscheinlich, dass eine Arbeitseinschränkung in manchen Fällen recht fühlbar werden kann, sowohl für die alleinstehende Frau wie für die Familie. Auch die Einschränkung der Kinderarbeit kann sich ja im Anfang unangenehm fühlbar machen. Aber all das ist vorübergehendes Übel, für das man das Korrektiv findet, sobald man erst klar gesehen hat, in welcher Richtung der Fortschritt des Ganzen sich bewegt! Dieser Fortschritt wählt gewöhnlich die Zickzacklinie. Was darüber entscheidet, ob eine zeitweilige Freiheitsbegrenzung den Fortschritt fördert oder nicht, ist, ob man, wenn sich der Blick von den Individuen oder kleinen Gruppen zum großen Ganzen wendet, findet, dass dieses gewinnt, – dass in Zukunft die Freiheit und das Glück aller durch diese vorübergehende Freiheitseinschränkung erhöht werden wird.

Ist es in anderen Lebensverhältnissen eine gerechte Regel, dass, wer sich ins Spiel begibt, das Spiel ertragen muss, so findet diese Regel keine Anwendung auf jenes sehr grausame Spiel, das man das Leben nennt, und in das wir uns nicht mit unserem Willen begeben. Die Kinder haben das Recht, nicht für die Fehler und Irrtümer ihrer Eltern leiden zu müssen. Wie dieses Leiden in jedem Falle der Disharmonie in einer Ehe am besten vermieden werden kann, das zu entscheiden ist die Privatsache der einzelnen Individuen. Wie ich schon dargelegt habe, wird die Veränderung der Sitten in Bezug auf die Art, das Alter und die Motive der Eheschließung der sicherste, langsam zunehmende Schutz der Kinder sein. Durch eine ernstere Auffassung seiner Aufgabe als eines Geschlechtswesens wird es als ein Verbrechen betrachtet werden, wenn das junge Weib seine Person freiwillig misshandelt, sei es durch Übertreibung im Studieren oder im Sport, durch Schnüren oder Näscherei von Süßigkeiten, durch Rauchen oder andere stimulierende Mittel, durch Nachtwachen oder schrankenloses Arbeiten und all die tausend anderen Unverbesserlichkeiten, mit denen diese oft so einnehmenden Törinnen sich an der Vorsehung der Natur versündigen – bis diese ein für allemal die Geduld mit ihnen verliert!

Von den Gesellschaftsgesetzen aber muss man fordern, dass sie die *unfreiwilligen* Verbrechen der Wehrlosen gegen ihre weibliche Natur hindern.

Das ist die große Frauenbefreiungsarbeit, neben der alles andere relativ unwichtig ist. Dadurch, dass sie das nicht einsehen, werden die gegenwärtigen Repräsentanten der Frauensache reaktionär gegen die Entwickelung; während sie selbst mit diesem Wort alle diejenigen bezeichnen, die betonen: dass der einzige Weg, auf dem *die Frauenfrage in ihrer Gesamtheit gelöst werden kann, die soziale Umgestaltung ist, in der die Schutzgesetzgebung ein mitwirkendes Moment bildet*!

Meine Denkweise und die vieler anderer schließt nicht in sich, dass »die Frau das kostbarste Eigentum des Volkes ist«, sondern dass die Mutter der kostbarste Teil des Volkes ist, so kostbar, dass die Gesellschaft ihr eigenes höchstes Wohl fördert, wenn sie die mütterlichen Funktionen schützt. Und diese sind mit der Geburt oder mit dem Nähren des Kindes nicht abgeschlossen, sondern sie dauern während der Erziehung fort. Ich glaube, dass in der neuen Gesellschaft, wo alle, Frauen wie Männer – aber nicht Kinder, nicht Kranke und nicht Greise – genötigt sein werden, zu arbeiten, man die Funktionen der Mutter als so wichtig für das Ganze betrachten wird, dass jede Mutter – unter gewissen Bedingungen, gewisser Kontrolle, für gewisse Zeit und eine gewisse Anzahl Kinder – von der Gesellschaft einen Erziehungsbeitrag erhält, der sie während der Zeit, in der die Kinder ganz ihre Pflege brauchen, von äußerer Arbeit für den Lebensunterhalt befreit. Natürlich braucht das nicht auszuschließen, dass die Mutter, die sich aus dem einen oder anderen Grunde der Pflege und Erziehung der Kinder nicht widmen will oder kann, durch ihre eigene Erwerbsarbeit sich eine Stellvertreterin in der Pflege verschaffen kann. Aber für die Mehrzahl der Frauen wäre der angedeutete Vorschlag zweifellos die glückliche Lösung vieler, jetzt scheinbar unlöslicher Probleme. Ich glaube nämlich nicht, dass die Entwicklung das alte Ideal des Vaters als Familienversorgers beibehalten wird; ich hoffe vielmehr, dass die neue Auffassung jedes Individuums als seines eigenen Versorgers immer mehr Boden gewinnen wird. Der Vater wird dann wirklich auch im tieferen Sinne des Wortes Erzieher werden können, wenn die Nahrungssorgen für die Familie ihn nicht mehr zu Boden drücken. Die Frau wird dann als Familienmutter nicht in die Abhängigkeit vom Manne geraten, was sie als erniedrigend empfindet, wenn sie sich als Mädchen selbst ihren Unterhalt verdient hat. Man dürfte zu dieser neuen Form des Matriarchats zurückkehren, wenn man angefangen hat, die Sorge für die neue Generation als die große Aufgabe zu betrachten, die die Mutter für die Gesellschaft ausführt, und während deren Ausführung die Gesellschaft ihre Existenz sichern muss. In den meisten Fällen bekommt man von der außerhalb des Hauses arbeitenden verheirateten Frau die Antwort: dass ihr Glück darin bestehen würde, in Ruhe die Kinder pflegen und das Haus führen zu können, aber mit einem Einkommen, das sie vom Mann unabhängig machte! Eine schwedische Abendzeitung – das besondere Organ der Frauensache – stellte vor ein paar Jahren über die Erwerbsarbeit der verheirateten Frau eine Enquête an, bei der die Antworten, wahrscheinlich gegen das Erwarten der Zeitung, beinahe einstimmig darauf hinwiesen, welche Gefahren für die Kinder und das häusliche Behagen die Außenarbeit der Frau mit sich bringe. Eine unparteiische Untersuchung der Ursachen der Verwilderung der Jugend würde gewiss zeigen, dass das in mehreren Ländern stark zunehmende Verbrechertum unter der Jugend teils deren frühe Erwerbsarbeit zur Ursache hat, teils die frühe Heimatlosigkeit, die die Folge davon ist, dass die Mutter außer dem Hause arbeitet.

Wenn man überhaupt der Ansicht ist, dass Kinder noch immer zur Welt kommen sollen, und dass ein Heim in der Regel die besten Möglichkeiten bietet, sie in den ersten Lebensjahren aufzuziehen – dann muss man grübelnd vor den jetzigen Konsequenzen der nach außen gekehrten Frauenarbeit halt machen. Nachdem man nachgedacht hat, sagt man sich selbst, dass jetzt nichts notwendiger ist, als solche Kulturpläne, solche sozialen Organisationspläne zu finden, die die Mutter den Kindern und dem Heim wiedergeben.

Alles, was die Wohltätigkeit leistet, um die Schäden des Auflösungsprozesses der Großindustrie zu heilen, ist im großen Ganzen vergeudete Kraft. Kinderkrippen, Kindergärten, Kinderausspeisungen. Kinderspitäler, Ferienkolonien – sie können mit all ihren schönen Bestrebungen nicht ein Hundertstel der Lebenskräfte ersetzen, die der neuen Generation mittelbar oder unmittelbar durch die Frauenarbeit außer dem Hause geraubt werden.

Es gibt ja allerdings Menschen, die erwarten, dass das häusliche Leben von kollektiven Anstalten für Kinderpflege, für Mahlzeiten u. s. w. abgelöst werden wird. Ich glaube wohl auch, dass ebenso wie das Brauen, Backen, Schlachten, Lichtziehen und Kleidermachen mehr und mehr vom Hause wegverlegt worden ist, vieles von der Arbeit, die noch jetzt den größten Teil der häuslichen Tätigkeit bildet – z. B. Kochen, Waschen, Kleiderausbessern, Reinmachen u. s. w. – schließlich auch kollektiv ausgeführt werden wird, mit Hilfe von Elektrizität und Maschinen. Aber ich hoffe, dass die Neigung des Menschen zur Individualisierung die Tendenz zu unpersönlicher, einförmiger Massenwirkung in Bezug auf all das besiegen wird, was in tieferer Weise die innersten Lebensverhältnisse und die privaten Lebensgewohnheiten berührt; dass ein reiches Familienleben auch fürderhin als Grundbedingung echter Lebensfreude und persönlicher Entwickelung betrachtet werden wird. Auch wenn die Frauen von den barbarischen Überbleibseln der jetzigen Haushaltungsweise – ein Marktkorb, ein Küchenherd, eine Scheuerbürste in jedem Hause – befreit sein werden und die Elektrizität überall Wärme und Licht spenden wird, werden sie doch genötigt sein, ein gewisses Maß von Arbeit zu verrichten, das trotz der vervollkommnetsten Apparate und kooperativen Methoden nicht vermieden werden kann, wenn man nicht das Heim durch die Kaserne ersetzen will. Und da der Brauch, Hausdiener zu halten, bald aufhören dürfte, weil solche wahrscheinlich nicht mehr zu bekommen sein werden, werden alle Frauen zur Hausarbeit gezwungen oder auf den Ausweg angewiesen sein, den man schon in Amerika gefunden hat, wo Bureaux häusliche Hilfe für gewisse Zeit gegen ein gewisses Entgelt vermitteln. Auch in London besteht jetzt ein Fachverein für Aushilfefrauen, die für den Beruf ausgebildet werden und dann unter festgesetzten Bedingungen arbeiten. Auf dem Lande wird man bald nicht nur die Frauen, sondern auch die Töchter für die landwirtschaftliche Arbeit brauchen, wenn man keine Dienstleute mehr bekommen kann. Dies wird ein natürliches Korrektiv gegen jenes Drängen nach äußeren Arbeitsgebieten sein, das die Töchter in hellen Haufen vom Hause weggeführt hat, Haufen, die dann die Städte überfüllt haben.

Wenn man schließlich den nationalökonomischen Verlust erwägt, der dadurch stattfindet, dass Frauen nach 5-10jähriger Ausbildung ihre Arbeiten oder Studien der Ehe wegen abbrechen, dann muss man wohl einsehen, dass die moderne Frauenarbeit Folgen gehabt hat, die bald eine große Abrechnung mit derselben erzwingen müssen! Aus dem Gesichtspunkt der Frau selbst, aus dem der Kinder, dem der Männer und schließlich dem der Produktion muss man volle Klarheit darüber fordern, dass die Gesellschaft entweder die Arbeitsbedingung der Frau verändern oder Zeuge der fortschreitenden Auflösung des häuslichen Lebens sein muss; entweder muss die Gesellschaft die Arbeits- und Lebensbedingungen aller umwandeln, oder sie wird die Degeneration des Geschlechtes sehen!

Alle Philanthropie – und in keiner Zeit ist diese größer gewesen als in der unserigen – ist nichts anderes als wohlriechendes Räucherwerk, am Ausfluss einer Kloake entzündet. Das Rauchopfer macht die Luft für die Vorübergehenden erträglicher, hindert aber die Infektionsstoffe der Kloake nicht, ihre Wirkung zu tun.

Der Egoismus, der Selbsterhaltungstrieb wird vielleicht schließlich die Führer der Gesellschaft zwingen, ihr Handeln nach sozialen Gesichtspunkten einzurichten. Erst dann kann die Frauenfrage wirklich eine Menschheitsfrage werden; erst dann werden ihre Verfechter vielleicht einsehen, dass der Frau selbst nichts dauernd Gutes zu teil wird, wenn sie unter Bedingungen arbeitet, die den Männern und den Kindern schaden; dass man in dieser Hinsicht mit vollem Rechte gegen die Forderungen der weiblichen Individualität das alte Wort richten kann: das höchste Recht wird zum höchsten Unrecht. Die Gerechtigkeit besteht nicht darin, dass die Frau unter Bedingungen arbeiten darf, die sie und die Generation physisch zu Grunde richten, sondern darin, dass sie im übrigen die Möglichkeit hat, ihre Wahlfreiheit zu gebrauchen und zu lernen, sie gut zu gebrauchen. Die Gerechtigkeit besteht darin, dass unzählige Frauen geschützt werden, die sich bis auf weiteres nicht selbst gegen den Missbrauch zu schützen vermögen, den der Kapitalismus mit ihren Kräften treibt.

Es ist ein lehrreicher Zug aus der Geschichte des Klassenkampfes – oder der Frauensache – dass, nachdem die Frauen zuerst die Männer auf gewissen Gebieten hinausgedrängt haben, nun die unverheirateten Frauen suchen, die verheirateten vom Arbeitsmarkte zu verdrängen! In Amerika, wo alles rascher geht, hat sich schon unter den unverheirateten Frauen eine Vereinigung zu diesem Zweck gebildet. Diese und ähnliche Erscheinungen gehören zu der freien Konkurrenz, dieser sogenannten Blüte »des vornehmsten Gedankens unserer Zeit, des Rechtes des Individuums auf Selbstbestimmung!« Und vielleicht werden erst, wenn der Krieg der Frauen gegen die Frauen ordentlich in Gang gekommen ist, die Frauenrechtlerinnen einsehen, dass das Problem der Frauenarbeit komplizierter ist, als sie geahnt, so lange sie es, wie bis jetzt, nur aus dem Gesichtspunkte des Rechts der Frau auf Selbstversorgung betrachtet haben. Sie werden dann möglicherweise verstehen, dass der Individualismus, losgelöst vom Solidaritätsgefühl, zum sozialen Kampfe führt, Klasse gegen Klasse, Geschlecht gegen Geschlecht, Ledige gegen Verheiratete, Junge gegen Alte, und dass die Frau nur im Zusammenhang mit der Umgestaltung des Ganzen zu ihrem vollen Rechte in der Gesellschaft gelangen kann, ohne dass das Recht anderer dadurch verletzt wird!

Je früher die Frauenrechtlerinnen dies einsehen, desto besser. Anstatt die Schutzgesetzgebung zu bekämpfen, sollten sie sie hervorrufen; anstatt mit Unwillen Fachvereine und Streiks zu betrachten, sollten sie den Arbeiterinnen helfen, die ersteren zu organisieren und die letzteren zu unterstützen, wo sie berechtigt sind.

Unser Jahrhundert, das der Frau neue Arbeitsgebiete eröffnet hat, hat dadurch, dass es sie in den Konkurrenzkampf hineinzwang, das Leben sehr hart für sie gemacht. Als Gattinnen, als verheiratete oder unverheiratete Mütter, als geschiedene Frauen, als Witwen tragen die Frauen oft nicht nur ihre eigene Last, sondern die eines Familienversorgers, indem sie für einen kranken oder trunksüchtigen Mann oder Kinder oder Geschwister oder alte Eltern zu arbeiten haben. Diese Frauen – mögen sie zu den Arbeiterinnen mit dem Hirn oder mit der Hand gehören – quälen sich teils um ihren Lebensunterhalt, teils mit häuslichen Verrichtungen ab. Wenn der Mann einigermaßen ausgeruht vom Hause zur Arbeit geht, geht die Frau oft schon ermüdet und kommt vielleicht zur Nachtarbeit im Hause zurück. Dass sie sowohl die körperliche Gesundheit wie das seelische Gleichgewicht verliert, dessen ihre Kinder bedürfen, ist sonnenklar. Es ist erstaunlich, wie viele arbeitende Frauen trotzdem noch die Energie haben, für ihre geistige Befreiung durch Lesen und Denken tätig zu sein. Sie sehen bald ein, diese Frauen, dass ein Beruf oft nicht gleichbedeutend mit Befreiung ist, dass er im besten Fall nur ein Mittel dazu sein kann. Die physische Arbeiterin ist in dieser Beziehung nicht am schlimmsten daran, obgleich allerdings auch sie bis zu einem Verdienstminimum von 4-5 Kronen wöchentlich herabsinken kann.[21] Die Kontoristin, Telephonistin, Post- und Telegraphenbeamtin, das Ladenmädchen, die Kellnerin in öffentlichen Lokalen, sowie das Dienstmädchen in Privathäusern, all diese, die oft stehend das Publikum bedienen müssen, denen außerdem nicht selten Nachtruhe und Sonntagsruhe vorenthalten wird – sie sind tatsächlich die ärgsten Arbeitssklavinnen. Und diese Sklavinnen können sich oft bei einem 15 16stündigen Arbeitstag nur 3-4, höchstens 7-800 Kronen im Jahre verdienen! Wer kann sich wundern,

21 In England soll der Durchschnittslohn 6-7 Schilling wöchentlich sein, oft für 80 Arbeitsstunden; in Deutschland 6-9 Mark und – als Ergänzungsverdienst wird auf die Straße hingewiesen! In Österreich 6-8 Kronen, aber in der toten Saison oft nichts.

wenn die eine oder andere sich jene Erhöhung der Einkünfte verschafft, auf die zuweilen vom Arbeitsgeber gerechnet wird, wenn er gegen niedrigen Lohn schöne Mädchen in seinem Geschäft anstellt! Wer kann etwas anderes erwarten, als dass diese in Läden, Telephon-, Post- und Telegraphenämtern Abgequälten oft hysterisch, ja geisteskrank oder zu Selbstmörderinnen werden?

Gegen alle dies Missverhältnisse sind die Frauenrechtlerinnen nicht blind. Sie fordern ja gleiche Löhne für Frauen und Männer und legen, manchmal mit Recht, manchmal mit Unrecht, dar, dass die Arbeit der Frau zu niedrig bezahlt wird. Aber sie sehen nicht ein, dass sie selbst zu dem Übel beigetragen haben, indem sie die Frauen beständig auf alle erdenklichen Gebiete hetzen, wodurch diese überfüllt werden, was wiederum die niedrige Entlohnung veranlasst. Es ist eben mehr von nöten, als den Frauen Arbeitsgebiete zu *eröffnen*, wenn ihnen nicht die Lebenskraft ausgesaugt werden soll, wenn sie nicht vorzeitig ihre Jugendfrische und Reiz, ihre Entwickelungs- und Glücksmöglichkeiten als Menschen, als Frauen und Mütter verlieren sollen!

Die Freiheit immer mehr verloren zu haben – das ist, im großen gesehen, das traurige Resultat der sogenannten Befreiung der Frau in unserem Jahrhundert, wenn man weiter sieht, als auf einige tausend Frauen der oberen Klassen in gut bezahlten Stellungen! Gegen die frauenrechtlerische Bewertung der äußeren Tätigkeit der Frau habe ich darum schon durch Jahrzehnte in meinem Innern denselben Einwand gerichtet, den Feuerbach mit den Worten formulierte: »Die Mittelmäßigkeit wägt immer richtig, nur ihre Wage ist falsch!«

Wohin wir auch blicken mögen – nach Europa oder nach Amerika – überall finden wir neue Missverhältnisse als Folge der neuen Verhältnisse, die durch die Befreiung der weiblichen Arbeitskraft eingetreten sind, durch die Entwickelung der Großindustrie, die Umgestaltung der Heimarbeit und die sich immer mehr ausbreitende weibliche Anschauungsweise, dass »das Zölibat die Aristokratie der Zukunft ist« – um eine hervorragende Frauenrechtlerin zu zitieren!

Töricht wäre jedoch der, der eine Änderung der Missverhältnisse durch eine Reaktion wünschte, die der Frau wieder irgend eine wesentliche Freiheit in Bezug auf ihre Arbeitswahl und ihre Lebenspläne rauben würde.

Die Fortschrittslinie strebt einer neuen Gesellschaft zu, wo alle genötigt sein werden, zu arbeiten, und alle Arbeit finden werden, wo alle massig arbeiten werden, unter gesunden Verhältnissen, gegen hinlänglichen Lohn. Da wird nicht die unverheiratete oder die verheiratete Frau bei einer aufreibenden Erwerbsarbeit die Kräfte verlieren, die sie für die Mutterschaft braucht. Und wenn diese eintritt, wird sie wahrscheinlich in den meisten Fällen mit Freude die Möglichkeit begrüßen, die ihr die Gesellschaft dann bieten wird, nämlich als Mutter und Erzieherin für diese zu arbeiten.

Noch sind wir weit von einer solchen Gesellschaft entfernt. Aber bei jeder sozialen Maßregel gilt es, wie gesagt, zu prüfen, ob sie uns von diesem Ideal entfernt oder uns ihm näher bringt; ob sie die Entwickelung des Gedankens fördert oder hemmt, der schließlich alles umwandeln wird, des Gedankens, dass die Produktion um der Menschen willen da ist, nicht wie jetzt die Menschen um der Produktion willen; dass die Arbeit um der Freiheit willen da ist, nicht wie jetzt die Freiheit um der Arbeit willen!

Als ich – in *Missbrauchte Frauenkraft* – versuchte, die Frauen zu einer Prüfung der Konsequenzen derselben zu veranlassen, da war meine These diese: wir müssen in unseren Kulturplänen davon ausgehen, dass die Mutterschaft etwas Wesentliches für die Natur der Frau und die Art, wie sie diesen Beruf erfüllt, von Wert für die Gesellschaft ist; und wir müssen auf Grund dessen die Verhältnisse ändern, die der Frau immer mehr das mütterliche Glück und den Kindern die mütterliche Pflege rauben. Oder wir müssen davon ausgehen, dass die Mutterschaft *nicht* wesentlich ist – und dann mag alles fortgehen, wie es geht. Dann wird die nach außen gerichtete Arbeit – mit ihrer Befriedigung der Schaffensfreude, des Ehrgeizes, der Gewinnsucht, der Genusssucht, der Unabhängigkeit – immer mehr das Ziel werden, nach dem die Frauen ihre Lebenspläne entwerfen, ihre Lebensgewohnheiten modifizieren, ihre Gefühle umbilden. Der naive Glaube, dass jede Frau ihrer Natur folgt, wenn sie nur die Freiheit dazu hat, zeigt eine völlige Unkenntnis der Psychologie wie der Geschichte. Ein erstrebenswertes Ideal, eine herrschende Zeitansicht vergewaltigt die Natur, was z. B. das im 18. Jahrhundert oder in der mittelalterlichen Askese verkümmerte Mütterlichkeitsgefühl am besten zeigt. Und von einem neuen Ideal werden nun zahllose Frauen von dem nach innen gekehrten Leben zu dem nach außen gewendeten getrieben.

Ich will die wirkliche Freiheit der Frau, das heißt, dass sie ihrer Natur folgen können soll, mag diese nun die des Ausnahmeweibes oder die der gewöhnlichen Frau sein. Aber die Meinung, die die Frauenrechtlerinnen über die Natur, über die Ziele der Alltags-Frau verbreiten, vergewaltigt die wirkliche Natur der meisten Frauen!

Es ist eines der vielen wunderlichen Zeichen der Zeit, dass, während Frauen das Recht der Frau und ihren Willen verkünden, ungehemmt von Familienbanden zu arbeiten und zu schaffen, Männer – z. B. Ibsen in *Wenn wir Toten erwachen* – zeigen, dass der große Sündenfall des Lebens die Verletzung des Gesetzes der Liebe ist, und dass auch der Mann dadurch nicht nur seine Persönlichkeit, sondern auch seine Schaffenskraft verringert!

Man kann hoffen, dass, wenn die Männer sich so der früheren Auffassung der Frauen von der Liebe nähern, die Frau hingegen anfängt, die Erotik als eine kleine Episode im Leben neben der eigentlichen Lebensaufgabe zu betrachten – eine Episode, der sie die Färbung des sensuellen oder sentimentalen oder psychologischen oder sportsmäßigen Flirts gibt, eine Episode, die sie als ein Spiel behandelt, in das sie leicht hinein- und aus dem sie leicht hinausschlüpft – dass dann aus dieser neuen Begegnung von Extremen neue, jetzt ungeahnte Leiden entstehen werden, durch die endlich für die so »befreite« Frau die ewigen Gesetze ihres eigenen Wesens offenbar werden, die Gesetze, von denen sie sich nicht befreien kann, ohne unterzugehen.

Nicht einmal das leiseste Hindernis will ich jedoch einer einzigen alleinstehenden Frau bereiten, frei ihren eigenen Weg zu gehen, mag er sie auch zu den ungewöhnlichsten Arbeitsgebieten und Lebensversuchen führen! Aber ich will – um der Frauen selbst, um der Kinder, um der Gesellschaft willen – dass Frauen wie Männer ernst die gegenwärtige Sachlage durchdenken und einsehen, dass man in nächster Zeit eines von beiden wählen muss: entweder eine derartige Umgestaltung der Denk- und Arbeitsweise der jetzigen Gesellschaft, dass die Mehrzahl der Frauen der Mutterschaft wiedergegeben wird; oder die Auflösung des Heims und seine Ersetzung durch allgemeine Anstalten. Ein Drittes gibt es nicht.

Es bedurfte ohne Zweifel der ganzen egoistischen Selbstbehauptung der Frau, all ihres Individualisierungsstrebens, sowie ihrer zeitweiligen Lostrennung vom Heim und von der Familie, ihrer selbständigen Erwerbsarbeit, um dem Manne und der Gesellschaft die Gewissheit einzuprägen: dass die Frau nicht nur ein Geschlechtswesen ist, nicht nur die auf den Mann, das Haus und die Familie Angewiesene – wie diese auch beschaffen sein mögen! Erst so konnte die Frau ihre Aufgabe als Gattin und Mutter wirklich frei wählen; erst so konnte sie das Recht erringen, auf dem Gebiete des Hauses und der Familie als dem Mann geistig ebenbürtig betrachtet zu werden, als das in seiner Art ebenso vollkommene Menschenwesen!

Aber sehen wir doch ein, dass diesem Abschnitt des Frauenegoismus nun ein neuer folgen muss, in dem das Solidaritätsgefühl mit dem Geschlechte erwacht und die Frau einsieht, dass sie diesem am besten ihre befreite und entwickelte menschliche Persönlichkeit durch die Verwirklichung ihrer besonderen weiblichen Bestimmungen zuführen kann. Reichstage und Presse, Gemeindevertretungen und Regierungen, Friedens- und Arbeiterkongresse, Wissenschaft und Litteratur – all dies wird weiter mit äußerst geringem Resultat arbeiten, ehe nicht die Frauen begreifen, dass die Gesellschaftsumgestaltung mit dem noch ungeborenen Kinde beginnt, mit den Bedingungen für dessen Entstehung, für dessen physische und psychische Erziehung; dass die neuen Instinkte, die neuen Gefühle, die neuen Begriffe, die neuen Gedanken, die Mütter und Väter in das Fleisch und Blut ihrer Kinder übergehen lassen, das Dasein umgestalten werden; dass erst, nachdem Generation um Generation ein neues seelisches Erdreich entstanden ist, die größeren Gedanken wachsen können, durch die das Leben sich erneuen wird!

Bis dahin werden die vieltausendjährigen Missbräuche, die politische Ungerechtigkeit, der ökonomische Kampf, all die gesellschaftszerfressenden Missverhältnisse Generation für Generation wiederholt werden, von denselben Menschen, wenn auch in anderen Formen. Denker werden immer neue Ideen finden, Gelehrte neue Methoden und Systeme, Künstler neue Schönheitswerte. Aber im großen Ganzen wird alles gleich bleiben. Erst wenn die Frau der Botschaft lauscht, die das Leben ihr kündet – dass durch sie die Erlösung kommen wird – erst dann fängt das Antlitz der Erde an, sich zu erneuen! Alle Festreden von »der hohen Aufgabe der Mutter« und »dem großen Beruf der Erziehung« sind und bleiben bloße Phrasen, bis man einsieht, dass es von der physiologischen und psychologischen Umgestaltung der Menschennatur abhängt, ob die Humanität und die Kultur einstmals die Tierheit besiegen werden.

Aber diese Umgestaltung erfordert eine so absolut neue Auffassung des Berufes der Mutter, eine so ungeheuere Kraftanspannung, eine so unablässige Inspiration, dass diejenigen, welche glauben, dass sie daneben auch andere Werke von Wert produzieren können, niemals versucht haben können, zu erziehen! Der vieltausendjährige Schlendrian – seine Jungen zu schneuzen, zu streicheln und zu schlagen – ist nicht Erziehung. Es bedarf ungeheuerer Kräfte, um einem einzigen Kinde gerecht zu werden. Das bedeutet durchaus nicht, dem Kinde jede seiner Stunden zu geben. Aber es bedeutet, dass unsere Seele von dem Kinde erfüllt sei, so wie der Mann der Wissenschaft von seinen Forschungen, der Künstler von seinem Werk erfüllt ist: es in Gedanken mit sich zu haben, wenn man in seinem Hause sitzt oder über den Weg geht, wenn man sich niederlegt oder wenn man aufsteht! Das, viel mehr, als die Stunden, die man den Kindern unmittelbar widmet, ist das Absorbierende, das, was bewirkt, dass eine ernste Mutter immer mit geteilter Seele, mit zersplitterter Kraft zu einer äußeren Tätigkeit kommen muss. Darum kann die Mutter, wenn sie ihren wesentlichen Teil den Kindern geben will, gesellschaftlichen Aufgaben nur ihre gelegentliche Tätigkeit widmen; und darum sollte sie während der wichtigsten Erziehungsjahre gänzlich von Erwerbsarbeit befreit sein.

Ich habe nie, weder in den oberen, noch in den unteren Klassen, irgend eine Mutter, die zu Erwerbsarbeit gezwungen oder durch ihre Begabung zu künstlerischer Produktion veranlasst war, gehört, die nicht unter der Unmöglichkeit gelitten hätte, zugleich den Kindern in der Zeit ihres Heranwachsens zu genügen.

Frau Adele Gerhard und Fräulein Helene Simon haben unter dem Titel *Mutterschaft und Geistige Arbeit* eine sehr interessante Enquête veröffentlicht, in der ich meine dort mitgeteilte Beobachtung bestätigt fand: dass eine Mutter, die selbst Erzieherin sein und daneben einen Beruf oder eine andere damit vergleichbare öffentliche Tätigkeit ausüben will, nach keiner Hinsicht ein Ganzes gibt, sondern mit geteilter Seele eine mittelgute Erziehung und eine mittelgute Arbeit zu stande bringt. Dies gestehen alle diejenigen wirklich aufrichtigen Mütter zu, die sich ein hohes Ziel für ihre Arbeit und für ihre Erziehung gesetzt haben. Sind sie hingegen in der einen oder in beiden Beziehungen Dilettantinnen, dann geht es ja so halbwegs, die beiden getrennten Tätigkeitsgebiete zu vereinigen.

Man erwidert von frauenrechtlerischer Seite – auf diese meine Meinungen – dass die Mutterschaft durch eine naturgemäße Lebensweise unendlich erleichtert werden könne und sich sehr wohl mit der Arbeit vereinen lasse; dass die Kinder bald der Obhut der Mütter entwüchsen, und dass diese sich dann wieder ganz ihrer Arbeit widmen könnten; dass außerdem die Mutterschaft keine unbedingte Pflicht sei; dass man das volle Recht habe, in dieser Beziehung verschiedene individuelle Forderungen zu stellen; die eine wünscht, Mutter zu werden, die andere nicht; die eine verheiratet sich mit der Hoffnung, Mutter zu werden, die andere mit dem Vorsatz, es nicht zu werden; die dritte verheiratet sich überhaupt nicht. Jeder Versuch, in einer Frage zu generalisieren, in der die individuelle Freiheit alles Recht hat, sich geltend zu machen, ist, meint man, Reaktion. Volle Freiheit für die Frau, in wie außerhalb der Ehe ihre Arbeit zu wählen und fortzuführen, volle Freiheit, die Mutterschaft zu wählen oder sie zu entbehren: das sei der Weg zur Befreiung der Frau, das die Linie des Fortschritts. Diese zu verfolgen, werde sie überdies durch die soziale Entwickelung gezwungen, die die Erwerbsarbeit der Frau zu einer Notwendigkeit gemacht habe. Sowie die weibliche Haushaltungsarbeit in Industriearbeit umgewandelt sei, würden auch die Mutterpflichten der Frau kollektiv erfüllt werden, und die Schwierigkeiten, auf die die sogenannten Reaktionäre der Frauenfrage ihre Forderungen stützten, würden also künftighin bloß mehr in Ausnahmsfällen vorkommen.

Ich habe gegenüber diesen Argumenten schon im vorstehenden betont, dass ich voll das Recht des weiblichen *Individuums* anerkenne, seinen eigenen Weg zu gehen, sein eigenes Glück oder Unglück zu wählen, und dass ich immer von dem *Frauengeschlecht* in seiner Gesamtheit, von der Gesellschaft in ihrer Gesamtheit gesprochen habe.

Aus diesem allgemeinen, nicht aus dem individuellen Gesichtspunkt suche ich die Frauen zu überzeugen, dass es sich an den Individuen, an der Nation, an der Rasse schließlich rächt, wenn die Frauen allmählich die innerste Lebenskraft ihres physischen und psychischen Wesens, die Kraft der Mütterlichkeit zerstören.

Aber nicht die Frau, wie sie in dieser Stunde geht und steht, taugt zur Mutter! Sie taugt erst dazu, nachdem sie sich selbst für die Mutterschaft und den Mann für die Vaterschaft erzogen hat! Dann können beide zusammen beginnen, das neue Geschlecht zu erziehen, das einmal die Gesellschaft bilden wird, in der der vollendete Mensch – der »Übermensch« – von einer noch fernen Morgenröte bestrahlt werden wird!

3. Erziehung

Goethe zeigt schon im Werther den klaren Blick für die Bedeutung einer individualistischen und psychologischen Erziehung, den Blick, der das »Jahrhundert des Kindes« auszeichnen wird. Er legt dort nämlich dar, wie die zukünftige Willensstärke im Eigensinn des Kindes verborgen liege, und wie gleichzeitig in jedem Fehler des Kindes ein ganzer unverdorbener Keim zu einem Guten eingeschlossen sei. »Immer«, fährt er fort, »immer wiederhole ich dann die goldenen Worte des Lehrers der Menschen: Wenn Ihr nicht werdet wie eines von diesen! Und nun, mein Bester, sie, die unseresgleichen sind, die wir als unsere Muster ansehen sollten, behandeln wir als Untertanen. Sie sollen keinen Willen haben! – Haben wir denn keinen? Und wo liegt das Vorrecht? – Weil wir älter sind und gescheidter! – Guter Gott von Deinem Himmel! Alte Kinder siehst Du, und junge Kinder, und nichts weiter; und an welchen Du mehr Freude hast, das hat Dein Sohn schon lange verkündigt. Aber sie glauben an ihn und hören ihn nicht – das ist auch was Altes – und bilden ihre Kinder nach sich ...« Derselbe Ausspruch lässt sich auf die gegenwärtigen Erzieher anwenden, die beständig die Worte Evolution, Individualität und natürliche Anlagen im Munde führen, aber den neuen Geboten nicht gehorchen, an die sie glauben. Sie erziehen noch immer, als glaubten sie noch an die natürliche Verderbtheit des Menschen, an die Erbsünde, die nur gezügelt, gezähmt, unterdrückt, aber nicht umgewandelt werden könne, während der neue Glaube gerade Goethes eben angeführten Gedanken in sich schließt: dass beinahe jeder Fehler nur eine harte Schale ist, die den Keim zu einer Tugend umschließt. Selbst die Menschen der neuen Zeit befolgen bei der Erziehung noch immer die alte medizinische Regel: »Böses muss mit Bösem vertrieben werden«, anstatt der neuen Methode, in der anstatt der Heilmittel die Hygiene eine immer größere Bedeutung erlangt hat!

Ruhig und langsam die Natur sich selbst helfen lassen und nur sehen, dass die umgebenden Verhältnisse die Arbeit der Natur unterstützen, das ist Erziehung.

Weder die harten noch die zärtlichen Eltern ahnen die Wahrheit, die Carlyle in dem Satze ausdrückt: dass das Kennzeichen der edlen Genialität wilde, starke Gefühle sind, über die man eine eisenharte Herrschaft ausübt. – Entweder versucht man die Leidenschaften auszurotten, oder man versäumt es, das Kind die Herrschaft über dieselben zu lehren.

Das eigene Wesen des Kindes zu unterdrücken und es mit dem anderer zu überfüllen, ist noch immer das pädagogische Verbrechen, das auch die auszeichnet, die laut verkünden: dass die Erziehung nur die eigene individuelle Natur des Kindes ausbilden solle!

Man ist noch nicht überzeugt, dass der Egoismus des Kindes berechtigt ist, ebenso wenig wie man von der Möglichkeit überzeugt ist, das Böse in das Gute zu verwandeln.

Erst wenn man die Erziehung des Kindes auf die Gewissheit gründet, dass Fehler nicht versöhnt oder ausgelöscht werden können, sondern immer ihre Folge haben müssen, aber gleichzeitig auf die Gewissheit, dass sie in einer fortgesetzten Evolution umgewandelt werden können, durch langsame Anpassung an die umgebenden Verhältnisse, erst dann wird die Erziehung anfangen Wissenschaft, Kunst zu werden. Man wird dann allen Wunderglauben in Bezug auf die Wirkung plötzlicher Eingriffe aufgeben. Man wird nach dem Prinzip der Unzerstörbarkeit der Materie auch auf psychologischem Gebiet handeln und niemals glauben, dass eine Seelenanlage ausgerottet, sondern nur eines von beiden: herabgedrückt oder zu einem höheren Wert erhoben werden kann …

Es liegt eine tiefe Einsicht in Mme. Staëls Worten, dass bloß der, welcher mit Kindern spielen kann, auch im stande ist, sie etwas zu lehren. Selbst wie das Kind zu werden, ist die erste Voraussetzung, um Kinder zu erziehen. Aber das schließt keine gespielte Kindlichkeit, kein herablassendes Plappern in sich, das das Kind sogleich durchschaut und tief verabscheut. Das bedeutet, sich von dem Kinde ebenso ganz und einfältig ergreifen zu lassen, wie dieses selbst vom Dasein ergriffen wird; das Kind wirklich wie seinesgleichen zu behandeln, d. h. dieselbe Zurückhaltung, dasselbe Feingefühl und Vertrauen zu zeigen, das man einem Erwachsenen zeigt. Das bedeutet, das Kind nicht dadurch zu beeinflussen, dass man das fordert, was man selbst möchte, dass das Kind es sei, sondern es durch den Eindruck dessen zu beeinflussen, was man selbst ist. Das bedeutet, dem Kinde nicht mit List oder Gewalt zu begegnen, sondern mit seinem eigenen Ernst und seiner eigenen Ehrlichkeit.

Rousseau sagt irgendwo: »Alle Erziehung scheitert daran, dass die Natur weder Eltern zu Erziehern erschafft, noch Kinder, um erzogen zu werden …« Wie wäre es, wenn man endlich anfinge, dieser Anweisung der Natur zu folgen und einzusehen, dass das größte Geheimnis der Erziehung gerade darin verborgen liegt – nicht zu erziehen?!

Das Kind nicht in Frieden zu lassen, das ist das größte Verbrechen der gegenwärtigen Erziehung gegen das Kind. Dahingegen wird, eine im äußeren, sowie im inneren Sinne schöne Welt zu schaffen, in der das Kind wachsen kann; es sich darin frei bewegen zu lassen, bis es an die unerschütterliche Grenze des Rechts anderer stößt, – das Ziel der zukünftigen Erziehung sein. Erst dann werden die Erwachsenen wirklich einen tiefen Einblick in die Kindesseele, dieses noch fast immer verschlossene Reich, erlangen können. Denn es ist ein natürlicher Selbsterhaltungsinstinkt, der das Kind veranlasst, sein Inneres vor dem Erzieher zu verschließen, der unzarte Fragen stellt, z. B. woran das Kind denke, eine Frage, die es fast immer mit einer schwarzen oder einer weißen Unwahrheit beantwortet; vor einem Erzieher, der seine Gedanken und Neigungen zurechtweist oder betastet, der rücksichtslos die feinsten Gefühle des Kindes verrät oder lächerlich macht, der vor Fremden seine Fehler verweist oder seine Eigenschaften belobt, ja, das in einer offenen Stunde gemachte vertrauliche Geständnis eines Kindes in einer anderen zu Vorwürfen ausnützt!

Der Satz, dass kein menschliches Wesen es lernt; ein anderes zu verstehen, allerhöchstens es zu vertragen, gilt vor allem von dem inneren Verhältnis der Kinder und der Eltern zu einander, in welchem gerade die tiefste Eigenart der Liebe, das Verständnis, beinahe immer fehlt.

Die Eltern sehen z. B. nicht ein, dass während des ganzen Lebens das Bedürfnis nach Frieden nie größer ist als in den Kindheitsjahren: ein innerer Friede unter aller äußeren Beweglichkeit. Das Kind hat seine eigene unendliche Welt, um sich darin zurecht zu finden, sie zu erobern, sich hineinzuträumen – aber was erfährt es? Hindernisse, Eindringen, Zurechtweisungen den lieben langen Tag. Das Kind soll immer irgend etwas bleiben lassen, oder etwas anderes tun, etwas anderes finden, etwas anderes wollen, als was es tut oder findet oder will; immer wird es nach einer anderen Richtung geschleift, als nach der sein Sinn weist. Und all dies oft aus purer Zärtlichkeit, aus Wachsamkeit, aus dem Eifer zu richten, zu raten, zu helfen, das kleine Menschenmaterial zu einem vollkommenen Exemplar in der Modellserie, Musterkinder, zuzuhauen und zu polieren!

Eine kleine Dreijährige, die ich als »schlimm« tadeln hörte, weil die Kleine in den Wald gehen wollte, während das Kindermädchen sie mit in die Stadt zu schleppen beabsichtigte, und eine andere kleine Sechsjährige, die Schläge bekam, weil sie gegen eine Spielgefährtin »schlimm« gewesen, das heißt diese ein Ferkel genannt – eine für die immer schmutzige Spielkameradin sehr erzieherisch wirkende Anrede – sind beide typische Beispiele dafür, wie die gesunden Instinkte des Kindes abgestumpft werden. Es gibt kein dem Kinderherzen spontaner entsprungenes Wort, als das des kleinen Knaben, der – nach einer Schilderung des Himmels der »braven« Kinder – die Mutter fragte, ob sie nicht glaube, dass er, wenn er die ganze Woche im Himmel brav gewesen sei, am Samstag Abend hinab in die Hölle würde gehen dürfen, um dort mit den schlimmen Buben zu spielen?

Das Kind fühlt nämlich im tiefsten Innern, dass es sein Recht ist, auch »schlimm« sein zu dürfen, ein Recht, das die Erwachsenen sich gründlich zuerkennen. Und nicht bloß schlimm zu sein, sondern in Frieden mit seiner Schlimmheit, den Gefahren und Freuden derselben überlassen.

Aus jeder »Untugend« die entsprechende »Tugend« hervorsuchen, das heißt, das Böse durch das Gute überwinden. Alles andere heißt, das natürlich Starke mit schwachen Mitteln überwinden, die die Probe nicht bestehen, auf die das Leben dann diese künstlichen Tugenden stellt.

Dass man das Böse mit dem Guten überwinden muss, ist jedoch eine jener Wahrheiten, die einfach erscheinen, wenn man sie ausspricht, obgleich tatsächlich kein Prozess verwickelter und langsamer ist, als nach dieser Richtung die wirksamen Mittel zu finden. Es ist viel leichter, zu sagen, was man nicht tun soll, als was man tun kann, um z. B. Eigensinn in Charakterstärke umzuwandeln, Schlauheit in Klugheit, Gefallsucht in Liebenswürdigkeit, Unruhe in Unternehmungslust. Und dies kann erst geschehen, wenn man einsieht, dass das Böse – insofern es nicht einen Atavismus aus früheren Kulturstadien oder eine Perversität in sich schließt – ebenso natürlich und unentbehrlich ist wie das Gute, und dass es einzig und allein durch einseitige Vorherrschaft zu einem Bösen wird.

Der Erzieher will das Kind mit einem Schlage fertig und vollkommen haben; er zwingt ihm eine Ordnung, eine Selbstbeherrschung, eine Pflichttreue, eine Ehrlichkeit auf, die die Erwachsenen sich dann mit staunenswerter Geschwindigkeit abgewöhnen! Wenn es sich um die Fehler der Kinder handelt, siebt man im Hause wie in der Schule Mücken, während man täglich die Kinder die Kamele der Erwachsenen schlucken lässt!

Neun Mal von zehn vor den Fehlern der Kinder ein Auge zuzudrücken, sich vor unmittelbaren Eingriffen, die meistens Fehlgriffe sind, zu hüten, aber anstatt dessen seine ganze Wachsamkeit auf die Bildung der Umgebung richten, in der das Kind heranwächst, und auf die Erziehung, die man sich selbst angedeihen lässt – das ist die Kunst der natürlichen Erziehung. Aber Erzieher, die tagaus, tagein zielbewusst die Umgebung und sich selbst erziehen, sind noch eine seltene Erscheinung. Die meisten Menschen leben sowohl von den Zinsen als von dem Kapital der Erziehung, die sie vielleicht einmal zu Musterkindern gemacht und ihnen die Lust zur Selbsterziehung genommen hat!

Aber nur dadurch, dass man sich selbst in einem unablässigen Wachstum erhält, in unablässiger Wechselwirkung mit dem Besten in der eigenen Zeit, wird man nach und nach eine halbwegs gute Gesellschaft für seine Kinder!

Ein Kind erziehen – das bedeutet seine Seele in seinen Händen tragen, seinen Fuß auf einen schmalen Pfad setzen. Das bedeutet, sich niemals der Gefahr aussetzen, im Blick des Kindes der Kälte zu begegnen, die uns ohne Worte sagt, dass das Kind uns unzureichend und unberechenbar findet; das bedeutet, demutsvoll einsehen, wie der Möglichkeiten, dem Kinde zu schaden, unzählige sind, der ihm zu nützen, wenige. Wie selten erinnert sich der Erzieher, dass das Kind schon im Alter von vier, fünf Jahren die Erwachsenen erforscht und durchschaut, mit einem wunderbaren Scharfsinn seine bewussten Wertungen anstellt, mit bebender Sensitivität auf jeden Eindruck reagiert! Das leiseste Misstrauen, die geringste Unzartheit; die kleinste Ungerechtigkeit, der flüchtigste Spott können lebenslängliche Brandwunden in der feinbesaiteten Seele des Kindes zurücklassen, während andererseits die unerwartete Freundlichkeit, das edle Entgegenkommen, der gerechte Zorn sich ebenso tief in diese Sinne einprägen, die man weich wie Wachs nennt, aber behandelt, als wären sie aus Ochsenleder!

Relativ am besten war die alte Erziehung, die – wie Andrée von seiner eigenen sagte – »nur darin bestand, sich ganz, rein und ehrlich zu halten«. Denn sie missbildete wenigstens die Persönlichkeit nicht, wenn sie sie auch nicht bildete. Während nur ein Hundertstel der jetzigen Mühe der Eltern dazu gebraucht werden sollte, um in das Leben des Kindes einzugreifen, müssten die übrigen neunundneunzig Hundertstel dazu verwendet werden, um zu leiten, ohne einzugreifen; um eine unsichtbare Vorsehung zu werden, durch die die Kinder ihre Erfahrungen erhalten, aber aus denen sie dann ihre eigenen Folgerungen ziehen dürfen. Jetzt prägt man seine eigenen Entdeckungen, Meinungen,

Grundsätze dem Kinde ein, indem man stets an seinen Handlungen bessert. Dass man wirklich eine ganz neue Seele vor sich hat, ein eigenes Ich, dessen erstes und vornehmstes Recht ist, selbst über die Dinge nachzudenken, denen es begegnet – das ist die letzte aller Erfahrungen, die ein Erzieher macht. Mit einer neuen Seele meint er nur einen neuen Jahrgang des alten Menschen, und ist schnurstracks mit den alten Flaschen bei der Hand! Man lehrt die neue Seele, nicht zu stehlen, nicht zu lügen, auf ihre Kleider aufzupassen, ihre Lektionen zu lernen, mit ihren Groschen hauszuhalten, Befehlen zu gehorchen, älteren Personen nicht zu widersprechen, Gebete zu sagen und sich hie und da zu balgen, um tüchtig zu werden … Aber wer lehrt die neue Seele, selbst die Wege zu wählen, die sie zu betreten hat? Wer ahnt, dass die Sehnsucht nach diesen eigenen Wegen so heiß sein kann, dass die harte oder milde Dressur zur Gleichförmigkeit die ganze Kindheit zu einer heimlichen Qual macht?!

Das Kind tritt mit dem Erbe vorhergehender Geschlechtsglieder ins Leben, und dieses Erbe wird durch Anpassung an die Umgebung modifiziert. Aber das Kind stellt auch individuelle Variationen des Gattungstypus dar. Und wenn diese seine Eigenart während der Anpassung nicht verschwinden soll, muss die selbstbestimmte Kraftentwickelung auf alle Weise gefördert und nur mittelbar dadurch beeinflusst werden, dass der Erzieher es versteht, den Folgen dieser Kraftentwickelung Zusammenhang und Nachdruck zu verleihen.

Die harten wie die milden Eingriffe des jetzigen Erziehers wenden die Folgen ab, anstatt sie in ihrer ganzen Strenge wirken zu lassen, in jedem Fall, wo das Kind dadurch nicht unheilbaren Schaden erleidet.

Die Gewohnheiten des Hauses und die vom Hause abhängigen des Kindes müssen unerschütterlich werden wie Naturgesetze, wenn diese Gewohnheiten wirklich von Gewicht sind. Amiel sagt sehr wahr, dass Gewohnheiten die Prinzipien sind, die Instinkt geworden, die in Fleisch und Blut übergegangen sind. »Gewohnheiten ändern«, fährt er fort, »heißt das Leben in seiner Substanz treffen, denn das Leben ist nur ein Gewebe von Gewohnheiten …«

Warum bleibt alles sich im Innersten gleich, Jahrhundert um Jahrhundert? Warum fahren »hochzivilisierte«, »christliche« Völker fort, einander auszuplündern, und nennen es Austausch, einander zu massenmorden, und nennen es Nationalismus, einander zu unterdrücken, und nennen es Staatskunst?

Weil in jeder neuen Generation die Triebe, die man glaubt in dem Kinde durch Zucht ausgerottet zu haben, aufs neue hervorbrechen, wenn der Kampf ums Dasein, für das Individuum im Gesellschaftsleben, für die Gesellschaft im Staatsleben, beginnt. Denn diese Leidenschaften werden durch die jetzt herrschende Erziehung nicht umgestaltet, sondern nur niedergepresst. Tatsächlich gibt es gerade aus diesem Grunde keine einzige der Leidenschaften des Wilden, die in der Menschheit wirklich überwunden worden wäre. Vielleicht das Menschenfressen? Aber was z. B. von europäischen Schiffsbesatzungen oder sibirischen Verbrechern erzählt wird, zeigt, dass selbst dieser Trieb unter ihm günstigen Bedingungen wieder auftreten kann, obgleich der Mehrzahl ein tiefer physischer Widerwille gegen das Menschenfressen angeboren ist. Der bewusste Inzest dürfte – trotz ähnlicher Abweichungen – auch der Mehrzahl physisch widerwärtig sein, und bei einer Anzahl Frauen ist die Keuschheit – die Einheit zwischen Körper und Seele in Beziehung auf die Liebe – eine unverrückbare Naturbestimmung. Für eine Minderzahl schließlich wäre es »physisch unmöglich«, zu morden oder zu stehlen.

Damit dürfte ich alles erschöpft haben, was die Menschheit seit ihrer ersten bewussten Geschichte wirklich so unveräußerlich gewonnen hat, dass es »in Fleisch und Blut« übergegangen ist. Und nur das kann wirklich der »Versuchung« in *jeder* Form standhalten!

Eine tiefe psychologische Wahrheit verbirgt sich unter dem Sprachgebrauch, wenn dieser von »entfesselten Leidenschaften« spricht. Denn die Leidenschaften werden durch das herrschende Erziehungssystem wirklich nur in Käfige gesperrte Raubtiere!

Während man schöne Worte von der individuellen Entwickelung spricht, geht man gegen die Kinder vor, als wären diese gar kein Selbstzweck, sondern einzig allein zur Freude, zum Stolz und zur Behaglichkeit der Eltern erschaffen. Und da all dies am besten gefördert wird, wenn die Kinder wie alle anderen werden, strebt man früh danach, sie zu ehrsamen und tauglichen Mitgliedern der Gesellschaft zu machen.

Aber der einzige richtige Ausgangspunkt bei der Erziehung eines Kindes zu einem sozialen Menschen ist, es als einen solchen zu behandeln, während man gleichzeitig den Mut des Kindes stärkt, ein individueller Mensch zu werden.

Der neue Erzieher wird durch planmäßig geordnete Erfahrungen das Kind stufenweise lehren, seinen Platz im großen Zusammenhang des Daseins und seine Verantwortung gegen alles, was es umgibt, einzusehen, während andererseits keine der individuellen Lebensäußerungen des Kindes unterdrückt werden soll, insofern sie nicht dem Kinde selbst oder anderen zum Schaden gereicht. Man wird das richtige

Gleichgewicht zwischen der Spencerschen Definition des Lebens als der Anpassung an die umgebenden Verhältnisse, und Nietzsches Definition des Lebens als des Willens zur Macht herzustellen suchen!

In der Anpassung spielt gewiss die Nachahmung eine große Rolle, aber die individuelle Machtausübung ist ebenso bedeutungsvoll, denn durch die Anpassung erhält das Leben nur eine feste Form, durch die Machtausübung aber auch einen neuen Inhalt.

Die meisten modern Denkenden sprechen freilich, wie ich oben hervorhob, gar viel von Persönlichkeit, verzweifeln aber, wenn ihre Kinder nicht ebenso sind wie alle anderen, wenn sie nicht fix und fertig bei ihrer Nachkommenschaft alle von der Gesellschaft verlangte Tugend vorweisen können! Und darum dressieren sie die Kinder, ihre Natur zurückzuhalten – um sie dann als Erwachsene wieder loszulassen! Noch ahnt man kaum, wie neue Menschen gebildet werden. Darum kommen noch immer im selben Kreislauf die alten Typen wieder; die tüchtigen Kerle, die süßen Mädchen, die ehrsamen Beamten u. s. w. Aber neue Typen mit höheren Idealen, Wanderer auf ungekannten Wegen, Denker ungedachter Gedanken, fähig zu den »Verbrechen«, die neue Bahnen brechen – die erstehen selten unter diesen Wohlerzogenen!

Die Natur selbst wiederholt allerdings stets die Grundformen, aber sie macht stets kleine Abweichungen. Dadurch sind ja die verschiedenen Arten – auch der Mensch – entstanden. Aber der Mensch selbst sieht noch nicht die Bedeutung dieses Naturgesetzes für seine eigene höhere Entwickelung ein. Er will, dass alle als gut angesehenen Gefühle, Gedanken und Urteile von jedem neuen Geschlecht reproduziert werden. So erhält man keine neuen Individuen, sondern nur mehr oder weniger kluge, dumme, gutgesinnte, schlechtgesinnte Exemplare der Gattung Mensch. Die noch weiterlebenden Instinkte des Affen verdoppeln beim Menschen die Wirkung des Erblichkeitsgesetzes, und der Konservatismus ist daher bis auf weiteres in der Menschenwelt stärker als das Streben, neue Arten hervorzubringen. Aber dieses Letztere ist das Wertvollste. Weit davon entfernt, dass der Erzieher dem Kinde raten soll, das nachzumachen, was alle anderen tun, müsste er sich im Gegenteil freuen, wenn er die abweichenden Tendenzen des Kindes sieht. Anderer Meinungen zur Richtschnur zu nehmen, hat zur Folge, dass man sich auch ihrem Willen unterordnet und so dazu gelangt, ein Teil der großen Herde zu werden, die der »Übermensch« kraft seines Willens leitet, eines Willens, der eine Anzahl von jede in ihrer Art ausgeprägten Persönlichkeiten nicht hätte beherrschen können! Man hat mit Recht bemerkt, dass die exzentrischen Völker – so wie z. B. das englische –

die größte politische wie soziale Freiheit erringen, weil das persönliche Selbständigkeitsgefühl die Freiheit in Form von Gesetzen weit übertrifft, und es ihm gelingt, auch die gesetzliche Freiheit beständig zu erweitern.

Für den Fortschritt des Ganzen, der Gattung sowie der Gesellschaft, ist es also wesentlich, dass die Erziehung das Selbständigkeitsgefühl erweckt, belebt und begünstigt, den Mut, in den Fällen abzuweichen, wo man anderer Recht nicht kränkt, oder wo die Abweichung nicht eine bloße Folge des Verlangens ist, Aufsehen zu erregen. Dem Kinde die Gewissensruhe zu geben, sich von einer allgemeinen Meinung, einem gangbaren Brauch, einem gewohnten Gefühl loszusagen – das ist eine Grundbedingung für die Erziehung eines individuellen, nicht nur eines kollektiven Gewissens, dieses die einzige Art von Gewissen, das die meisten Menschen jetzt haben! Mich freiwillig dem äußeren Gesetz beugen, das mein eigenes Gewissen geprüft und gut befunden hat; bedingungslos dem ungeschriebenen Gesetz gehorchen, das ich mir selbst auferlege, diesem inneren Gesetze folgen, auch wenn es mich einsam einer ganzen Welt gegenüberstellen sollte – das heißt ein individuelles Gewissen haben.

Es ist eine so konstante Erscheinung, dass man sie beinahe gesetzmäßig nennen kann, dass gerade die Originellen, die besonders Begabten die im Hause wie in der Schule Misshandelten sind! Keiner hat ein Auge für das, was sich in dem wunderlichen oder lärmenden, in sich selbst versunkenen oder heftigen Kinde regt. Und besonders in dieser Richtung zeigen die Mütter und Lehrer ihr erbärmliches Unvermögen für den elementarsten Teil der Kunst der Erziehung; »mit Augen sehen zu können«, nicht mit pädagogischen Doktrinen im Kopfe!

Ich erwarte natürlich kein Begreifen der Bedeutung der Machtausübung für das Kind bei den Gesellschaftsstützen mit ihrer konventionellen Sittlichkeit oder bei jenen Christentumsbekennern, die meinen, die gefallene Menschennatur müsse zur Reue und Demut gebeugt, und der sündige Körper – das unreine Tier – mit der Rute gezähmt werden, eine Theorie, für die sie die Bibel als Stütze anführen!

Ich spreche nur zu jenen, die neue Gedanken denken und folglich aufhören sollten, nach den alten zu erziehen. Diese wenden jedoch ein, dass die neuen Erziehungsgedanken unausführbar seien! Aber die Sache ist ganz einfach die, dass ihre neuen Gedanken sie nicht selbst zu neuen Menschen gemacht haben. Der alte Mensch in ihnen hat weder Ruhe, noch Zeit, noch Geduld, seine eigene Seele und die des Kindes nach den neuen Gedanken zu bilden.

Diejenigen, welche »Spencer versucht haben, aber gescheitert sind« – weil Spencers Methode Intelligenz und Geduld voraussetzt! – wenden ein, dass das Kind ja gehorchen lernen müsse; dass eine Wahrheit in der alten Regel liege: was ein Häkchen werden will, krümmt sich beizeiten u. s. w.

Krümmt – das ist gerade das bezeichnende Wort. Gekrümmt nach dem alten Ideal der Selbstauslöschung, der Demut und des Gehorsams! Aber das neue Ideal ist, dass der Mensch gerade und aufrecht dastehe, folglich gar nicht gebogen, nur gestützt werde, damit er nicht aus Schwäche verkrümme.

Oft ist auch bei dem modernen Erzieher die rohe Herrschsucht noch lebendig, die bei dem Trotz des Kindes aufbraust: »Du willst nicht«, sagen Vater und Mutter, »ich werde Dich lehren, ob Du einen Willen hast! Den Eigensinn werde ich Dir schon austreiben.« Aber man »treibt« dem Kinde nichts aus. Hingegen kann man viel in dasselbe hineinpeitschen, was hätte fern bleiben können.

Nur während der drei ersten Lebensjahre ist eine Art Dressur notwendig, um die Voraussetzungen zu einer höheren Erziehung zu schaffen. Das Kind ist da in so hohem Grade sinnlich, dass ein leichter, physischer Schmerz oder Genuss oft die einzige Sprache ist, die es ganz versteht, und folglich das bei einigen Kindern unentbehrliche Mittel, gewisse Gewohnheiten einzuüben. Für andere Kinder sind härtere Mittel selbst in diesem frühen Stadium ganz unnötig, und sobald das Kind sich an einen Schlag erinnern kann, ist es zu alt, um ihn zu empfangen.

Das Kind muss ganz gewiss Gehorsam lernen, und zwar absoluten Gehorsam. Ist aber ein solcher Gehorsam vom zartesten Alter an Gewohnheit geworden, so genügt dann ein Blick, ein Tonfall, ein Wort, um ihn aufrecht zu erhalten. Die Unzufriedenheit des Erziehers wird jedoch nur dann ein wirksames Mittel, wenn sie wie ein Schatten in eine sonst sonnige Heimatmosphäre fällt. Und hat man es versäumt, den Grund zum Gehorsam zu legen, solange das Kind klein und seine Unart »reizend« war, dann wird man ohne Zweifel Spencers Methode untauglich finden, wenn das Kind älter und sein Eigenwille unangenehm wird!

Mit dem ganz kleinen Kinde soll man nicht sprechen, sondern folgerichtig und rasch handeln. Das Streben des Erziehers muss – nach Rousseaus und Spencers Anweisungen – schon darauf hinzielen, die Erfahrungen zu einem zusammenhängenden Ganzen von Eindrücken zu ordnen, wodurch gewisse Gewohnheiten dem Kinde in Fleisch und Blut übergehen.

Das beständige Schreien kleiner Kinder zum Beispiel muss zurechtgewiesen werden. Wenn man sich vergewissert hat, dass das Schreien nicht Krankheit oder andere Unannehmlichkeiten zur Ursache hat – Unannehmlichkeiten, gegen die das Schreien die einzige Waffe des Kindes ist – wird jetzt das Schreien gewöhnlich durch Schläge zum Schweigen gebracht. Aber das besiegt den Willen des Kindes nicht und bildet in der Seele des Kindes keine andere Vorstellung als die, dass die Großen die Kleinen schlagen, wenn die Kleinen schreien, und das ist kein ethischer Begriff! Wenn hingegen das schreiende Kind sogleich mit der Erklärung isoliert wird, dass der, welcher andere quält, nicht mit ihnen sein darf, und wenn diese Isolierung unfehlbar, unerbittlich geschieht, so wird bei dem Kinde der Grund zu der Erfahrung gelegt, dass man allein sein muss, wenn man sich unangenehm macht. Das Kind wird in beiden Fällen durch ein Unbehagen zum Schweigen gebracht. Aber das eine Unbehagen ist eine Handlung des Zwangs über seinen Willen; das andere ruft nach und nach eine Selbstüberwindung des Willens hervor, und zwar durch ein gutes Motiv. Das eine Mittel nährt ein niedriges Gefühl, die Furcht. Das andere berichtigt den Willen in einer Weise, die ihn mit einer der wichtigsten Erfahrungen des Lebens verbindet. Die eine Strafe erhält das Kind auf dem tierischen Standpunkt; die andere prägt die großen Grundgesetze des menschlichen Zusammenlebens ein: dass, wenn unsere Lust anderer Unlust verursacht, uns diese anderen hindern, unserer Lust zu folgen, oder sich unserer »Machtausübung« entziehen.

Kleine Kinder müssen z. B. bei Tische und im übrigen sich an gutes Benehmen gewöhnen. Wenn jedes Mal, dass eine Unart sich wiederholt, das Kind sogleich hinausgeführt wird – denn der, welcher anderen unangenehm wird, muss allein bleiben – wird die richtige Aufführung auf der richtigen Grundlage gelehrt. Kleine Kinder müssen es z. B. lernen, anderer Leute Sachen in Ruhe zu lassen. Wenn sie jedes Mal, wenn eine Sache unerlaubterweise angerührt wird, in der einen oder anderen Weise ihre Bewegungsfreiheit verlieren, lernen sie bald, dass die Bedingung der Bewegungsfreiheit die ist, anderen nicht zu schaden.

Überhaupt sind, wie eine junge Mutter bemerkt hat, die leeren, japanischen Zimmer ideal, um Kinder darin zu erziehen, während unsere modernen, überfüllten Zimmer schon der Kinder wegen verwerflich sind. Gerade während der Jahre, wo die eigentliche Erziehung des Kindes durch Anrühren, Schmecken, Beißen, Befühlen u. s. w. vor sich geht, hören sie jeden Augenblick den Ruf: Stehen lassen! Für das Temperament des Kindes, sowie für seine Kraftentwickelung ist daher ein großes, farbenfrohes, mit schönen Lithographien, Holzschnitten u. dergl. geschmücktes Kinderzimmer mit einfachen Geräten und voller Bewegungsfreiheit das Wichtigste von allem. Aber ist das Kind drinnen bei den Eltern und stellt es Unfug an, dann ist eine augenblickliche Verweisung das richtige Mittel, um es zu lehren, die größere Welt zu ehren, in der der Wille anderer herrscht, die Welt, in der das Kind gewiss sich selbst Raum schaffen soll, aber auch lernen, dass jeder Raum, den es selbst einnimmt, seine Grenzen hat!

Handelt es sich um eine Gefahr, vor der man dem Kinde Schrecken einflößen will, so muss man die Sache selbst erschreckend wirken lassen. Denn wenn die Mutter z. B. das Kind schlägt, weil es das Licht anrührt, so rührt es das Licht eben an, wenn die Mutter draußen ist; aber man lasse es sich am Licht verbrennen – dann lässt es dasselbe gewiss in Ruhe. In reiferen Jahren, wenn der Knabe z. B. ein Messer, eine Büchse oder etwas Ähnliches missbraucht, muss der Verlust des Gegenstandes bis auf weiteres die Strafe sein. Die meisten Knaben würden eine Tracht Prügel dem Verlust des geliebten Gegenstandes vorziehen, aber nur der Verlust desselben wird eine wirklich erzieherische Erfahrung von dem unerschütterlichen Gang des Lebens, eine Erfahrung, die nicht stark genug eingeprägt werden kann!

Von jenen Eltern, die »mit Spencer angefangen« und dann zu Prügeln gegriffen haben, hört man z. B., dass, wenn das Kind so klein ist, dass es seine Kleidung nicht ausbessern kann, wenn es dieselbe zerrissen hat, es doch in einer anderen Weise gestraft werden muss, u. s. w. Aber in diesem Alter soll es wegen solcher Dinge überhaupt nicht gestraft werden, sondern so einfache und starke Kleider haben, dass es frei darin spielen kann. Später, wenn es wirklich acht geben kann, ist die natürliche Strafe die, dass es zu Hause bleiben muss, wenn seine Kleider achtlos befleckt oder zerrissen worden sind; dass es selbst helfen muss, sie wieder in Stand zu setzen; dass es gezwungen wird, aus seiner eigenen, selbstverdienten Kasse das wieder zu kaufen, was es aus Unachtsamkeit zerstört hat. Ist das Kind nicht achtsam, so muss es daheim bleiben, wenn es gilt, auszugehen; oder es muss allein essen, wenn es zu spät zu den Mahlzeiten kommt. Mit einem Wort, man hat für alle wichtigen Gewohnheiten des Zusammenlebens einfache Mittel, um diese Gewohnheiten zur zweiten Natur zu machen, obgleich man nicht in allen Fällen die Spencersche Methode anwenden kann, weil die natürlichen Folgen zuweilen der Gesundheit des Kindes gefährlich werden oder in gewissen Fällen zu langsam wirken könnten. Glaubt man selbst unmittelbar eingreifen zu müssen, so muss man stets folgerichtig, rasch, unveränderlich und energisch handeln! Warum lernt das Kind sehr bald, dass das Feuer brennt? Weil das Feuer es immer tut. Aber Mama, die einmal schlägt, einmal droht, einmal besticht, einmal weint, einmal versagt und gleich darauf erlaubt, die das nicht hält, womit sie droht, nicht zum Gehorsam zwingt, nur unablässig schwätzt, schilt – die, mit einem Worte, »es manchmal so machte, manchmal so und manchmal anders« – sie hat nicht die kräftige Erziehungsmethode des Feuers!

Dass die frühere strenge Erziehung als Grobarbeit gelang, dass sie dem Charakter einen stilvollen Zuschnitt gab, beruhte gerade auf ihrer Einheitlichkeit. Sie war folgerichtig streng, nicht wie jetzt ein haltloses Schwanken zwischen allen Arten von pädagogischen Methoden und psychologischen Stimmungen, wobei das Kind wie ein Ball zwischen den Händen der Erwachsenen hin und her geworfen wird, bald vorgezeigt, bald lächerlich gemacht, bald weggestoßen, bald herbeigezogen, bald totgeküsst, bald kommandiert, bald gelockt! Ein erwachsener Mensch würde wahnsinnig werden, wenn scherzende Titanen ihn einen einzigen Tag so behandelten, wie er jahrelang sein Kind behandelt! Ein Kind soll nicht kommandiert werden, sondern ebenso höflich angeredet wie ein Erwachsener, um selbst Höflichkeit zu lernen. Ein Kind soll nie vorgezeigt werden, nie zu Liebkosungen gezwungen, nie mit Küssen überschüttet, die das Kind gewöhnlich quälen und oft den Grund zu sexueller Hyperästhesie legen. Die Zärtlichkeitsbezeugungen des Kindes erwidern, wenn sie ehrlich sind, aber seine eigenen auf große Augenblicke aufsparen – das ist eines der vielen feinen, außer acht gelassenen Erziehungsmittel! Und ebenso wenig soll das Kind gezwungen werden, Reue auszudrücken, um Verzeihung zu bitten und dergleichen, was alles die sicherste Erziehung zur Heuchelei ist. Ein kleiner Junge hatte einmal seinen älteren Bruder beschimpft und wurde auf einen Sessel gesetzt, um seine Schuld zu »bereuen«. Als die Mutter nach einer Weile fragte, ob er bereue, antwortete er nachdrücklich ja! Aber da die Mutter ein unheilverkündendes Funkeln in seinen Augen sah, fand sie sich veranlasst, zu fragen, was er bereue:

»Dass ich ihn nicht auch noch Schuft genannt habe!« brach der Kleine los! Die Mutter war klug genug, für diesmal sowie für immer die »Reue« aus dem Spiel zu lassen!

So bedeutungsvoll die spontane Reue, die tiefgefühlte Bitte um Verzeihung ist, so wertlos ist in diesem wie in anderen Fällen die hervorgezwungene Seelenbewegung. »Tut es Dir nicht leid?« ist eine sehr häufige Frage an Kinder. »Machst Du Dir nichts daraus, dass Dein Bruder tot, Deine Mutter krank, Dein Vater verreist ist?« – oder was es nun sein mag, wofür man einen Ausdruck der Gefühle des Kindes erwartet. Aber es ist das Recht der Kinder, Gefühle zu haben oder sie nicht zu haben, und sie in ganz derselben Ruhe zu haben wie die Erwachsenen, ebenso wie ihre Sympathien und Antipathien. Jetzt wird der empfindliche Geschmack des Kindes durch die Rücksichtslosigkeit der Erwachsenen verletzt und sein leicht reizbarer Ekel unaufhörlich hervorgerufen. Aber die Qualen des Kindes durch die Unfeinheit der Erwachsenen gehören zu dem Gebiet der noch ungeschriebenen Kinderpsychologie. Und so wie es nur wenige bessere Erziehungsmittel gibt, als die Kinder, wenn sie unrecht gegen andere gehandelt haben, aufzufordern, zu überlegen, ob es ihnen angenehm wäre, wenn ein anderer so gegen sie vorginge, so gibt es auch kein besseres Korrektiv für den Erzieher selbst, als die Gewohnheit, in kleinen wie in großen Dingen sich selbst zu fragen: Würde ich selbst damit einverstanden sein, so behandelt zu werden, wie ich eben mein Kind behandelt habe? Wenn der Erzieher dazu noch bedenkt, dass das Kind in den meisten Fällen doppelt so stark leidet, als der Erwachsene, so lernt er vielleicht das physische und psychische Zartgefühl gegen das Kind, ohne welches das Leben desselben eine ständige Qual ist.

Von Geschenken gilt dasselbe wie von Gefühlen und Zärtlichkeitsbezeugungen. Nur durch das Vorbild soll die Freigebigkeit hervorgerufen werden, und vor allem soll das Kind nicht selbst die Dinge bekommen, die es dann fortgibt; sondern seine Gabe soll immer einen persönlichen Einsatz von Arbeit oder Opfer in sich schließen.

Um dem Kinde die Freude des Gebens und die Gelegenheit zu bereiten, sich selbst kleine Genüsse und Vergnügungen zu verschaffen, ebenso wie die Möglichkeit, selbst das zu ersetzen, was es von seinem Eigentum oder dem anderer zerstört, soll es sehr früh daran gewöhnt werden, ernstlich gewisse häusliche Arbeiten auszuführen und dafür einen kleinen Lohn zu empfangen. Hingegen sollte das Kind nie für kleine gelegentliche Dienste belohnt werden – seien es solche, die es selbst anbietet, oder um die man es ersucht – denn nur die unbelohnte Dienstfertigkeit entwickelt die Freude der Großmut. Wenn das Kind etwas wegschenken will, darf man nicht nur tun, als nähme man es an, denn man ruft so die falsche Auffassung hervor, als könnte man den Genuss des Edelmutes umsonst haben. Bei jedem Schritte das Kind den wirklichen Erfahrungen des Lebens begegnen zu lassen, niemals die Dornen von seinen Rosen zu pflücken, das ist es, was die Erzieher noch am wenigstens verstehen. Und darum misslingen auch »vernünftige« Methoden unaufhörlich, und man sieht sich genötigt, zu den affliktiven Mitteln zu greifen, die in keinem Zusammenhang mit den Wirklichkeiten des Lebens stehen, vor allem jenes Mittel nicht, das noch Erziehungsmittel genannt wird, anstatt Torturmittel: nämlich Schläge!

Verschiedene moderne Menschen verteidigen Schläge mit der Behauptung, dass diese oft eine mildere Strafe seien als die natürliche Folge einer Tat, und dass Schläge am kräftigsten erinnernd wirken und so die nachhaltigste Ideenassoziation werden.

Aber welche Assoziation? Mit physischem Schmerz und Scham! Diese Art zu erziehen, zu verbessern, hat man Schritt für Schritt auf allen anderen Gebieten überwunden. Auch die Abschaffung der Tortur, der Hauszucht, der Prügelstrafe scheiterte lange an der Überzeugung von ihrer Unentbehrlichkeit als Erziehungsmittel! Aber das Kind, antwortet man, ist noch ein Tier, und muss wie ein solches erzogen werden. Die, welche so antworten, wissen weder etwas von Kindern, noch von Tieren, die auch ohne Schläge erzogen werden können, allerdings nur von Menschen, die – selbst Menschen geworden sind!

Andere kommen mit Doktrinen wie solchen, dass Schreck und Schmerz für den Menschen das erste Erziehungsmittel gewesen seien, und dass das Kind denselben Weg verfolgen müsse wie die Menschheit! Das ist eine baare Lächerlichkeit. Man müsste dann auch seine Kinder als natürliche Einführung in die Religion Fetische anbeten lehren! Sollte das Kind alle niedrigen Entwickelungsstadien der Gattung reproduzieren, dann würde man es faktisch unter den Standpunkt herabdrücken, den es physiologisch und psychologisch durch das gemeinschaftliche Erbe der Gattung erreicht hat! Wenn man für die Erwachsenen von der Tortur und den peinlichen Strafen abgekommen ist, sie aber für die Kinder beibehält, sieht man eben noch nicht ein, dass deren Seelenleben in Bezug auf ein zusammengesetzteres und verfeinerteres Vermögen des Leidens dieselben Fortschritte gemacht hat, wie das der erwachsenen Menschen! Die zahlreichen Kinderselbstmorde in den letzten Jahrzehnten sind oft gerade aus Furcht vor körperlicher Züchtigung oder nach einer solchen geschehen, und die Seele leidet in ebenso hohem Maße wie der Körper unter derselben. Wo dies nicht der Fall ist, sind Schläge noch gefährlicher, denn da tragen sie nur dazu bei, das Schamgefühl noch weiter abzustumpfen, und die Brutalität oder die Feigheit des Gestraften zu erhöhen! In einer Schule hörte ich einmal von einem Kinde sprechen, welches in jeder Beziehung so abstoßend sei, dass man sich darüber einigte, dass ihm »eine Tracht Prügel« nur gut tun könnte – bis man erfuhr, dass die Schläge des Vaters es zu dem gemacht hatten, was es war! Und wenn man eine Statistik über die »verlorenen Söhne« anstellte, wären der Verprügelten gewiss viel mehr als der Verzärtelten.

Die Gesellschaft hat immer mehr die »vergeltenden« Strafen aufgegeben, weil man eingesehen hat, dass sie weder das Schuldgefühl wecken, noch abschrecken, sondern dass im Gegenteil die »Vergeltung« von Gleichem mit Gleichem die Rechtsbegriffe verwildert, die Sinne verhärtet und zu ähnlichen Gewalttaten gegen andere aufstachelt, wie die, die man selbst erdulden musste. Aber für die psychologischen Prozesse des Kindes nimmt man andere Gesetze an! Wenn ein Junge seine kleine Schwester schlägt, schlägt die Mutter ihn – und glaubt, dass er den Unterschied zwischen den Schlägen, die er bekommt, und denen, die er austeilte, einsehen und verstehen wird, dass das eine eine gerechte Strafe, das andere hingegen eine hässliche Handlung war! Das Kind ist jedoch ein schärferer Logiker und fühlt, dass die Sache ganz dieselbe ist, obgleich die Mutter ihr einen anderen Namen gibt.

Die körperliche Züchtigung hat den Charakter, den schon Comenius treffend angab, wenn er den Erzieher, der zu diesem Mittel greift, mit einem Musiker vergleicht, der sein ungestimmtes Instrument mit den Fäusten bearbeitet, anstatt Ohr und Hand zu brauchen, um es zu stimmen!

Auf all die unzähligen feinen Prozesse im Seelenleben des Kindes, auf die dunklen, zusammengesetzten Verläufe, die bebenden, empfindlichen Gefühle wirken diese brutalen Eingriffe zerreißend, verwirrend und deshalb ohne alle seelisch erziehende Macht!

Um wirklich zu erziehen, muss in erster Linie nach den zwei, drei ersten Lebensjahren der bloße Gedanke an einen Schlag aus den Möglichkeiten der Erziehung ausgelöscht werden! Am besten ist es, wenn die Eltern schon von der Geburt des Kindes an beschließen, niemals zu Schlägen zu greifen. Denn wenn sie mit dem bequemen Mittel anfangen, setzen sie es dann oft gegen ihren früheren Vorsatz fort –, weil sie es versäumt haben, während des Gebrauches der bequemen Methode ihre Intelligenz zu entwickeln.

Mit einem Menschen, der dies nicht einsieht, fällt es mir ebenso wenig ein, von Erziehung zu sprechen, wie es mir einfallen würde, mit einem Kannibalen von der Friedensfrage zu reden.

Aber da diese Wilden der Erziehung auf anderen Gebieten oft Kulturmenschen sind, so möchte ich sie bitten, sich z. B. der Entwickelung der Ehe zu entsinnen, von der Zeit an, wo der Mann mit der Keule freite und das Weib als das seelenlose Eigentum des Mannes betrachtet wurde, das nur durch Prügel in Zucht gehalten werden könnte – eine Anschauung, die noch bis tief in die neuere Zeit hinein gelebt hat. Durch tausend tägliche geheimnisvolle Einflüsse sind Gefühle und Vorstellungen so umgewandelt worden, dass diese rohen Begriffe verschwunden sind, zum größten Nutzen für die Entwicklung des Gesellschaftslebens und der Individuen. Und sollte man es nicht vermögen, auch einen pädagogischen Wilden zu der Einsicht zu erwecken, wie in ganz derselben Weise tausend neue geheimnisvolle und mächtige Einflüsse die rohen Erziehungsmittel ersetzen werden, wenn die Eltern einmal zu der Einsicht kommen, dass die Elternschaft ganz dieselbe Metamorphose durchmachen muss wie die Ehe, wofern die Elternschaft ihre schöne und volle Entwickelung nehmen soll.

Erst wenn ein Mensch einsieht, dass die Züchtigung eines Kindes demselben niedrigen Kulturstadium angehört wie das Prügeln von Frau und Hausgesinde, von Soldaten und Verbrechern, dann erst beginnt die erste grobe Hobelung des Stoffes, aus dem sich vielleicht später ein Erzieher bilden lässt.

Dass man früher – in rohen Zeiten – durch Körperstrafen vergalt, war natürlich. Der Körper ist ja das »Greifbare« beim Menschen, und eine Einwirkung auf diesen hat auch eine »greifbare« Folge. Die Hitze der Leidenschaft wird durch die Tracht Prügel, die man austeilt, gekühlt, und auf einem gewissen Entwickelungsstadium ist das auch der natürliche Ausdruck der sittlichen Empörung, die unmittelbare Art des sittlichen Willens, dem niedriger Stehenden sein Gepräge aufzudrücken. Aber seit man entdeckt hat, dass man mit seelischen Mitteln auf die Seele wirken kann, sind Prügel ebenso erniedrigend für den, der sie austeilt, wie für den, der sie empfängt.

Der Erzieher vergisst noch, dass das Kind in vielen Fällen ebenso wenig moralische Begriffe haben kann, wie das Tier oder der Wilde. Es für diesen Mangel zu strafen, ist eine Grausamkeit, und es durch brutale Mittel zu strafen, überdies eine Dummheit, denn dadurch wird der Erhebung des Kindes über das Niveau des Tieres oder des Wilden entgegenwirkt. Nur der Erzieher, dessen Gedanke nie auch nur einen Augenblick bei Prügeln als einem Mittel, zu dem man möglicherweise seine Zuflucht nehmen kann, verweilt, wird sein ganzes Denken und Fühlen darauf richten, psychologische Erziehungsmittel zu finden. Die

Anwendung von Schlägen demoralisiert und verdummt den Erzieher, weil sie seine Gedankenlosigkeit steigert, nicht seine Geduld, seine Brutalität, nicht seine Intelligenz.

Ein kleiner Knabe, den ich mit Freude zu meinen Freunden zähle, hatte mit vier Jahren zum ersten – und glücklicherweise einzigen – Male eine Züchtigung erhalten. Als ihn nun seine Kinderfrau am Abend ermahnte, sein Gebet zu sprechen, brach er in die Worte aus: »Ja, heute Abend habe ich wirklich Gott etwas zu sagen«, worauf er mit tiefem Ernst betete: »Lieber Gott, reiße der Mama die Arme aus, damit sie nicht mehr schlagen kann!«

Nichts würde die Entwickelung der Erziehung wirksamer fördern, als wenn dies mit allen Prügelpädagogen geschähe, denn sie würden dann lernen, mit dem Kopfe zu erziehen, anstatt mit den Händen. Und auch was den öffentlichen Erzieher – den Lehrer – betrifft, so würde sein Stand gar nicht besser gehoben werden können, als wenn das Gesetz – bei Strafe der unwiderruflichen Absetzung – *jeden Schlag an jeder Schule verböte*!

Dass auch Menschen, die in anderer Beziehung denkend und fühlend sind, Prügel noch immer verteidigen, kommt daher, dass den meisten Erziehern die elementarste Voraussetzung für ihre Aufgabe fehlt: nämlich immer die eigenen Gefühle und Eindrücke ihrer Kindheit bei jedem Eingriff in das Dasein eines Kindes gegenwärtig zu haben. Sich nicht zu erinnern, wie man selbst als Kind fühlte, die Gefühle des Kindes von seinem eigenen jetzigen Gesichtspunkt, die Dinge zu betrachten, aufzufassen – das ist nicht nur der häufigste, sondern auch der gefährlichste der unzähligen Missgriffe bei der Behandlung von Kindern. Der Erwachsene lächelt in der Erinnerung über die Strafen und anderen Dinge, die ihm in seiner Kindheit angstvolle Tage und Nächte bereiteten, die stumme Herzensqual des Kindes verursachten, seine grenzenlose Verzweiflung, seine brennende Empörung, seine einsamen Tränen, sein gekränktes Rechtsgefühl, die entsetzlichen Ausgeburten seiner Phantasie, seine wahnwitzige Scham, seinen unbefriedigten Freude- oder Freiheits- oder Zärtlichkeitsdurst. Und in Ermangelung dieses guten Gedächtnisses begehen die Erwachsenen stets aufs neue das Verbrechen, der neuen Generation die Kindheit zu zerstören, die einzige Zeit im Leben, in der der Erzieher wirklich eine glückspendende Vorsehung sein könnte! Das Naturwidrige, sowie das Unschöne in den unnötigen Leiden des Kindes ist in meinem Bewusstsein so stark gegenwärtig, dass es mir physischen Widerwillen verursacht, die Hand des Menschen zu berühren, von dem ich weiß, dass er seine

Kinder schlägt, und ich bin vor Gram wach gelegen, wenn ich auf der Straße einem Kinde mit Schlägen drohen hörte!

Schläge rufen die Tugenden des Sklaven, nicht die des freien Menschen hervor. Schon Walter von der Vogelweide wusste, dass »wer zu Ehren kommen mag, dem ist ein Wort mehr als ein Schlag«. Prügel überliefern den Schwächeren, den Wehrlosen in die Hand des Stärkeren, und noch nie hat ein Kind in seinem Herzen geglaubt, was es mit seinen Lippen bejahte, wenn der Erzieher versuchte, es zu überzeugen, dass er es aus Liebe schlage, es schlage, weil er *müsse*! Das Kind ist ein zu scharfsinniges Wesen, um nicht zu wissen, dass es kein solches »Muss« gibt, und dass die Liebe sich in besserer Weise äußern könnte!

Mangelnde Selbstzucht, mangelnde Intelligenz, mangelnde Geduld, mangelnde Würde – das sind die vier Ecksteine, auf denen das Prügelsystem ruht. Und ich meine jetzt nicht die Art zu schlagen, wie sie von den Elenden geübt wird, die Jahr aus Jahr ein im Hause, aber besonders in den Schulen, die Kinder tot oder zu Schanden prügeln. Ich meine auch nicht die weniger brutalen Schläge, die von unbeherrschten Lehrern und Eltern ausgeteilt werden, die sich so dafür rächen, dass sie gereizt oder ermüdet oder erschreckt wurden: Schläge, die ganz einfach die Auslösung einer Nervenspannung sind, ein verächtlicher Beweis mangelnder Selbstkultur und Selbstzucht. Noch weniger meine ich die Grausamkeiten, die von geschlechtlich perversen Ungeheuern begangen werden, deren rohe Gelüste durch das Recht der Züchtigung einen Anreiz und zugleich ein Mittel erhalten haben, die Opfer zum Schweigen einzuschüchtern, wie gewisse Strafprozesse es gezeigt haben.[22]

Ich spreche nur von den gewissenhaften und liebevollen Eltern und Lehrern, die mit Schmerz ihre vermeintliche Pflicht gegen das Kind erfüllen. Diese pflegen die guten Wirkungen der Züchtigung als einen Beweis für ihre Unentbehrlichkeit anzuführen. Das Kind wird durch

22 In England hat man bei der Diskussion über diese Frage hervorgehoben, dass die geschlechtliche Perversität, die zuweilen an Knabenschulen auftritt, teils zwischen den Schülern, teils zwischen Schülern und Lehrern, in unmittelbarem Zusammenhang mit der körperlichen Züchtigung steht. Diese Tatsache sowie die stets wiederkehrenden Fälle von Kindermisshandlungen müssen schließlich ein absolutes Gesetzverbot gegen alle Züchtigung in der Schule erzwingen. In Frankreich haben zwei große Arbeiten den Zusammenhang zwischen der körperlichen Züchtigung und der geschlechtlichen Perversität bewiesen, nämlich die von Jean de Villiot verfassten: La flagellation à travers la monde und Etude sur la flagellation au point de vue médical et historique.

Schläge nicht nur »brav«, heißt es, nein, es wird gleichsam von seinem bösen Ich befreit und zeigt durch sein ganzes Wesen, dass ihm die rasche und summarische Strafmethode besser getan hat, als Reden und Geduld und langsam wirkende »Erfahrungsstrafen«. Und Beispiele werden hervorgesucht, wie nur die Züchtigung den Trotz zu brechen, das Lügen abzugewöhnen vermocht habe und dergleichen.

Diese Erzieher sehen nicht ein, dass es ihnen durch das augenblicklich wirkende Mittel nur gelungen ist, die Äußerung des bösen Willens zurückzudrängen, nicht aber den Willen selbst umzugestalten. Dazu bedarf es einer steten Wachsamkeit, einer täglichen Selbsterziehung zu einem immer höheren Vermögen, intelligente Methoden zu erfinden. Der unterdrückte Fehler wird bei jedem Anlass hervortreten, bei dem das Kind ihn zu zeigen wagt! Der Erzieher, der in der Züchtigung einen Abkürzungsweg für seine Mühe gefunden hat, hat dadurch das Kind selbst auf einen Umweg geführt, wenn man die einzige wirkliche Entwickelung im Auge hat, diejenige, die langsam seine Fähigkeit und seinen Willen zur Selbstbeherrschung stärkt!

Ich habe nie einem Kinde über drei Jahre mit Schlägen drohen gehört, ohne dass das tiefer wirkende ethische Mittel dem Abweg ganz nahe gelegen wäre, auf den die Eltern mit diesen Drohungen geraten sind. Und dasselbe gilt von der milderen Torheit, der Lockung durch äußere Belohnungen. Ich habe z. B. Kinder durch Lockungen wie durch Drohungen ins Bad treiben sehen. Aber in keinem Falle wuchs ihr Mut, ihre Selbstbeherrschung, ihre Willensstärke. Nur wenn es einem gelingt, das Bad selbst anziehend zu machen, wird die Willensenergie entwickelt, die das Gefühl der Furcht oder des Unbehagens besiegt und einen echten ethischen Eindruck hervorruft, nämlich den, »dass die Tugend sich selbst belohnt«. Wo Prügel von einer schlechten Gewohnheit, einem Fehler abschrecken, ist ein wirklich ethisches Resultat nicht erzielt. Das Kind hat nur gelernt, eine unangenehme Folge zu fürchten, der der wirkliche Zusammenhang mit der Sache selbst fehlt, eine Folge, die, wie es wohl weiß, hätte ausbleiben können, und diese Furcht ist himmelweit verschieden von der Überzeugung, dass das Gute besser sei als das Böse! Da die Unannehmlichkeit keine naturnotwendige Folge der Handlung ist, kommt das Kind nämlich bald zu der Erkenntnis, dass, wenn es sich nur schlauer beträgt, es den Prügeln entgehen kann, und so steigern die Prügeln die List, ganz gewiss aber nicht die Sittlichkeit! Die Höllenlehre und die Höllenfurcht zeigen in der Geschichte der Menschheit, was für eine Art Sittlichkeit Schläge – die Hölle der Kinder – in der Kindesseele hervorrufen können. Nur indem man mit äußerster Mühe, langsam, unmerklich die Überzeugung von dem Vorzug des Guten aufbaut – als glückbringender für das Individuum selbst, sowie für seine Umgebung – lernt das Kind das Gute lieben; nur indem man das Kind lehrt, dass Strafen selbstheraufbeschworene Folgen sind, lernt es, deren Ursachen auszuweichen.

Der tiefste Missgriff des Erziehers ist – trotz aller neuer Reden von der Individualität des Kindes – dieses nach dem abstrakten Begriff »Kind« zu behandeln, als einen unorganischen oder persönlichen Stoff, der in der Hand des Erziehers geformt und umgeformt werden kann! Man schlägt es und glaubt, dass die Wirkung der Schläge mit dem Moment aufhört, wo man »das Kind besserte«, mit diesem kräftigen Denkzettel, der es hindern soll, in Zukunft Schlechtes anzustellen! Man ahnt nicht, dass dieser gewaltsame Eingriff in das physische und psychische Leben des Kindes lebenslängliche Wirkungen haben kann.

Schon in den vierziger Jahren legte eine Autorität dar, dass die Züchtigung eines der wirksamsten somatisch stimulierenden Mittel ist. Die Selbstgeißelung des Mittelalters hatte bekanntlich diese Wirkung. Und wenn ich das veröffentlichen könnte, was ich von Erwachsenen über die Einwirkung der Züchtigung auf sie selbst gehört, oder was ich bei Kindern beobachtet habe, wäre dies allein entscheidend für die Abschaffung der Züchtigung in ihrer rohesten Form, der, welche die körperliche Scham des Kindes am tiefsten kränkt, die es doch für die Entwickelung des Keuschheitsgefühls vor allem zu bewahren gilt. Der Vater, der seine Tochter züchtigt, verdient, sie einmal »gefallen« zu sehen, da er selbst ihren Instinkt der körperlichen Heiligkeit verletzt hat, diesen Instinkt, der schon beim kleinen Kinde leidenschaftlich tief sein kann. Nur wenn jede Kränkung dieser Heiligkeit – aufgezwungene Liebkosungen sowohl wie ein Schlag – einen energischen, instinktiven Widerstand hervorruft, ist die Natur des Kindes stolz und keusch. Und die Kinder, die zurückschlagen, wenn sie gezüchtigt werden, sind von allen die am meisten versprechenden.

Unzählig sind die Fälle, in denen die körperliche Strafe unheilbaren Schaden stiften kann, den der Erzieher nicht ahnt, wenn er triumphierend darlegt, wie die Züchtigung in dem vorliegenden Falle »geholfen« habe. Die meisten Erwachsenen erzählen freilich, dass die Züchtigung ihnen selbst in diesem oder jenem Betracht geschadet hat. Aber wenn sie dann Erzieher werden, bauen sie doch auf die Wirkung der Züchtigung.

Welche kochende Bitterkeit und Rachgier, welche hündisch kriechende Schmeichelei ruft nicht die körperliche Züchtigung hervor! Sie macht den Feigen feiger, den Trotzigen trotziger, den Harten härter. Sie stärkt die beiden Gefühle, die die Wurzel von fast allem Bösen in der Welt sind, Hass und Furcht! Und solange Schläge Erziehung genannt werden, werden diese beiden Gefühle immer die Menschen beherrschen!

Trotz ist einer der häufigsten Anlässe zur Züchtigung. Aber was man Trotz nennt, ist in den meisten Fällen nur Furcht oder Unfähigkeit. Das Kind wiederholt z. B. eine falsche Antwort, wird mit Schlägen bedroht und – wiederholt sie abermals, gerade aus Furcht, nicht das Richtige zu sagen. Man schlägt es, und jetzt antwortet es richtig. Der Erzieher triumphiert: die Störrischkeit ist überwunden! Aber was ist geschehen? Eine weitere Furcht hat zu einer heftigen Gedankenanstrengung, einer augenblicklichen Kraftsteigerung geführt. Am nächsten Tage wird das Kind den Fehler wahrscheinlich wieder sagen! Im Falle wirklichen Trotzes bei Kindern weiß ich Beispiele dafür, dass die Züchtigung sie mit Mordlust gegen sich selbst oder den, der sie geschlagen, erfüllt hat. Hingegen weiß ich andere Fälle, wo die Mutter nur dadurch, dass sie das trotzige Kind stille und ruhig auf ihren Knieen festhielt, es dazu gebracht hat, sich selbst zur Ruhe und Beherrschung durchzuringen!

Wie viele unwahre Geständnisse haben nicht Prügel oder die Angst vor Prügeln hervorgepresst; wie viel kecke Tatenlust, Unternehmungsgeist, Phantasiespiel und Entdeckerdrang hat nicht dieselbe Angst erstickt! Und auch, wo Schläge nicht Lüge hervorrufen, hindern sie immer die volle Aufrichtigkeit, den unmittelbaren Mut, sich so zu zeigen, wie man ist. Solange das Wort Schläge in einem Haus überhaupt genannt wird, kann es bei den Kindern keine volle Ehrlichkeit geben.

Und solange Haus und Schule diese Erziehungsmittel gebrauchen, wird in dem Kinde selbst die Brutalität auf Kosten der Humanität entwickelt. Das Kind wendet gegen Tiere, jüngere Geschwister, Kameraden die Methode an, die man ihm gegenüber anwendet, und mit derselben Begründung, der, dass »Schlimmheit« mit Schlägen kuriert werden müsse.

In Italien z. B., wo Kinder oft und Tiere immer rücksichtslos gepeitscht werden, ist bei den Erwachsenen Faust und Messer das gebräuchlichste Argument. Ein Reisender, der mit Tolstoi fuhr, wunderte sich, dass dieser niemals die Peitsche gebrauchte. Mit einem halb verächtlichen Tonfall antwortete dieser: Ich kann zu meinen Pferden sprechen und brauche sie nicht zu schlagen! Nur die Kinder, die selbst daran gewöhnt sind, milde behandelt zu werden, werden einsehen lernen, dass man ohne Gewaltmittel einwirken kann, und dies einsehen ist eines der menschlichen Vorrechte, deren man sich mit dem Gebrauch brutaler Mittel begibt.

Nur dadurch, dass das Kind immer und überall seine Erzieher von dem Gebrauch der rohen Stärke abstehen sieht, wird es selbst nach und nach zur Verachtung derselben bei all jenen Gelegenheiten erzogen werden, wo es nicht die Verteidigung eines Schwächeren gegen einen physischen Übergriff gilt. Der Grund zur Kriegslust wird weniger durch die Kriegsspiele als durch das spanische Rohr gelegt!

Zur Verteidigung der Prügelmethode werden die eigenen Aussprüche der Kinder angeführt, wie, dass sie sich bewusst seien, die Züchtigung verdient zu haben, um »brav« zu werden u. s. w. Von aller niedrigen Heuchelei der Menschennatur ist keine widriger als diese. Das Kind kann hingegen in einem anderen Falle ehrlich sein, nämlich in dem Gefühle, dass es durch die Züchtigung einen Fehler gesühnt habe, der sein Gewissen bedrückte. Aber diese Art Versöhnung ist gerade die Grundlage zu einer ganz falschen Ethik, derselben, die noch als die des Christentums gepredigt wird, nämlich dass Fehler durch Leiden versöhnt werden können, die nicht in unmittelbarem Zusammenhang mit den Fehlern stehen. Die Grundlage der neuen Sittlichkeit hingegen ist, wie ich schon hervorgehoben habe, dass kein Fehler versöhnt werden, dass man in keiner Weise den Folgen seiner Handlungen entgehen kann.

Unwahrheit gehört zu den Fehlern, die der Erzieher am häufigsten mit Schlägen strafen zu müssen glaubt. Aber in keinem Falle ist dieses Mittel gefährlicher.

Wenn jemand ein sehr notwendiges »Lesebuch für Eltern« redigieren wollte, müsste darin die bekannte Geschichte von George Washington und der Axt aufgenommen werden, aber von der Kritik begleitet, die ein geweckter Zehnjähriger zu dieser Anekdote gab: »Das ist keine Kunst, die Wahrheit zu sagen, wenn man einen so netten Papa hat!«

Ich pflegte selbst die Unwahrheiten in unwillkürliche, in freche und phantasievolle einzuteilen, sah aber kürzlich eine bessere Einteilung der Lügen in weiße, kalte Lügen, d. h. voll bewusste und immer strafbare, und heiße Lügen, die der Ausdruck einer erregten Stimmung, einer feurigen Einbildung sind. Ich bin ganz einverstanden mit diesem Schriftsteller, dass diese nicht gestraft, wohl aber berichtigt werden sollen, doch nicht durch ein pedantisches »Messen mit dem Zollstab, um wie viel zu lang oder zu kurz die Angabe ist«, sondern durch

Auslachen – sonst eines der gefährlichsten Erziehungsmittel – wenn man nämlich findet, dass diese Art Unwahrheit sich zu wirklicher Unwahrhaftigkeit zu entwickeln droht. Man ist in diesem Fall sehr streng gegen die Kleinen, so streng, dass kein Advokat, kein Journalist, kein Politiker oder Poet seinen Beruf ausüben könnte, wenn man an ihn dasselbe Maß anlegte, wie an die Kinder.

Die »weiße« Lüge schließlich wird teils, wie ein französischer Gelehrter gezeigt hat, durch reine Krankhaftigkeit verursacht, teils durch irgend einen Fehler in der Auffassung, »einen leeren Raum, einen toten Punkt im Gedächtnis, im Selbstbewusstsein, der eine fehlerhafte oder gar keine Vorstellung von dem, was geschehen ist, zur Folge hat ...« Die Erwachsenen selbst irren sich ja oft in alltäglichen Dingen in Bezug auf ihre Absicht oder ihre Handlung, oder sie haben die letztere vergessen, und erst eine kräftige Erinnerung ruft sie ihnen ins Gedächtnis zurück; oder sie suggerieren sich selbst, dass sie eine Sache ausgeführt oder nicht ausgeführt haben. In all diesen Fällen werden sie, wenn man sie zwingt, eine bestimmte Aussage abzugeben, zu Lügnern. Aber bei dem Kinde nimmt man in jedem derartigen Fall die Lüge als bewusst an! Und wenn es bei einem strengen Kreuzverhör zögert, sich verwickelt, errötet – dann wird dies als Beweis der bewussten Unwahrheit angesehen, obgleich in der Regel nichts von alledem Unwahrheit ist – als gerade das schließlich abgepresste Geständnis, gelogen zu haben.

Und in all diese verwickelten psychologischen Probleme greift man noch mit der Prügelmethode ein!

Wenn ein Kind zu Hause niemals Lügen hört, wenn dort nicht übertriebenes Gewicht auf Kleinigkeiten, auf den äußeren Schein gelegt wird, wenn das Kind nicht durch die Furcht feig gemacht wird, wenn es von bewussten Lügen immer mit Verachtung sprechen hört – dann wird es durch bloß psychologische Mittel des Lügens entwöhnt werden können. Zuerst findet es, dass seine Unwahrheit dem Erstaunen begegnet, dann, wenn sie sich wiederholt, der Verachtung und dem Verlust des Vertrauens. Aber diese Methode darf nicht gegen Unwahrheiten aus Angst oder aus Phantasiereichtum gebraucht werden, oder gegen solche, die den obenerwähnten unklaren seelischen Vorstellungen entspringen, Vorstellungen, deren Verbindungen untereinander die Kinder sich nicht klar machen können. Die kalte Unwahrheit hingegen muss gestraft werden, zuerst dadurch, dass man das Kind derselben überführt, und es dann ihre Wirkung, das Misstrauen, durchleiden lässt, bis man durch den Ernst in der Besserung des Kindes sich im stande sieht, ihm sein Vertrauen wieder zu schenken. Und da ist es von großem Gewicht, dass man sein Vertrauen ganz und uneingeschränkt zeigt – selbst wenn man im stillen eine gespannte Wachsamkeit beibehält. Denn anhaltendes und unverdientes Misstrauen demoralisiert ebenso sehr wie blinde Leichtgläubigkeit.

Niemand, der für eine Lüge geschlagen wurde, hat dadurch die Wahrheit lieben gelernt! Dies beweisen am besten die Erwachsenen, die – trotz der Prügel ihrer Kindheit – noch immer in ihren Worten, in ihrem Wesen und ihren Taten lügen. Die Furcht kann das Kind von der buchstäblichen Unwahrheit abhalten. Aber die Furcht fördert auch die Unwahrhaftigkeit. Die in der Kindheit wegen Lügens Gezüchtigten haben oft einen Grundschaden erlitten, der unvergleichlich größer ist, als die unmittelbaren Lügen. Die wahrsten Menschen, die ich kenne, lügen willkürlich und unwillkürlich, während ich andere kenne, die ich nie auf einer Lüge ertappt habe, die aber doch durch und durch unwahr sind.

Diese Korruption der Persönlichkeit beginnt oft in zartem Alter unter dem Einfluss des Erziehers selbst. Man gibt dem Kinde unwahre Motive, halbwahre Auskünfte, Drohungen und Warnungen; man übt einen Druck auf Willen, Denken und Fühlen des Kindes aus, gegenüber welchem die Unehrlichkeit seine berechtigte Notwehr wird. So machen Erzieher, für die Wahrheit das oberste Ziel war, die Kinder unwahr. Ich habe z. B. ein Kind beobachtet, das hart gezüchtigt wurde, weil es eine unbewusste Handlung leugnete, und das sich unter dem Einfluss dieser sinnlosen Züchtigung zu hochgradiger Heuchelei entwickelte.

Um wahr zu sein, bedarf es vor allem ungebrochenen Mutes, und wie jemand sagt, brauchen viele nervöse kleine Lügner nicht Schläge, sondern kräftige Nahrung und Freiluftleben. Ein großer Künstler, einer der wenigen, die ganz nach ihrer modernen Lebensanschauung leben, sagte mir einmal: »Mein Sohn weiß nicht, was eine Lüge, aber auch nicht, was ein Schlag ist. Sein Pflegebruder hingegen log, als er in unser Haus kam. Aber die Lüge gedeiht nicht in der Luft der Ruhe und der Freiheit: nach einem Jahr war sie von selbst verschwunden, nur dadurch, dass sie immer tiefem Staunen begegnete!«

Dies veranlasst mich, im Vorbeigehen, einen anderen der vielen Irrtümer der Erziehung zu betonen, nämlich den, unendliche Mühe darauf zu wenden, etwas zu beseitigen, was von selbst verschwindet. Man quält sich z. B. damit, kleine Kinder rein sprechen zu lehren, was sie, in Ruhe gelassen, von selbst lernen, falls man selbst rein zu ihnen spricht. Dasselbe gilt von einer Menge anderer Dinge – Benehmen und Haltung u. s. w. betreffend – die ganz einfach der Einwirkung des guten

Beispiels und der Zeit überlassen werden können, damit man seine Energie dazu gebrauchen kann, jene Gewohnheiten einzuprägen, zu denen der Grund schon im zartesten Alter gelegt werden muss.

Ein anderer, noch unglückseligerer Missgriff ist, einen Fehler nach der äußeren Wirkung zu strafen und zu beurteilen, die die Handlung hervorruft, dem Skandal, den sie bei der Umgebung verursacht. So schlägt man z. B. Kinder wegen der Flüche und unanständigen Worte, von deren Sinn sie nichts wissen. Oder wenn sie ihn wissen, erreicht man mit Strenge nur, dass sie hinfort über die Dinge schweigen, in denen ihre Aufrichtigkeit gegen den Erzieher von höchster Wichtigkeit wäre. Dieselbe Sache, die man dem Kinde zu Hause durchgehen lässt, wird nicht selten gestraft, wenn sie außer dem Hause geschieht. Das Kind erhält so die falsche Vorstellung, dass nicht die Sache selbst, sondern ihre Öffentlichkeit strafbar sei! Wenn die Mutter sich der Unart des Knaben schämt – dann schlägt sie ihn, anstatt an ihre eigene Brust! Wenn sein Wagstück misslingt, bekommt er Schläge, aber Lob, wenn es glückt, was eine tief demoralisierende Vorstellung erweckt. Ich sah einmal im Walde ein Elternpaar, das lachte, solange das Eis hielt, über das ihr Sohn lief; aber als es plötzlich brach, versprachen sie ihm »Hiebe«! Es bedurfte großer Selbstbeherrschung, um diesen Eltern nicht zu sagen: dass nicht der Sohn, wohl aber sie selbst eine Züchtigung verdienten!

Bei allen derartigen Gelegenheiten rächen die Eltern ihren eigenen Schrecken an den Kindern. Ich habe ein Kind feig werden sehen, weil seine ängstliche Mutter es jedesmal schlug, wenn es umfiel, während gerade die natürliche Folge für dieses Kind mehr als hinreichend gewesen wäre, um ihm Vorsicht einzuschärfen! Auch wenn ein Unglücksfall durch Ungehorsam verursacht wurde, ist der natürliche Schrecken in der Regel genug, um von einer Wiederholung abzuhalten. Ist er das nicht, dann wirken auch Schläge nicht nachhaltig, nur verbitternd; der Knabe findet, dass die Erwachsenen ihre eigene Kinderzeit vergessen haben, und entzieht sich im geheimen ihrem Machtmissbrauch, wenn es der Strenge nicht gelingt, das Willensniveau des Kindes total herabzudrücken, seine Energie zu hemmen.[23]

Schon das ist eine Gefahr, aber am gefährlichsten ist, dass die Schläge in diesem Falle den Grund zu der unsittlichen Moral legen,

23 In dem Knabenbuch »Der kleine Karl« von Tavatstjerna können die Eltern sehen, welche Leiden eine phantasievolle Knabennatur durch das jetzt noch gebräuchliche Erziehungssystem erduldet.

die die des Erfolges ist. Bevor der Mensch einsehen gelernt hat, dass das Bemühen, das Streben, die Kraftentwickelung ihr eigenes Ziel, ihr eigener Lohn ist, wird das Leben nicht schön! Die Niedrigkeiten der Eitelkeit und Ehrsucht, die kleinen und großen Grausamkeiten der Ungerechtigkeit hängen alle mit der Vorstellung zusammen, dass das Misslingen oder der Erfolg den Wert eines Werkes, einer Handlung bestimmen.

Eine vollständige Umwertung dieser groben Werttheorie muss vor sich gehen, bevor die Erde der Schauplatz der frohen, aber rücksichtsvollen Kraftentwickelung freier und verfeinerter Menschen wird!

Jeder Wetteifer, der durch Zeugnisse und Preise entschieden wird, ist ein in Grund und Boden unsittliches Erziehungsmittel. Es weckt nur böse Leidenschaften, Neid und den Eindruck der Ungerechtigkeit auf der einen Seite, Übermut auf der anderen … Nachdem ich selbst durch zwanzig Jahre gegen die Schulzeugnisse angekämpft hatte, las ich mit tiefer Übereinstimmung kürzlich bei Ruskin folgende Äußerung:

»Ich glaube, dass aller Wetteifer ein falscher Beweggrund ist und alle Preisverteilung ein falsches Mittel. Alles, worauf man bei einem Knaben als Zeichen einer wirklichen Begabung, die die Aussicht hat, gute Früchte zu tragen, bauen kann, ist seine Lust, um der Arbeit willen zu arbeiten, nicht seine Lust, seine Schulkameraden zu übertreffen. Und das Ziel des Unterrichts, den man ihm gibt, müsste sein, ihm seine eigene besondere Begabung zu zeigen und sie in ihm zu stärken, nicht ihn zu einem hohlen Wetteifer mit solchen aufzureizen, die ausgesprochen stärker sind als er ...«

Außerdem darf man nicht vergessen, dass der Erfolg und der Misserfolg ihre eigene Strafe und ihren eigenen Lohn in sich schließen, der eine bitter, der andere süß genug, um in natürlicher Weise zu erhöhter Stärke, Behutsamkeit, Klugheit und Ausdauer zu erziehen. Es ist vollkommen überflüssig, dass der Erzieher außerdem durch besondere Züchtigung oder Belohnung die Begriffe des Kindes so irreführt, dass die Niederlage sich außerdem als das Unrechte darstellt, der Erfolg hingegen als das Rechte.

Wohin man auch den Blick wenden mag, immer werden die äußerlichen, aufmunternden oder schreckeinjagenden Erziehungsmittel ein Hemmnis für die in erster Linie menschlichen Eigenschaften: Mut und Güte – Mut für sich selbst, Güte für andere!

Ein Volk, bei dem die Erziehung sich mit lauter milden Mitteln vollzieht, das japanische, hat gezeigt, dass die »Männlichkeit« keinen Schaden nimmt, auch wenn die Knaben nicht durch Prügel und

Schlägereien »abgehärtet« werden. Und ebenso wenig sind diese milden Mittel wirkungslos, wenn es gilt, Selbstbeherrschung und Rücksicht hervorzurufen. Im Gegenteil werden diese Tugenden vom zartesten Alter an in dem Grade eingeprägt, dass man erst in Japan erfahren soll, welchen Reiz rücksichtsvolle Liebenswürdigkeit dem Leben verleihen kann. Hier, wo Schläge niemals vorkommen, ist das erste Gebot für das Zusammenleben, anderen nicht Unbehagen zu verursachen. Es wird erzählt, dass wenn ein Fremder in Japan einen Stein aufhebt, um ihn nach einem Hunde zu werfen, dieser nicht flieht, denn niemand hat je einen Stein nach ihm geworfen. Dem Zartgefühl gegen Tiere entspricht dort das Zartgefühl in den menschlichen Verhältnissen, ein Zartgefühl, dessen Resultat sich unter anderem in einer verhältnismäßig geringen Anzahl von Verbrechen gegen das Leben und die Sicherheit der Menschen zeigt.

Der Krieg, die Jagd um des Vergnügens willen, die Körperstrafen – sind lauter verschiedene Äußerungen der im Menschen noch lebendigen Tigernatur, Wenn man selbst die Prügelgerätschaften wegwirft, und, wie jemand es ausgedrückt hat, dem Kinde nicht mehr die Büchse, sondern das Vergrößerungsglas und den photographischen Apparat in die Hand gibt, um so seine Möglichkeiten zu fördern, das Leben kennen und lieben anstatt es zu vernichten zu lernen, dann erst beginnt eine wirkliche Erziehung zur Humanität.

Für die, welche sich von der Entbehrlichkeit der Schläge für eine »männliche« Erziehung durch ein im Raum so fernes Beispiel wie Japan nicht überzeugen lassen, möchte ich ein anderes uns näherliegendes erwähnen. Unsere germanischen Vorväter gebrauchten dieses Erziehungsmittel nicht, das vielmehr erst mit dem Christentum eingeführt wurde. Durch dieses wurde die Züchtigung eine religiöse Pflicht, und bis in das siebzehnte Jahrhundert findet man denkende Männer, die an einem Tage in der Woche, als ein Moment der Seelsorge, ihre Kinder prügelten! Ich fragte einmal unseren großen Dichter Victor Rydberg – der sagte, dass er keinen Beweis dafür gefunden, dass die körperliche Züchtigung bei den Germanen der Heidenzeit gebräuchlich gewesen sei – ob er nicht glaube, dass dies den energischen Individualismus und die Männlichkeit der Völker des Nordens gefördert habe? Nach kurzem Nachdenken pflichtete er mir bei. Schließlich möchte ich aus unserer eigenen Zeit daran erinnern, dass es viele Familien und Schulen gibt – z. B. unsere Mädchenschulen und auch die Knabenschulen in einigen Ländern – wo Schläge niemals vorkommen. Ich kenne z. B. eine Familie mit zwölf Kindern, denen es weder an Hurtigkeit noch an der Fähigkeit gebricht, sich den Forderungen der Pflicht zu unterwerfen. Da sind Schläge niemals zur Anwendung gekommen. Aber die feste und milde Mutter hat die Kinder gelehrt, freiwillig zu gehorchen, und hat es verstanden, ihren Willen zur Selbstbeherrschung zu wecken.

Mit freiwilligem Gehorsam meine ich nicht, dass das Kind bis ins Unendliche nach Gründen fragen und über dieselben verhandeln darf, bevor es gehorcht. Ein guter Erzieher gibt niemals einen Befehl, für den kein triftiger Grund vorhanden ist. Aber überzeugt dieser das Kind nicht, muss es auf jeden Fall gehorchen, und wenn es warum fragt, ist die Antwort sehr einfach: weil alle, auch wir Erwachsenen dem Rechten gehorchen und uns dem Unausweichlichen beugen müssen. Die große Notwendigkeit des Lebens muss in der Kindheit eingeprägt werden, und man kann sie ohne harte Mittel einprägen, wenn man beginnt, das Kind schon vor seiner Geburt durch seine eigene Selbstbeherrschung zu erziehen, und von seiner Geburt an dadurch, dass man niemals seinen Launen nachgiebt.

In einigen wenigen Fällen zurückhaltend auf die Handlungen des Kindes einzuwirken, aber in allen anderen Fällen konstruktiv zu wirken – d. h. das Kind mit Baumaterial für seine Persönlichkeit zu versehen und es dann selbst bauen zu lassen – das ist, mit einem Worte, die Kunst der Erziehung. Ermahnungen sind das schlechteste aller Erziehungsmittel. Die einzigen wirksamen Ermahnungen sind sehr kurz und sehr selten. Die feinste List des Erziehers ist, für den Augenblick zu schweigen, und dann mittelbar den Fehler zu rügen, sodass das Kind dazu gebracht wird, sich selbst die Ermahnungen zu geben oder den Vorwurf zu machen! Dies kann z. B. dadurch geschehen, dass der Erzieher etwas erzählt, was das Kind veranlasst, sein eigenes Betragen mit der hässlichen oder schönen Handlungsweise zu vergleichen, von der es berichten hört, oder durch ein Urteil des Erziehers, das das Kind auf sich beziehen muss, obgleich es nicht an dasselbe gerichtet war.

Bei manchen Gelegenheiten ist ein kräftiger Unwille von Seiten des Erziehers eine vortreffliche Strafe, wenn der Unwille für den rechten Moment aufgespart wird! Ich kenne Kinder, für die nichts furchtbarer war, als des Vaters verächtliches: das war hässlich! Aber die Kinder, die man mit Ermahnungen und Betstunden duscht, und denen man eine Unze Moral in jeden Freudenbecher träufelt, sind diejenigen, die einmal am sichersten gegen all das handeln werden. Beinahe jeder denkende Mensch fühlt, dass die tiefst erziehenden Eindrücke in seinem Leben mittelbare gewesen sind: ein guter Rat, der nicht an ihn selbst gerichtet war, eine edle Handlung, die ohne Beziehung erzählt wurde. Aber als Erzieher vergessen alle ihre eigenen Erfahrungen!

Das am stärksten »konstruktive« Moment bei der Erziehung eines Menschen ist die feste ruhige Ordnung des Hauses, sein Friede und seine Schönheit. Die Herzlichkeit, die Arbeitsfreude, die Schlichtheit im Hause entwickeln Güte, Arbeitslust und Einfachheit im Kinde. Die Kunstwerke und Bücher des Heims, seine Alltags- und Festgewohnheiten, seine Beschäftigungen und Vergnügungen sollen dem Gefühl und der Phantasie des Kindes ihre Bewegung und ihre Ruhe geben, ihre sichere Kontur und ihre tiefe Farbe. Die reine, warme, klare Luft, in der Vater, Mutter und Kinder sich in Freiheit und Vertraulichkeit bewegen, sodass keiner der Teile von den Interessen des anderen fern gehalten wird, aber jeder Teil volle Freiheit für seine eigenen besitzt; wo keiner das Recht des anderen verletzt, aber alle willig sind, einander zu helfen, wenn es nötig ist – in dieser Luft kann sowohl der Egoismus wie der Altruismus sein rechtes Wachstum und die Individualität ihre rechte Freiheit finden. Und je weiter die Evolution der Menschenseele zu ihren noch ungeahnten Möglichkeiten der Verfeinerung, der Machtausübung, der Vertiefung fortschreitet; je mannigfaltiger zusammengesetzt und nuanciert das geistige Leben der Generation wird, je stiller man anfängt, dem wunderbaren, geheimnistiefen Dasein hinter dem sichtbaren, sinnlichen, weltlichen, irdischen Dasein zu lauschen, desto mehr wird sich auch in jeder neuen Generation von Kindern ein verfeinertes und zusammengesetzteres Seelenleben zeigen, für das die Grobarbeit der jetzigen Haus- und Schulerziehung eine Tortur wird. Wir brauchen neue Heime, neue Schulen – sowie neue Ehen und neue Gesellschaftsverhältnisse – für die neuen Seelen mit ihrer unendlich vielfältigen, noch nicht einmal nennbaren neuen Art zu fühlen, zu lieben, zu leiden, das Leben zu fassen, zu ahnen und zu hoffen, zu glauben und zu beten. Die Begriffe Religion, Liebe, Kunst – all dies macht jetzt eine Umwandlung durch, so eingreifend, dass man schon ahnt, dass erst in späteren Generationen die neuen Begriffe auch neue Formen schaffen werden. Der jetzige Erzieher kann diese Neugestaltung dadurch fördern, dass er das welke Laub beseitigt, das die noch keimenden Lebensmöglichkeiten deckt.

Das Haus muss wieder ein Heim für die Seelen der Kinder werden, nicht nur für ihre Körper. Und damit solche Heime gebildet werden können – die dann ihrerseits die Kinder bilden – müssen diese dem Hause wiedergegeben werden. Anstatt dass die Schule und die Hausaufgaben für die Schule wie jetzt den besten Teil des Lebens der Kinder in Anspruch nehmen, muss die Schule den geringeren Teil davon erhalten, das Haus den größeren. Auf das Haus kommt es dann an, die freie Zeit – sowohl die tägliche wie die in den Ferien – in solcher Weise anzuwenden, dass sie wirklich die Kinder mit dem Leben des Hauses verbindet, und zwar sowohl durch Pflichten wie durch Freuden. Erst wenn die Kinder von der Schule, der Straße, der Fabrik wieder für das Haus erobert werden, und die Mütter von der Außenarbeit oder dem Gesellschaftsleben den Kindern wiedergegeben werden, wird eine natürliche Erziehung in Rousseaus und Spencers Geist zur Wirklichkeit werden können, eine Erziehung durch das Heimleben für das Leben.

Eine solche war die altnordische Erziehung.

Die unmittelbare Teilnahme des Kindes an den Aufgaben der Erwachsenen, an wirklichen Arbeiten und Gefahren, gab dem Leben unserer nordischen Vorväter, bei denen der Knabe schon mit zwölf Jahren ein Mann war, Einheitlichkeit, Stil und Stärke. All dies eigens für die Kinder Gemachte, das ängstliche Bewachen all ihrer Unternehmungen, das Stützen all ihrer Schritte, das besonders für Kinder eingerichtete Arbeits- und Genussleben ist der Grundschaden in der gegenwärtigen Erziehung. Ein achtzehnjähriges Mädchen sagte mir kürzlich, dass sie und ihre Altersgenossinnen all des Überwachens, Beschützens, Amüsierens und Verzärtelns in der Schul- und häuslichen Methode so überdrüssig seien, dass sie bei der Erziehung ihrer Kinder bestimmt zu Hunger, Schlägen und Büffelei zurückkehren würden!

Man begreift diese unglückliche Reaktion gegen das künstliche Dasein, in dem die Kinder und die Jugend der Gegenwart aufwachsen, ein Dasein, das eine leidenschaftliche Sehnsucht nach den Wirklichkeiten des Lebens hervorruft, nach Selbsttätigkeit auf eigene Gefahr und eigene Verantwortung, anstatt wie jetzt beständig zu Hause wie in der Schule der Gegenstand der Tätigkeit anderer zu sein!

Was den Kindern von heute vor allem nottut, ist, wieder ernste häusliche Beschäftigungen zu bekommen, Aufgaben, die sie getreulich erfüllen müssen, an »Werk- und Feiertagen« geordnete Arbeitsgewohnheiten, und gar keine Beaufsichtigung in jedem Falle, wo sie sich selbst helfen können. Anstatt dass ein modernes Schulkind Mutter und Dienstleute um sich hat, um zur Schule fertig zu werden und nichts zu vergessen, sollte das Kind Zeit haben, jeden Tag vor der Schule sein Zimmer aufzuräumen und seine Kleider zu bürsten, und es sollte keine Erinnerungen in Bezug auf die Angelegenheiten der Schule erhalten, sondern Heim und Schule sollten im Einverständnis mit einander konsequent das Kind seine Versäumnisse entgelten lassen.

Jetzt sieht man umgekehrt die Mütter mit den Kindern Lektionen lernen, ihnen Spiele erfinden, ihnen Unterhaltungsbücher vorlesen, nach ihnen aufräumen, das aufheben, was sie fallen lassen, das fertig machen, wovon sie weglaufen – und auf diese und ähnliche Weise durch ihre beschützende Zärtlichkeit und Selbsttätigkeit die Arbeitslust, die Ausdauer, die Erfindungsgabe und die Phantasie des Kindes erschlaffen und schwächen! Im Hause, so wie es jetzt ist, nämlich ein Präparatorium für die Schule, wird die heranwachsende Jugend gewöhnt, Dienste zu erhalten, ohne Gegendienste zu leisten, beständig empfangend zu sein, anstatt gebend. Und dann wundert man sich über die selbstsüchtige, zügellose Jugend, die sich bei allen Gelegenheiten unverschämt vor den Älteren vordrängt, und grob ungeschliffen in Bezug auf jene Aufmerksamkeiten ist, die früher eine schöne Sitte der Jugend waren!

Diese Sitte wird nicht eher wiederkehren, bis man mit allen jetzt gebräuchlichen Faxen in der Behütung des Kindes vor physischen wie vor psychischen Gefahren und Unbilden aufräumt. Wirf das Thermometer zum Fenster hinaus und fange mit einer vernünftigen Abhärtung an! Lehre das Kind den natürlichen Schmerz kennen und ertragen! Nicht weil Schläge schmerzhaft, sondern weil sie tief unsittlich und widrig unschön sind, müssen sie abgeschafft werden. Weise die selbstischen Forderungen des Kindes zurück, wenn sie die Arbeit oder die Ruhe anderer beeinträchtigen; lasse das Kind nie, weder durch Liebkosungen, noch durch Quälereien die Rechte der Erwachsenen usurpieren und sieh zu, dass die Dienstboten nicht dem entgegenarbeiten, was die Eltern in diesem wie in anderen Fällen zu fördern suchen.

Man muss anfangen, für das Kind in gewissen Richtungen tausendmal mehr zu tun, und in anderen hunderttausendmal weniger. Zum Beispiel schon vom zartesten Alter an den Grund zu dem Naturgefühl des Kindes zu legen, indem man es sich Jahr für Jahr in dasselbe ländliche Heim hineinlieben lässt, ist eines der tief bedeutungsvollen Momente der Erziehung, das auch da versäumt wird, wo es berücksichtigt werden könnte. Dasselbe gilt davon, schon von den ersten Lebensjahren an eine auserlesene Bibliothek zu schaffen, sodass das Kind zu verschiedenen Lebensaltern die für dieses After vortrefflichen Bücher hat, nicht wie jetzt das, was es durch einen Zufall erhält. Diese beiden Dinge werden zu den Wesentlichkeiten der neuen Erziehung gehören. Jetzt hingegen werden die Kinder durch stets neue »Sommerfrischen«, durch elende Kinderbücher und kostbare Spielereien verdorben, während sie niemals andere erhalten sollten als die allereinfachsten, die sozusagen klassischen. Hingegen müsste man sie reichlich mit den Mitteln versehen, sich selbst Spielsachen anzufertigen. Am schlechtesten sind die Spielsachen, die den Luxus der Erwachsenen nachahmen. Durch solche Gegenstände wird nur der gierige Drang des Kindes, zu bekommen, genährt, aber seine eigene Erfindung und Phantasie gehemmt – oder sie würde gehemmt werden, wenn die Kinder nicht glücklicherweise mit gesundem Selbsterhaltungsinstinkt die vollkommenen Spielsachen zerbrächen, die ihnen keine Gelegenheit zum Schaffen geben, um sich selbst neue Spielsachen aus Tannenzapfen und Eicheln, Nadeln und Porzellanscherben und all dem anderen Plunder zu machen, der von der Einbildung zu großen Werten umgedichtet wird!

Mit Kindern in der richtigen Weise zu spielen, ist auch eine große Kunst. Dies soll nie geschehen, wenn die Kinder nicht wissen, was sie mit sich anfangen sollen, sondern immer eine besondere Festfreude für sie sowohl wie für die Eltern sein. Aber diese letzteren müssen in diesem Fall alle Art von Erziehung beiseite lassen, vollkommen in der Gedanken- und Phantasiewelt der Kinder aufgehen, nicht versuchen, sie dabei etwas anderes zu lehren, als die alten, inhaltsreichen Spiele, und die Erfahrungen von der Natur der Kinder, zu denen das Spiel den Anlass gibt, für späteren Gebrauch aufbewahren.

So kann das Spiel die Vertraulichkeit zwischen Eltern und Kindern fördern und die ersteren die letzteren besser kennen lehren. Aber den Kindern zu gestatten, alle Räume in ihren Spielplatz zu verwandeln, und beständig von den Erwachsenen zu verlangen, dass sie sie beschäftigen, das ist eine der allergefährlichsten Verzärtelungen der Gegenwart. Denn sie gewöhnt fürs erste an Selbstsucht und geistige Abhängigkeit und bringt außerdem das ewige Erziehen mit sich, das die Persönlichkeit des Kindes abstumpft. Dadurch, dass die Kinder in ihrer eigenen Welt – der Kinderstube – zu Hause waren, außerhalb derselben aber der festen Grenze der Gewohnheiten und des Willens, der Arbeit und der Ruhe, der Forderungen und der Wünsche der Eltern begegneten, wurde ehedem ein zugleich stärkeres und rücksichtsvolleres Geschlecht als die heutige Jugend erzogen. Nicht das viele Reden von Rücksichten, sondern die Notwendigkeit, Rücksichten zu nehmen, wirklich sich selbst und anderen zu helfen, erzieht! Früher waren die Kinder still wie Mäuschen in der Gegenwart von älteren Personen, und anstatt wie jetzt das Gespräch der Gäste zu unterbrechen, lernten sie zuhören, was – wenn das Gespräch der Erwachsenen inhaltsreich ist – eines der besten Erziehungsmittel der Kinder genannt werden kann. Ihr eigentliches Leben lebten sie in der Kinderstube, wo sie von irgend einer alten treuen Dienerin und von einander ihre bedeutungsvollste Erziehung empfingen. Von den Eltern erhielten sie ihre Schläge, selten eine Liebkosung. Im Vergleich mit diesem System würde das jetzige Zusammenleben der Eltern mit den Kindern einen unbedingten Fortschritt bedeuten, wenn die ersteren darauf verzichten könnten, aufzuklären, zu raten, zu bessern, auf jeden Gedanken und jeden Ausdruck einzuwirken! Aber all die geistigen und körperlichen Schutzmaßregeln machen jetzt das Kind mittelbar egoistisch, weil alles sich um dasselbe bewegt, und quälen es dazu gründlich! Jetzt darf der Sechsjährige das Gespräch der Erwachsenen stören, aber der Zwölfjährige wird um acht Uhr zu Bett geschickt – auch wenn er mit leuchtenden Augen einem Gespräche lauscht, das ihm den zündenden Funken fürs Leben geben könnte!

Gewiss müssen einige einfache Gewohnheiten – Benehmen und Ordnung, Nahrung und Schlaf, Luft und Wasser, Kleidung und körperliche Bewegung betreffend – zu elementaren Sittlichkeitsbegriffen bei dem Kinde gemacht werden, das nicht früh genug lernen kann, die körperliche Gesundheit und Schönheit als hohe ethische Werte anzusehen und Vergehen gegen die Gesundheit und Schönheit als hässliche Handlungen zu betrachten. Aber darüber hinaus müssen die Kinder ganz unabhängig von Gewohnheiten bleiben dadurch, dass bei jeder Regel auch die Ausnahme ihr Recht erhält. Die jetzige ängstliche Besorgnis, dass sie auf den Glockenschlag essen, gewisse Speisen zu gewissen Mahlzeiten bekommen, nach der Anzahl der Grade gekleidet werden, sich nach dem Glockenschlag niederlegen, vor jedem Tropfen ungekochten Wassers und jedem Extra-Bonbon behütet werden – das entwickelt sie zu nervösen, reizbaren Gewohnheitstyrannen, während die vernünftige Abhärtung gegen die Ungleichheiten, Unannehmlichkeiten und Abenteuerlichkeiten des Lebens eine der wichtigsten Grundbedingungen für Lebensfreude und Gemütsstärke schafft. Auch in diesem Falle ist das Vorbild des Erziehers selbst das beste Mittel, um die Kinder zu lehren, über kleine Widerwärtigkeiten zu lächeln, die schließlich die Sonne verdunkeln, wenn man sich gewöhnt, sie als Wichtigkeiten zu behandeln. Sieht das Kind den Erzieher rasch eine unangenehme Pflicht erfüllen, die er ehrlich als unangenehm anerkennt, sieht es ihn leicht eine Widerwärtigkeit oder Mühe ertragen, so wird das Kind seine Ehre darein setzen, ein Gleiches zu tun, so wie Kinder ohne viele Worte lernen Güte üben, wenn sie sie um sich üben sehen, sich der Schönheit der Natur und Kunst freuen, wenn sie sehen, dass die Erwachsenen ihre Freude daran haben. Dadurch, dass man selbst in schöner, hochsinniger und maßvoller Art lebt, spricht man am besten zu den Kindern, und diese sind für diese Bildschrift ebenso empfänglich, wie sie gegen den gesperrten Druck unaufmerksam sind!

Da dies für mich das Alpha und Omega der Erziehungskunst ist, wiederhole ich jetzt das, was ich schon am Anfange und in der Mitte gesagt habe: Sei bemüht, das Kind in Frieden zu lassen, so selten wie möglich unmittelbar einzugreifen, nur rohe und unreine Eindrücke zu entfernen, aber verwende all deine Wachsamkeit, all deine Energie darauf, dass deine eigene Persönlichkeit und das Leben selbst, die Wirklichkeit in ihrer Einfachheit und Nacktheit der Erzieher des Kindes werde!

Stelle an die Kräfte des Kindes und an seine Selbstbeherrschung proportionell zu dem betreffenden Entwickelungsstadium weder größere noch geringere Ansprüche als an die Erwachsenen, aber bringe auch den Freuden des Kindes, seinem Geschmack, seiner Arbeit, seiner Zeit dieselbe Achtung entgegen wie der eines erwachsenen Menschen! Die Erziehung wird so eine unendlich viel einfachere und unendlich viel schwerere Kunst als die jetzige Erziehung mit ihrem gekünstelten Dasein und ihrer doppelten Moral, einer für die Kinder und einer für die Erwachsenen, einer Moral, die oft streng für das Kind und lax für die Erwachsenen ist, ebenso wie umgekehrt. Dadurch, dass man zu jeder Stunde das Kind so behandelt und betrachtet, wie man den erwachsenen Menschen behandelt und betrachtet, wird man die Erziehung sowohl von den brutalen Willkürlichkeiten wie von den verhätschelnden Schutzmaßregeln befreien, die sie jetzt verunstalten.

In den Händen der Eltern, die sich beständig benehmen, als wären die Kinder nur um ihretwillen da, und in den Händen der Eltern, die »nur für ihre Kinder leben«, fahren die Kinder gleich schlecht! Beide wissen in der Regel gleich wenig von den wirklichen Gefühlen und Bedürfnissen der Kinder. Die ersteren freuen sich, wenn die Kinder ihnen selbst gleichen, und ihr höchstes Ziel ist, in ihren Kindern eine gelungene Kopie ihrer eigenen Gedanken, Meinungen und Ideale zu erhalten, während es sie doch gar sehr verdrießen sollte, sich so gut kopiert zu sehen! Denn was das Leben von ihnen verlangt und gebraucht hat, war im Gegenteil eine reichere Zusammensetzung, eine bessere Schöpfung, ein neuer Typus, nicht eine Reproduktion dessen, den es schon verbraucht hat. Die letzteren wieder strengen sich an, die Kinder nicht nach sich selbst, sondern nach dem Ideal eines guten

Menschen, das sie in sich tragen, zu bilden; sie zeigen ihre Liebe dadurch, dass sie ihre eigenen Persönlichkeiten um der Kinder willen auslöschen, dadurch, dass sie die Kinder fühlen lassen, dass alles, was sie berührt, im Vordergrunde steht.

Und so soll es auch sein, aber nur mittelbar. Hinsichtlich der großen Lebenspläne, sowie bei der Anordnung des Heims, seiner Lebensgewohnheiten, seines Verkehrs, seiner Ausgaben, müsste wirklich die Rücksicht auf die tiefen Bedürfnisse der Kinder und ihre gesunde Entwickelung im Vordergrunde stehen.

In den meisten Fällen sind jetzt jedoch die Kinder, die kleinen sowie die herangewachsenen, Opfer der Haltlosigkeit des Hauses. Sie lernen Eigenwilligkeit, ohne wirkliche Freiheit zu besitzen, und leben unter einem Zwang, der doch kein durchgeführter Stil ist.

Wenn die eine Tochter nach der anderen das Heim verlässt, um sich selbständig zu machen, wird sie oft durch die Unfreiheit oder die Stillosigkeit des Familienlebens dazu getrieben. Sie sieht sich nach jeder Richtung hin von der Forderung gehemmt, etwas anderes zu sein, etwas anderes zu meinen, etwas anderes zu denken, etwas anderes zu tun, als wozu ihr eigenes Wesen sie mahnt. Eine in der Freundschaft ihrer eigenen Tochter glückliche Mutter äußerte kürzlich, dass sie Lust hätte, ein Asyl für gepeinigte Töchter zu errichten! Und ein solches Asyl wäre ebenso notwendig als Schutzmittel gegen die zärtlichen wie gegen die herrschsüchtigen Eltern. Beide quälen ihre Kinder gleich viel, allerdings in verschiedener Weise, dadurch, dass sie das Recht des Kindes, seine eigene Lebensanschauung, sein eigenes Ideal vom Glück, seinen eigenen Geschmack, seine eigenen Beschäftigungen zu haben, nicht verstehen; dadurch, dass sie nicht einsehen, dass die Kinder ebenso wenig um der Eltern willen da sind, wie diese um der Kinder willen. Die intelligente Form des Familienlebens wäre die, dass jeder Teil voll und ganz selbst lebte und den anderen leben ließe, ohne dass der eine gegen den anderen Herrschsucht ausübte oder sie von ihm erduldete. Eltern, die dem Hause dieses Gepräge geben, können mit vollem Recht verlangen, dass die Kinder sich den Gewohnheiten des Heims anpassen, solange sie in demselben leben. Und die Kinder können ihrerseits mit demselben Recht verlangen, dass ihr Gedanken- und Gefühlsleben daheim in Frieden gelassen oder mit derselben Rücksicht behandelt werde, die man dem eines Fremden entgegenbringt. Wenn die Eltern diese Forderungen nicht erfüllen, leiden sie selbst am schwersten darunter. Es ist ja sehr leicht, einen Sohn zu verhindern, seine »roten« Ansichten auszusprechen, sehr leicht, die Tochter vom Buche wegzureißen und sie dem Kaffeeklatsch bei unnützer Handarbeit zuzuführen; sehr leicht, durch ein hohnvolles Wort ein »wunderliches« Gefühl zum Schweigen zu bringen. Tausend solche und ähnliche Dinge geschehen jeden Tag in den »guten« Familien der ganzen Welt. Aber wer dann diese Jugend von ihrer geistigen Heimatlosigkeit, Einsamkeit und Traurigkeit sprechen hört, der fängt an, das zu verstehen, worüber sich Vater und Mutter mit Bitterkeit wundern: Warum die Eltern einsam in Häusern zurückbleiben, aus denen die Töchter forteilen; warum die Kinder mit ihren Sorgen, Freuden und Gedanken zu Fremden gehen; warum mit einem Worte die alte und die junge Generation – die doch gegenseitig einander bedürfen wie Wurzel und Blüte – sich beinahe stets mit einem schmerzhaften Ruck von einander trennen!

Und dies gilt von dem hervorragenden, hoch gebildeten Vater oder Mutter ebenso sehr wie von den einfachen bürgerlichen oder bäuerlichen Eltern. Ja, vielleicht noch mehr von den ersteren. Diese quälen die Kinder in naiverer Weise, während jene unendlich weise und methodisch in ihrem Wahnsinn sind! Eine »hervorragende« Mutter gehört selten zu jenen Künstlerinnen des häuslichen Lebens, die durch Frische, Güte und Freudigkeit ihres Wesens die Arbeit des Alltagslebens in einen Tanz verwandeln, seine Ruhe in ein Fest. Solche Künstlerinnen sind oft einfache Frauen, die gar kein Examen gemacht, keine Vereine gegründet und keine Bücher geschrieben haben. Die »hochgebildeten« und »gesellschaftnützlichen« Mütter hingegen sind nicht selten diejenigen, vor welchen der Sohn seufzt: »Es scheint fast ein Naturgesetz zu sein, dass Mütter falsche Schritte tun, wenn sie zum Wohle ihrer Söhne handeln wollen … Wie sehr hätte ich eine Mutter gebraucht, die schweigen könnte, die mich eine Weile geduldig hätte gewähren lassen …, die mir Ruhe und Stille geboten hätte – mit linder, guter Hand die Außenwelt von mir abwehrend … Ach, hätte ich eine Mutter, der ich den Kopf in den Schoß legen könnte und schweigen und träumen …«[24]

Eine »hervorragende« Mutter wundert sich meistens darüber, dass alle ihre wohldurchdachten Pläne für die Kinder scheitern, für diese Kinder, in denen sie den Stoff für ihre Schaffenslust gesehen, den Ton, den sie hatte formen wollen.

Die eben zitierte Schriftstellerin sagt mit tiefer Wahrheit, dass es nur der mütterlichen Resignation gelingt, die Aufgabe zu lösen, mit Weisheit und Güte ein junges Wesen zu schützen, während man es nach seinen eigenen Gesetzen wachsen lässt. Die resignierte Mutter, sagt sie, kann

24 Man sehe »Frau Bürgelin und ihre Söhne« von Gabriele Reuter.

freudevoll »das Beste ihrer Lebenssäfte, ihrer Geistes- und Seelenkräfte dahinschenken an ein Werdendes, und dann dem Werdenden alle Türen öffnen und es hinauslassen ins Weite auf eigene Bahnen, und nichts mehr begehren – keinen Dank, keinen Ruhm, kein Zurückblicken.« Aber von den meisten Müttern gilt noch der bittere Ausruf des Sohnes in dem eben erwähnten Buche:

»Eine Mutter hat doch die Pflicht und Schuldigkeit, zu fühlen, womit sie einem wehe tut. Hat sie das nicht von Natur, ja warum soll ich sie dann überhaupt als meine Mutter anerkennen?«

Gewisse Mütter bringen den ganzen Tag hindurch das Nervensystem der Kinder in Aufruhr. Die Arbeit machen sie schwer, und die Spiele machen sie nicht froh, wenn sie irgend einmal daran teilnehmen. Sehr früh bemächtigt sich außerdem jetzt die Schule des Kindes, und das Heim verliert alle die Mittel, durch die es ehedem das Seelenleben der Kinder bildete und das Familienleben adelte. Die Schule, nicht Vater und Mutter, lehrt die Kinder spielen! die Schule unterweist sie in Handarbeiten; die Schule lehrt sie singen, Bilder ansehen, laut lesen, in der Natur umherwandern! Durch Schule, Vereine, Sport und andere Vergnügungen wird die Jugend in der Stadt immer mehr an das Außenleben und das tägliche Feiern gewöhnt, das das echte Festgefühl tötet. Die Jugend hat vom eigenen Heim oft keinen anderen Eindruck, als dass – sie dort die Gesellschaft trifft, »in der man sich langweilt«.

Die Eltern liefern ihre Kinder der Schule in den Jahren aus, in denen sie sie geistig erobern sollten. Und wenn die Schule sie ihnen dann zurückgibt, wissen sie nicht, was sie mit ihnen anfangen sollen, denn dann haben die Eltern selbst aufgehört, jung zu sein!

Aber altern ist keine Notwendigkeit, sondern nur eine schlechte Gewohnheit.

Es ist sehr interessant, ein Antlitz, das altert, zu beobachten. Was die Zeit aus dem Antlitz eines Menschen macht, zeigt nämlich besser als irgend etwas anderes, was dieser Mensch aus der Zeit gemacht hat! Die meisten Menschen sind schon in mittleren Jahren geistig fett oder mager geworden, sie sind verhärtet oder vertrocknet, und mit vollem Recht sieht die Jugend sie mit kalten, unsympathischen Augen an. Denn die jungen Leute ahnen, dass es eine ewige Jugend gibt, die eine Seele als Siegespreis für ihre ganze innere Entwickelungsarbeit gewinnen kann. Aber sie spähen vergeblich nach dieser zweiten, unvergänglichen Jugend bei ihren von weltlichen Nichtigkeiten und zeitlichen Wichtigkeiten ausgefüllten Eltern.

Mit einem Seufzer schalten sie den »Alten« und die »Alte« aus ihren Erwartungen aus und gehen hinaus ins Leben, um dort ihre geistigen Eltern zu wählen!

Das ist tragisch, aber gerecht. Denn wenn es ein Feld gibt, auf dem man hundertfach säen muss, um zehnfach zu ernten, so sind es die Seelen der eigenen Kinder!

Schon als ich mir mit fünf Jahren aus einem großen Fetzenbündel ein Wickelkind machte, das durch seine Schwere den beglückenden Wirklichkeitseindruck mütterlicher Mühe hervorrief, begann ich über die Erziehung meiner zukünftigen Kinder nachzugrübeln! Damals wie jetzt bestand mein Erziehungsideal darin, dass die Kinder fröhlich sein und sich nicht zu fürchten brauchen sollten! Die Furcht ist das Unglück der Kindheit, und die Leiden des Kindes werden durch den halbbewussten Gegensatz zwischen seinen grenzenlosen Glücksmöglichkeiten und der tatsächlichen Behandlung dieser Möglichkeiten noch verschärft. Man kann freilich antworten, dass das Leben auf allen Altersstufen grausam in der Behandlung unserer Glücksmöglichkeiten ist. Aber der Unterschied zwischen den Leiden der Erwachsenen durch das Dasein und den Leiden des Kindes durch die Erwachsenen ist ungeheuer. Das Kind will sich nicht resigniert den Leiden unterwerfen, die ihm, wie es fühlt, der Erwachsene zufügt. Und je aufrührerischer das Kind gegen das nicht notwendige Leiden ist, desto besser. Denn desto sicherer wird es einmal dahin getrieben werden, zu suchen, für sich selbst und für andere die harten Notwendigkeiten des Lebens umzuwandeln.

Der Dichter, der in unserem Lande die tiefste Intuition in das Wesen des Kindes – und infolgedessen die tiefste Ehrfurcht vor demselben – besessen hat, schrieb einmal:

> Wir ahnen Prinzen,
> Wo Kinder wir schau'n –
> Doch dann die Könige,
> Wo sind sie, traun?
>
> *Victor Rydberg*

Dies beruht nicht nur auf der tragischen Eigenschaft des Lebens, seine eigenen Quellen zu verringern und zu verschütten. Es beruht auch auf dem Mangel an Ehrfurcht seitens des Erziehers vor den Quellen des Lebens, die ihm in den neuen Wesen begegnen. Bevor nicht Vater und Mutter ihre Stirne vor der Hoheit des Kindes in den Staub beugen;

bevor sie nicht einsehen, dass das Wort Kind nur ein anderer Ausdruck für den Begriff Majestät ist; bevor sie nicht fühlen, dass es die Zukunft ist, die in Gestalt des Kindes in ihren Armen schlummert, die Geschichte, die zu ihren Füßen spielt – werden sie auch nicht begreifen, dass sie ebenso wenig die Macht oder das Recht haben, diesem neuen Wesen Gesetze vorzuschreiben, wie sie die Macht oder das Recht besitzen, sie den Bahnen der Sterne aufzuerlegen.

Aber wenn die Mutter von derselben Ehrfurcht vor den unbekannten Welten, die ihr in den großen Blicken des Kindes begegnen, durchbebt wird, wie vor den Welten, die ihre weißen Blüten über das blaue Dunkel des Himmels rieseln lassen; wenn der Vater in seinem Kinde den Königssohn sieht, dem er in Demut mit seinen eigenen besten Kräften dienen soll – dann kommt das Kind zu seinem Rechte! Nicht dem Rechte, andere zum Spielball seiner Launen zu machen, sondern dem Rechte, sein volles, starkes, persönliches Kinderleben vor einem Vater und einer Mutter zu leben, die selbst ein volles persönliches Leben leben, ein Leben, aus dessen Säften und Kräften das Kind das schöpfen darf, dessen es zu seinem eigenen Wachstum bedarf.

Eltern dürfen nie erwarten, dass ihre eigenen höchsten Ideale auch die der Kinder werden. Die freidenkenden Söhne frommer Eltern und die christlichen Kinder von Freidenkern sind schon beinahe sprichwörtlich geworden. Aber was die Eltern dadurch, dass sie groß und ganz ihren eigenen Idealen nachleben, vermögen, das ist, die Kinder zu Idealisten zu machen, obgleich sie dies oft zu einem ganz anderen Strande des Gedankens führen kann, als dem, an dem ihre Eltern gelandet sind!

In Bezug auf Ideale gilt es für die Älteren, wie in jeder anderen Hinsicht, zagend ihren Rat und ihre Erfahrung anzubieten, ja, die Jugend danach suchen zu lassen, wie nach Früchten, die unter dem Schatten der Blätter verborgen sind, und wenn der Rat verschmäht wird, darüber weder Verwunderung noch Ungehaltenheit zu zeigen.

Die Frage eines Witzlings, warum er etwas für seine Nachkommen tun solle, da diese doch nichts für ihn getan haben, versetzte mich schon in meiner Jugend in die lebhafteste Gedankenarbeit. Ich fühlte, dass die Nachkommen viel für ihre Vorgänger getan haben, nämlich dadurch, dass sie ihnen den unendlichen Horizont der Zukunft jenseits von ihrem täglichen Streben gaben! Aber bis auf weiteres hat die Menschheit sich selbst diesen Horizont verschlossen. Erst wenn man im Kind die neuen Schicksale des Menschengeschlechts ahnt, wird man behutsam mit den feinen Fäden in der Seele des Kindes umgehen, weil man dann weiß, dass es diese Fäden sind, die einstmals das Gewebe der Weltgeschehnisse bilden werden. Dann wird man einsehen, dass jeder kleine Stein, mit dem man die spiegelnden Tiefen im Geiste des Kindes bricht, durch Jahrhunderte und Jahrhunderte in immer weiteren Ringen seinen Einfluss verfolgen wird! Durch unsere Väter sind wir ohne unseren Willen und unsere Wahl bis in den tiefsten Grund unseres eigenen Wesens schicksalsbestimmt geworden. Durch die Nachkommen, die wir uns schaffen, können wir in gewissem Maße als freie Wesen die zukünftigen Schicksale des Menschengeschlechtes bestimmen!

Dadurch, dass die Menschen all dieses in ganz neuer Weise fühlen werden, da sie es alles im Lichte der Religion der Entwickelung sehen, wird das zwanzigste Jahrhundert das Jahrhundert des Kindes werden. Es wird es in zweifacher Bedeutung: in der, dass die Erwachsenen endlich den Kindersinn verstehen werden, und in der anderen, dass die Einfalt des Kindersinns auch den Erwachsenen bewahrt werden wird. Dann erst kann die alte Gesellschaft sich erneuen.

Die psychologische Pädagogik hat hohe Ahnen. Ich will jedoch nicht auf jene Erziehungskünstler zurückgreifen, die *Sokrates* und *Jesus* heißen, sondern ich mache beim Eingang der neuen Zeit halt. In den Stunden ihrer Morgenröte, in denen wir Zurückschauenden eitel Erneuerung zu sehen wähnen – während damals wie jetzt die Frühlingsblumen inmitten welken Laubs emporsprossten – trat auch die Forderung nach einer Neugestaltung der Erziehung durch den großen Zeitgenossen unserer Zeit, Montaigne, auf, jenen Skeptiker, der ein so tiefer Verehrer der Wirklichkeiten war. In seinen *Essays* und seinen *Briefen an die Gräfin de Gurson* findet man schon alle Grundzüge der Erziehung der Zukunft!

Montaigne kennt die Fähigkeit der Gewohnheit, die Natur umzuorganisieren, und schärft darum ein, dass die erste Aufgabe der Erziehung das Beibringen der richtigen Gewohnheiten sei. Aber es erscheint ihm verabscheuungswürdig, wenn dies durch Körperstrafen geschieht, und er verbietet seiner Frau, dieses Mittel bei der Erziehung ihrer Tochter zu gebrauchen. Dann spricht er seine tiefe Verachtung gegen das Einbüffeln und die Pedanterie beim Unterricht aus, gegen die Methode, »den Kindern in die Ohren zu tuten, sowie man in einen Trichter eingießt«. Der Pedant – hätte er in unserer Zeit gelebt, er würde der Pädagog gesagt haben – füllt das Gedächtnis an, aber lässt Verstand und Gewissen leer, während es wesentlicher ist, dass der Lehrer »a la tête bien faite« als »la tête bien pleine«! Was man das Kind lehren soll, ist, selbst die Dinge zu kosten, selbst zu wählen und zu unterscheiden. Zuweilen soll man ihm den Weg bahnen, zuweilen soll es das selbst besorgen. Man soll nicht nur zum Schüler sprechen, sondern auch diesen sprechen lassen: indem man so die Kinder »vor sich einhertraben lässt«, kann man ihre natürlichen Kräfte beurteilen und seinen Unterricht denselben anpassen; im anderen Falle zerstört man jede Wirkung.

Dadurch, dass der natürliche Maßstab für die Fähigkeiten des Kindes fehlt, verdirbt man alles, sagt Montaigne, und warum dem Lehrer in der Regel dieser Maßstab fehlt, das gibt er mit den Worten an: »Nur ein sehr hoher und großer Geist kann in die Kindesnatur blicken ...«

Aber unsere Pädagogen sind noch in der Regel keine hohen und großen Geister. Darum führen sie freilich große pädagogische Worte auf den Lippen, aber in ihrem Herzen – und in ihren Werken – sind sie weit davon entfernt!

Weiter verlangt Montaigne, dass der Lehrer dem Schüler den Stoff von hundert Seiten zeige und ihn denselben auf hundert Stoffe anwenden lasse, um so zu wissen, ob er ihn wirklich verarbeitet hat. »Kann er nicht selbst Form und Gestalt des Aufgenommenen ändern, dann ist es nicht sein Eigentum! Und er soll in seinem Kopfe nichts bloß auf Autorität und guten Glauben hin behalten ...«

Etwas, das dem System der Gegenwart diametraler entgegengesetzt wäre, lässt sich kaum denken. Ein Knabe, der der Auffassung seines Lehrers widerspräche, würde heute noch – aus neunundneunzig Schulsälen von hundert – einfach hinausgeworfen!

Selbständige Aneignung – das ist für Montaigne die ganze Summe des Unterrichts. Der Lehrer soll das Kind mit Blüten versehen, aus denen es Honig saugen kann, aber es soll ihn selbst bereiten. Es soll lernen, eigene Urteile zu fällen, sie mit eigenen Worten auszudrücken, und weder Worte noch Urteile fertig bekommen – dieses wieder der gerade Gegensatz zu den Bestrebungen der Gegenwart, bei Prüfungen und der Verbesserung von Aufsätzen, nämlich eingelernte Urteile und konventionelle Satzbildungen hervorzupressen! Eine natürliche, lebensvolle, farbenprächtige Ausdrucksweise wird durch die Ausbesserungen verwässert, die das Korrekte anstreben – und erreichen – aber das Einzige zerstören, um dessentwillen es überhaupt irgend einen Sinn hat, sprechen oder schreiben zu lernen: nämlich, dass man etwas zu sagen hat!

Man höre anstatt dessen Montaigne: »Wir machen den Verstand sklavisch und feig, weil wir ihm nie die Freiheit lassen, etwas aus eigener

Kraft zu tun … Man strebt, den Verstand aufzuklären, ohne ihn je in Tätigkeit zu setzen … Man lehrt das Kind, ein Pferd, eine Waffe, eine Laute handhaben, indem es sich darin übt! Aber man will die Kinder denken und sprechen lehren, ohne dass man sie denken oder sprechen lässt …«

Der Lehrer, der zuweilen dieses letztere versucht, wird als ein »unmöglicher Pädagog« in Bezug auf Disziplin und Präzision bei den Lektionen betrachtet. Und in einer Schule – selbst der besten – ist dies schließlich immer von größerer Bedeutung, als dass die Kinder denken und sprechen, wie beredt man auch von ihrer individuellen Entwickelung spricht – in den Schulprogrammen nämlich.

Wie weise ist nicht Montaigne, wenn er ausruft: »Für das Denken kann ein Einfall bei Tische, eine Dummheit eines Bedienten ein ebenso guter Lernstoff sein wie ein Buch!«

Mit welcher gesunden Verachtung spricht er nicht von den Gelehrten, die eifriger bemüht sind, die Kommentatoren auszulegen als die Dinge, Bücher über Bücher zu schreiben anstatt neue Werke! Nous ne faisons que nous entregloser: es wimmelt von Kommentatoren, während es um Schriftsteller schlimm bestellt ist, ruft er – schon zu seiner Zeit – aus! Hätte er in der unserigen gelebt, so würde er wohl den Turm, von dem aus er schon vor dreihundert Jahren seine Stellung als Selbstdenker verteidigte, mit doppelten Gräben und Wällen versehen haben!

Für Montaigne ist der Verkehr mit Menschen, »die Gewohnheit, sein Gehirn an dem anderer zu reiben«, die wirkliche Erziehung.

Den Umgang mit den Lebenden wollte Montaigne jedoch durch den Umgang mit großen Seelen aus großen Zeiten vertiefen, zu dem die Geschichte Anlass gibt. Aber die Geschichte wirkt nur erziehlich, wenn es dem Lehrer weniger wichtig ist, den Tag der Zerstörung Karthagos einzuprägen, als Hannibals und Scipios Sitten, weniger, wo Marcellus starb, als warum es seiner Pflicht widerstritt, gerade dort zu sterben … »Mit einem Worte: Man soll die Kinder weniger Geschichte als über die Geschichte nachzudenken lehren!«

Montaigne will, dass der Lehrer die Seele des Schülers zur Universalität erweitere und so der persönlichen und patriotischen Beschränktheit, dem Fanatismus und der Grausamkeit entgegenwirke. Die ganze Natur und die ganze Welt, das sollen die Bücher sein, die er den Schüler lesen lehrt, und erst nachdem dieser einen Einblick in die Mannigfaltigkeit empfangen, soll er anfangen, die besondere Wissenschaft zu studieren, die er zu der seinen machen will. So, sagt Montaigne, wird das Kind durch eigene geistige Mühen kräftig von Seele, sowie es durch eigene körperliche Mühen muskelstark wird. Nur durch die Gewöhnung an eigenes Prüfen macht man das Kind genau und wählerisch in Bezug auf seine Gründe, beharrlich in ihrer Verteidigung, aber auch fähig, besseren Gründen zu weichen. Die Hauptsache ist, das Kind lehren, zu sehen, zu hören und von allen und allem zu lernen, selbst von der Dummheit; wissbegierig zu werden, etwas über seine eigene Zeit, seine eigene Heimat, sowie über andere Zeiten und andere Länder zu erfahren. Und erst, nachdem man das Kind gelehrt hat, was es klüger und besser macht, sollen die eigentlichen Kenntnisse mitgeteilt werden; und weil das Urteil des Kindes dann schon entwickelt ist, wird es dieselben rasch erwerben. Zuweilen ist es gut, dem Kinde ein Buch zu geben, in das es sich selbst hineinarbeiten soll; zuweilen soll der Lehrer ihm nur die gut zubereitete Substanz, das Mark der Sache geben. Vor allem soll die Jugend aus der Lebensweisheit, der Philosophie – »die, wenn man sie recht auffasst, das fröhlichste, das heiterste von allem ist« – jene Gesundheit der Seele gewinnen, die den Körper frisch macht. »Das Kennzeichen der Weisheit ist eine stete Freude, und diese schafft einen steten Gemütsfrieden. Die wirkliche Weisheit ist nicht abschreckend, sondern schön, begeisternd und mutig; die echte Tugend beweist sich als solche, dadurch, dass sie leicht, nützlich und ergötzlich ist! Man muss vom zartesten Alter an die Kinder die Kunst des Lebens lehren, nicht durch dialektische Finessen, sondern durch gesunde Lebensweisheit ...« Für Montaigne bestand diese in erster Linie in gesundem Lebensgenuss. Er konnte es nicht leiden, dass Kinder durch Arbeit gequält und durch Kenntnisse verdummt würden ... »Die Tafel oder der Garten, das Schlafzimmer oder die Gesellschaft, die Eindrücke des Morgens wie des Abends – all das kann Stoff zum Studium geben, d. h. zu der Lebensphilosophie, die die Meinungen und Sitten des Kindes bildet ... Spiele, körperliche Übungen, Musik, Tanz, Jagd, Reiten, Waffenkunst, all das ist ebenso sehr Erziehung wie das Buch: die Form soll zugleich mit der Seele gebildet werden. Man soll nicht eine Seele, nicht einen Körper heranbilden: sondern einen Menschen. Nichts soll bloß für einen Teil geschehen, sondern beide müssen wie ein an die gleiche Deichsel geschirrtes Zwiegespann behandelt werden. Eher soll man dem Körper mehr geben als der Seele, denn diese lernt mehr durch den Körper als der Körper durch die Seele!«

Es bedürfte nur dieses einen Zitats, um zu zeigen, wie sehr Montaigne seiner eigenen Zeit, ja den meisten Menschen der unserigen voraus ist!

Er findet die stärksten Worte gegen die Grausamkeit der Schulen, gegen ihre Prügelmethode. Er nennt diese Schulen »Gefängnisse, wo man die Jugend lasterhaft macht, indem man sie straft, bevor sie noch fehlte. Nicht die Rute, sondern blühende grüne Zweige würden in die Schulzimmer gehören, die nun, anstatt Wohnstätten der Freude zu sein, von den Klagen der misshandelten Kinder erfüllt werden ...«

Wie passt das nicht noch immer auf unsere eigene Zeit, wo die rohe Grausamkeit allerdings weniger groß ist, aber die pedantische Disziplin die sittlichen Begriffe fälscht, indem sie das Kleine groß und das Große klein macht; wo – in der Knabenschule – Schläge und Anmerkungen die Temperatur der Laune des Lehrers angeben, aber nicht den Gehalt der Anlagen des Schülers; wo der Kleinsinn an jedem zweiten Katheder seinen Altar hat!

Ebenso sehr wie Montaigne Schläge hasst, hasst er auch die Weichlichkeit. Kinder sollen lernen, alles zu ertragen, alles zu essen, alles zu erfahren – auch die Folgen des Übermaßes: »Dadurch, dass sie alles probieren, lernen sie erst wirklich die Dinge zu lieben, die gut sind.«

Das sind goldene Worte für die Mütter, die jetzt genau die Seitenzahl bemessen, die das Kind in dem Buche lesen darf, das sie ausgewählt haben; die das Stück Zucker abteilen und nachdenklich die Frage erwägen, ob das Kind eine oder zwei Pflaumen eine oder zwei Stunden vor dem Mittagessen essen, und ein halbes Glas Wasser zwei oder drei Viertelstunden, nachdem es gelaufen ist, trinken darf! Sich zu überessen und zu überschlafen, zu überlesen und zu übergehen – sich überhaupt zu übernehmen! – gehört mit zur Weisheit des Lebens und zum Recht des Menschen! Und wer nicht beizeiten etwas von all dem getan hat, wird entweder ein Schwächling, oder ein Tollkopf, wenn das »Einteilungswerk« seiner Mama von der eigenen Verantwortung abgelöst wird.

Man höre weiter Montaignes vom Honig der Weisheit triefende Worte: »Schafft bei der Erziehung Gewalt und Roheit ab, denn nichts lähmt und erniedrigt unfehlbarer eine edel angelegte Natur ... Will man, dass der Schüler Beschämung und Strafe fürchte – so gewöhnt ihn nicht daran, aber härtet ihn so ab, dass er Kälte und Sonne und Hunger und alle Widerwärtigkeiten ertragen kann, die er verachten lernen soll; gewöhnt ihm Weichlichkeit und Verzärtelung in Bezug auf Kleider und Bett, Essen und Trinken ab, härtet ihn ab; lasset den Knaben wild und kräftig werden!«

Das Ziel der Gegenwart ist nicht die Heranbildung wilder, kräftiger Knaben. Das Ziel ist die Amtskrippe, und die Schulmethode – die doch glücklicherweise häufig misslingt – bezweckt, gehorsam im Joch schreitende Ochsen heranzubilden!

Montaigne will den Durst der Jugend nach Wirklichkeiten anreizen: »Anstatt den Schüler anzuspornen, Kenntnis von anderen zu erlangen, streben wir nur, ihnen Kenntnis von uns selbst beizubringen, und selbst sind wir eifriger bemüht, das auszubieten, was wir besitzen, als neues zu erwerben ...«

Diese Fähigkeit, stets neue Werte zu erringen – sowie die Ehrfurcht vor der Wahrheit, »die einen Menschen veranlasst, die Waffen vor ihr zu strecken, sobald er sie erkennt, sei es, dass sie ihm aus den Händen eines Gegners offenbar wird, sei es, dass sie in ihm selbst durch Meinungsänderung entspringt« – ist in hohem Grade für Montaigne selbst charakteristisch. Und er hat tief Recht, wenn er dem Erzieher ans Herz legt, diese beiden Dinge bei der Jugend zu pflegen. Denn diese Eigenschaften sind auf intellektuellem Gebiete das, was Aufgewecktheit und Rechtschaffenheit auf dem praktischen sind, aber viel ungewöhnlicher auf dem ersteren als auf dem letzeren.

Immer will Montaigne Wirklichkeiten für die Kinder: »Man wählt ja für sein eigen Teil lieber wirkliche Feigen, als gemalte: so soll man auch für die Kinder mehr nach den wirklichen Erkenntnissen streben, die das Leben gibt, als nach denen der Bücher. Lasset das Kind weniger seine Lektion lernen als sie ausführen; lasst es sie handelnd repetieren! Die Welt ist jetzt nur eine Tummelstätte für Schwätzer, und die Hälfte unseres Lebens vergeht mit Wortklaubereien, Wortfügungen und ähnlichem Plunder! Verseht den Schüler reichlich mit Stoff – und die Worte werden schon von selbst kommen!«

Latein und Griechisch wird zu teuer erkauft, sagt Montaigne, obgleich er sie selbst nicht missen will, weil das Latein in dem Grade seine Muttersprache geworden ist, dass er es sogar unbewusst gebraucht. Aber alle Sprachkenntnis, die nicht die Aneignung der Litteratur zum wesentlichen Ziele macht, fand schon er verwerflich.

Noch vieles möchte ich aus diesem Arsenal von Waffen gegen das Scheinwesen, den Konventionalismus und Dogmatismus anführen. Aber das schon Erwähnte ist genug, um zu zeigen, in wie gerade absteigender Linie Rousseaus *Emile* von Montaigne abstammt. Zwischen diesen zwei großen Sternen tauchten in Frankreich noch einige kleinere auf, z. B. Fénelon und Rollin, der der unmittelbare Fortführer der humanen Unterrichtsmethoden von Port Royal war. Ich will jedoch hier nur an das »Naturevangelium der Erziehung« erinnern, wie Goethe den Emile nennt, Goethe, der in so vieler Beziehung gerade eine solche Wirklichkeitserziehung empfangen hat, wie die, deren Konturen Montaigne entwirft.

Es war auch eine Frau – Mme. d'Epinay –, die den unmittelbaren Anlass zu Rousseaus Buch über Erziehung gab. In ihren Erinnerungen sind auch einige seiner energischen Worte bewahrt, z. B. dass man die Kinder ihre Zeit damit vergeuden lässt, Dinge zu lernen, die sie nicht zu wissen verlangten, und die zu vergessen ihnen so bald als möglich gelingt!

Rousseaus *Emile* war der Protest und das Programm der Individualität. Er glüht von Rousseaus herrlichem, fruchtbarem Hass gegen den Schein, die Form, die Phrase, das Gespielte, das Gemachte, das Gekünstelte! Das Echte, Selbsteroberte, Selbstgeprüfte, das nennt er Erziehung, d. h. für den Mann. Dass er die Erziehung des Weibes mit ganz anderen Augen ansieht, ist der große Mangel seines Systems, während seine – und seiner Zeitgenossen – Auffassung des Kindes als von Natur fehlerlos der große Mangel seiner Psychologie ist.

Sonst findet man in diesem »Naturevangelium« alles, dessen es zur Erlösung des Kindes wie des Erziehers bedarf – durch den Glauben an die natürliche Entwickelung des Kindes gemäß seinen von der Natur gegebenen Anlagen. Aber nur, wenn es im großen gesehen wird – so wie Rousseau wollte, dass man es sehen sollte – ist sein System haltbar. Denn er wollte das *verwirklichte Ideal* eines Erziehers darstellen, und zu diesem Zwecke hat er auch die Verhältnisse idealisiert.

Diese allzu absichtlich anzuordnen und zu sehr durch die Außenwelt erziehen zu wollen, aber zu wenig durch Phantasie und Gefühl, das ist Rousseaus – und nach ihm Spencers – wesentlicher Fehler. Zuerst die realistisch praktischen Fähigkeiten ausbilden zu wollen, dann erst Gefühl und Phantasie, wie beide anempfehlen, zeigt, dass sie nicht tief genug in das Seelenleben des Kindes geblickt haben. Noch gefährlicher für dieses wäre eine so egoistische Isolierung vom Leben und seinen Aufgaben, wie Rousseau sie für seinen Emile durchführt. Aber während das Falsche in seinem System eigentlich jener Teil ist, der ohnehin nicht befolgt werden kann – die Isolierung von gewissen Erfahrungen und die Vorbereitung anderer – ist glücklicherweise das Wahre von der Art, die befolgt werden kann und muss, wenn man endlich beginnen will, im Geist und in der Wahrheit zu erziehen.

Über die großen deutschen und schweizerischen Pädagogen und Psychologen Comenius, Basedow, Pestalozzi, Salzmann, Fröbel, Herbart u. s. w. brauche ich mich für einen deutschen Leserkreis nicht weiter auszusprechen. Ich will nur daran erinnern, dass die größten Männer Deutschlands – Lessing, Herder, Goethe, Kant u. a. – für die natürliche

Erziehung eingetreten sind. Was England betrifft, ist es bekannt, dass John Locke in *Einige Gedanken über die Erziehung* ein würdiger Vorläufer Herbert Spencers ist, dessen Buch über *Erziehung in intellektueller, moralischer und physischer Beziehung* das hervorragendste Erziehungsbuch des Jahrhunderts war.

Man hat darauf hingewiesen, dass Spencer als Pädagoge in der Schuld Rousseaus steht, und dass er außerdem in vielen Fällen nur das gesagt hat, was die großen deutschen Pädagogen – die er allerdings nicht kannte – schon vor ihm gesagt haben. Aber das verringert Spencers Verdienst nicht im mindesten. Absolut neue Gedanken gibt es äußerst wenige, und die Wahrheiten, die einmal neu waren, müssen stets dadurch erneut werden, dass sie wieder aus der Tiefe der flammenden persönlichen Überzeugung eines neuen Menschen ausgesprochen werden.

Dass die vernünftigen Gedanken auf dem Gebiete der Pädagogik wie auf anderen Gebieten immer wieder und wieder ausgesprochen werden, das beweist unter anderem, dass die vernünftige – d. h. die bisher fast unversuchte – Erziehung gewisse Sätze hat, die ebenso sehr Axiome sind wie die der Mathematik, und dass jeder vernünftig Denkende ebenso unfehlbar diese pädagogischen Sätze aufs neue finden muss, wie er aufs neue das Verhältnis zwischen den Winkeln eines Dreiecks finden wird. Immerhin ist es wahr, dass Spencers Buch keine neue Grundlage für die Erziehung geschaffen hat, sondern eher die Krönung des von Montaigne, Locke, Rousseau und den großen deutschen Pädagogen aufgeführten Gebäudes genannt werden kann. Das für unsere Zeit absolut Neue ist hingegen das Studium der Kinderpsychologie und die sich daraus entwickelnde Erziehungslehre.

In England und durch Darwin wurde dieses neue Studium der Kinderpsychologie begründet, in Deutschland erhielt es durch Preyer seine Ausbildung. Es hat teils das Studium der Aussprüche des Kindes selbst umfasst, teils das der Kindheitserinnerungen der Erwachsenen, und schließlich unmittelbare Experimente zur Ergründung der physischen und psychischen Ermüdung und Ausdauer, der Schärfe der Sinne, der Stärke, Geschwindigkeit und Genauigkeit bei der Ausführung körperlicher und geistiger Arbeiten; des Beobachtungsvermögens der Gefühle und Begriffe in verschiedenen Lebensaltern; der Kindersprache, der kindlichen Ideenassoziationen u. dgl. Während des Studiums der Kinderpsychologie hat man begonnen, dieses Wort gegen genetische Psychologie zu vertauschen, da man gefunden hat, dass das biogenetische Prinzip sowohl für die Entwickelung des psychischen wie des physischen

Lebens gilt, das Prinzip nämlich, dass die Geschichte der Gattung sich in der des Individuums wiederholt, was unter anderem auch die Sprachforschung bestätigt. Die Kinderpsychologie wird darum von derselben Bedeutung für die allgemeine Psychologie wie die Embryologie für die Anatomie, ebenso wie andererseits die Schilderung wilder Völker – wie z. B. die in Spencers *Descriptiver Soziologie* oder Waitz' *Anthropologie der Naturvölker* – in hohem Grade lehrreich für eine richtige Auffassung der Psychologie des Kindes sind.

Das Gebiet, auf dem unsere Zeit die größten Errungenschaften für das Jahrhundert erzielt hat, das das des Kindes sein wird, ist diese psychologische Forschung. In der großen Publikation *Zeitschrift für Psychologie und Physiologie der Sinnesorgane* bestand noch im Jahre 1893 keine besondere Rubrik für Kinderpsychologie, aber unter individueller Psychologie wurden schon 18 Arbeiten über Kinderpsychologie erwähnt. 1894 beginnt eine besondere Rubrik für Kinderpsychologie und Erziehungspsychologie, die – von 29 Arbeiten in dem erwähnten Jahr – 1897 auf achtundsiebzig, 1898 auf einhundertsechs angestiegen ist und noch immer progressiv zunimmt![25]

25 Von einer sachverständigen Persönlichkeit habe ich folgende Übersicht der Litteratur über Kinderpsychologie erhalten: Die erste Standardarbeit auf dem Gebiete der Kinderpsychologie ist: Preyer: Die Seele des Kindes, erschienen 1881, 4. Auflage 1895, 462 Seiten, 10 Mark. – Die geistige Entwickelung in der ersten Kindheit, nebst Anweisungen für Eltern, dieselbe zu beobachten. 1893, 201 Seiten, 4 Mark. Als vortrefflich gelten auch die Arbeiten von: Perez, B., Les trois premieres annees de l'enfant, 5me edition 1892, 5 frcs. – L'enfant de trois à sept ans, 5 frcs. – L'éducation morale dès le berceau, 1896, 350 Seiten, 5 frcs. – L'art et la poésie chez l'enfant, 5 frcs. – L'éducation intellectuelle dès le berceau, 1896, 340 S., 5 frcs. – La Psychologie de l'enfant. In den letzten Jahren haben mehrere Bücher und Zeitschriftenaufsätze die Psychologie des Kindes behandelt. Davon mögen erwähnt werden:
In englischer Sprache: Brown: Thoughts and reasonings of children Pedagog. semin. 1893, 53 Seiten. Chrisman: A year with a little girl, Educ. rev. New-York 1894, 19 Seiten. – Child Study: a new Department of Education, Forum 1894, 8 Seiten. Mangasarian: The punishment of children, Internat, journ. of ethics 1894, 5 Seiten. Barns: Methods and difficulties of Child-study. Forum 1895, 6 Seiten. Louch: A laboratory for childstudy. Journ. of educ. 1895. Lowden: The first half-year of a Childs life, 1895, 30 S. Maitland: What children draw to please themselves, 1895, 4 Seiten. Oppenheim: Why children lie. Pop. Sc Monthly 1895, 5 Seiten. Roark: Psychology in Education, New-York 1895, 312 Seiten. Chamberlain: The child and childhood in folkthought, New-York 1896, 464 Seiten.

Lewis: The child, its spiritual significance, London and New-York 1896, 222 Seiten. Hall: The methods, status and prospects of the childstudy of to-day, Trans. III Soc. Child. St. 1897, 13 Seiten. Louch: Difference between children and grown-up people from the childs standpoint, Ped. Sem., 1897, 6 Seiten. Darrah: A study of childrens ideals, Pop, Sc. M. 1898, 10 Seiten. Dutton: Management of precocious children, Cleveland Med. Mag. 1898, 8 Seiten. Gould: Child fetiches, Pedagog. Sem., 1898, 4 Seiten. Taylor: The study of the child. New-York 1898, 215 Seiten. Warner: The study of children and their schooltraining, New-York 1897, 264 Seiten. Wilson: Bibliography of Child Study, Ped. Sem., 1898, 48 Seiten, 1899, 24 Seiten, W. P. Harris: Psychological foundations of education, New-York. L. Mac Cosh: Psychology. The motive powers: emotion, conscience, will.
In französischer Sprache: Compayre: L'évolution intellectuelle et morale de l'enfant, Paris 1893, 271 S., und von demselben: Notions élémentaires de psychologie. Queyrat; L'imagination et ses varités chez l'enfant, Paris 1893, 162 Seiten. – Les caractères et l'éducation morale, Paris 1896, 168 Seiten. Defert: L'enfant et l'adolescent dans la société moderne, Paris 1897, 221 Seiten. Schinz: La moralité de l'enfant, Rev. Phil, 1898, 36 S. Henri Marion: Leçons de psychologie appliquée à l'éducation. E. Berillon: Les principes de la pédagogie suggestive. M. Fleury: Le corps et l'âme de l'enfant. Lesorbonnard: Du gouvernement de soi-même, essai de psychologie physiologique. P. Lacombe: Esquisse d'un enseignement basé sur la psychologie de l'enfant. Von dem nun verstorbenen, sehr bedeutenden Denker Guyeau: Education et hérédité. Von mittelbarer Bedeutung für die Erziehung sind auch seine Arbeiten: Esquisse d'une morale sans obligation ni sanction und L'irreligion de l'avenir. Binet: Etude de Psychologie experimentale. – La fatigue intellectuelle. – La suggestibilité. A. Fouille: La Psychologie des idées-forces. C. H. Richet: Essay de psychologie générale. Joly: Notions élémentaires de psychologie. – Notions de pédagogie. – Psychologie des grands hommes. Von großer mittelbarer Bedeutung auch für die Psychologie des Kindes sind folgende Arbeiten von: Th. Ribot: Maladies de la memoire. – Maladies de la volonté. – Psychologie de l'attention. – Psychologie des émotions. – Psychologie des sentiments.
In deutscher Sprache: Fritz: Ergebnisse der Analysen des kindlichen Bewusstseins und Folgerungen daraus, Bayer. Lehr. Zeit., 1894. Heydner: Beitrage zur Kenntnis des kindlichen Seelenlebens, Leipzig 1894, 96 Seiten. Strümpell: Die Verschiedenheiten der Kindernaturen, Vortr. Leipzig 1894, 36 Seiten. Andrä: Über die Faulheit. Deutsch. Bl. f. Erz. und Unterr., 1896. Aschaffenburg: Welchen Nutzen kann die experim. Psychologie oder Pädagogik bringen? Zeitschr. f. Pädagogik, Pathol. u. Ther., 1896. Hohmann: Grundlinien des Seelenlebens dargestellt unter Berücksichtigung der Schulpraxis, Pädagog. Blätter, 1896, 23 Seiten. Boehme: Deutsches Kinderlied und Kinderspiele, Leipzig 1897. Jahn: Psychologie als Grund-

In den großen Kulturländern hat diese Forschung viele bedeutende Pioniere, wie Professor Wundt, Professor Th. Ribot und andere. In Deutschland hat sie ihr bedeutendstes Organ in der vorerwähnten Zeitschrift, die mehrere der hervorragendsten Physiologen und Psychologen Deutschlands zu ihren Mitarbeitern zählt. Außerdem bewegen sich die von Wundt herausgegebenen *Philosophischen Studien* und teilweise auch die *Vierteljahrsschrift für wissenschaftliche Philosophie* in derselben Richtung. In Frankreich hat man die von Binet und Beaunis 1894 begründete *Année psychologique* und die von Binet redigierte *Bibliothèque de Pédagogie et de Psychologie*; in England die Zeitschriften *Mind* und *Brain.*

Besondere Laboratorien für Experimentalpsychologie, in denen physiologische Apparate und Untersuchungsmethoden zur Anwendung kommen, bestehen nunmehr an mehreren Orten. In Deutschland wurde das erste im Jahre 1878 von Wundt in Leipzig eingerichtet; außerdem bestehen ähnliche in Göttingen, Bonn, Berlin. Auch aus dem Institut des Psychiaters Kraepelin in Heidelberg und dem Sommers in Gießen gehen Arbeiten dieser Art hervor. Frankreich besitzt ein Laboratorium für Experimentalpsychologie in Paris (Sorbonne) – dessen Vorstand eben Binet ist –, und Italien eines in Rom.

In Amerika ist die experimentelle Psychologie mit großem Eifer betrieben worden. Am Ende des Jahres 1894 gab es dort siebenundzwanzig Laboratorien für Experimentalpsychologie und vier Zeitschriften. Auch Dänemark hat nun ein derartiges Laboratorium. Und dazu kommen die »Gesellschaften für Kinderpsychologie«, von denen sich zuletzt eine in Deutschland bildete, und andere schon früher in England sowie in Amerika gewirkt haben.

Die Arbeiten von Paul Flechsig: *Gehirn und Seele* (1894), sowie *Die Lokalisation der geistigen Vorgänge* (1896) werden nach dem Urteil der Fachgelehrten die größte Bedeutung für die künftige pädagogische Auffassung erlangen. Eine ganze Serie von Untersuchungen, die in Kraepelins Laboratorium in Heidelberg durchgeführt wurden, sind von

wissenschaft der Pädagogik, 12. Aufl., Leipzig 1898, 413 Seiten. Nieden: Allgem. Pädagogik auf psychologischer Grundlage, Strassburg 1897, 192 Seiten. Lukens: Die Entwickelungsstufen beim Zeichnen, 1887. R. Schäfer: Die Vererbung.

In italienischer Sprache: Colozza: Il gioco nella psicologia e nella pedagogia. Turin-Rom 1895, 282 Seiten. Ferrari: Manifestazioni artistiche accessuali in una bambina. Arch. di Psichiatr., 1898, 18 Seiten. Marescalchi: I desideri dei bambini. Casale, 1898.

großem Wert für die Beurteilung dessen, was das Hirn an Arbeit und Eindrücken bewältigen kann. Ein englischer Gelehrter hat schon die Behauptung aufgestellt, dass die Zukunft – dank dem modernen Schulsystem – originell produktive Menschen entbehren wird, weil die rezeptiven Funktionen die Hilfsquellen des Gehirns zum Nachteil der produktiven absorbieren. Und wenn das nicht eine allgemeine Redensart, sondern eine physiologische Gewissheit sein wird, dann wird man schließlich vielleicht aufhören, die Hirnrinde mit jenem Sandpapier zu reiben, das man Schulschema nennt!

Einen Verfechter der Umwandlung der Pädagogik in psycho-physiologische Naturwissenschaft besitzt unser Land in Professor Hjalmar Öhrwall, der schon in einigen kürzeren Abhandlungen über eigene und fremde Entdeckungen auf dem Gebiete der Psychologie referiert hat, wobei er unter anderem zu dem Resultat gekommen ist, das unzählige arme Schulkinder schon praktisch konstatieren konnten; nämlich dass die sogenannten Übungsgegenstände – Gymnastik, Handarbeit, Slöjd und dergleichen – gewiss nicht, wie es so schön heißt, ein Gegengewicht gegen die intellektuelle Überanstrengung durch die Abwechselung der Arbeit bilden, sondern ganz einfach eine neue Hirnermüdung sind; dass alle Arbeit im Zustande der Ermüdung unökonomisch ist, sowohl in Bezug auf die Arbeitsmenge, wie auf ihre Beschaffenheit und ihr Übungsresultat, und dass Ruhe eben ganz einfach *Ruhe* ist, d. h. Freiheit, zu tun, was man will, oder gar nichts zu tun! In Bezug auf die Furcht zeigt er – an Binets Untersuchungen über diesen Gegenstand anknüpfend – wie körperliche Züchtigung, Drohung und Spott zur Feigheit erziehen; wie alle diese Mittel als deprimierend und zu einer Herabminderung der Energie führend verwerflich sind; wie aber die Furcht sich progressiv überwinden lässt, indem man das Nervensystem und dadurch den Charakter stärkt. Und das geschieht teils dadurch, dass man alles überflüssige Erschrecken vermeidet, teils indem man milde und ruhig die Kinder daran gewöhnt, die unvermeidliche Unannehmlichkeit der Gefahr zu ertragen.

Auch im Auslande werden mit viel Anerkennung des schwedischen Professors Axel Key Untersuchungen über Schulkinder zitiert, das in unserem Lande bisher bedeutungsvollste Material zur Beurteilung des Einflusses der Studien auf die physische Entwickelung und die Folgen der intellektuellen Überanstrengung für dieselbe.

Es ist zu hoffen, dass wenn man so durch empirische Forschung anfängt, etwas über die wirkliche Natur der Kinder zu wissen, die Schule und das Haus von ihren absurden Begriffen über das Wesen und die Bedürfnisse des Kindes werden befreit werden, den absurden Begriffen, die jetzt jene empörende physische und psychische Misshandlung veranlassen, die noch auch von gewissenhaften und denkenden Menschen in Schule und Haus – Erziehung genannt wird!

4. Heimatlosigkeit

Von Zeit zu Zeit hört man immer wieder Anklagen gegen die Gegenwart und ihre Verderbtheit im Gegensatz zum sittlichen Ernst früherer Zeiten. Diese Anklagen sind ebenso laut und ebenso grundlos, wie die meisten derartigen Beschuldigungen, die sich von Generation zu Generation wiederholen, von der Zeit an, in der die Menschheit begann, bewusst anderen Zielen nachzustreben als der augenblicklichen Befriedigung des ungezügelten Triebes.

Man braucht sich nur an die Männer dieser und die Greise der vorhergehenden Generation zu wenden, um darüber belehrt zu werden, dass Unsitten in den Schulen nichts für unsere Zeit besonders Charakteristisches sind. Liest man die historischen Schilderungen, z. B. des Lebens an den Hochschulen in früheren Zeiten – wo die jüngeren Studenten in demselben Alter standen wie heute die Schulknaben der fünften und sechsten Klasse – so wird man sich davon überzeugen, dass die Ursache des Übels nicht »die moderne Litteratur« oder »der moderne Unglaube« ist.

Von der wirklichen unmittelbaren Ursache, den in der Natur begründeten Leidenschaften, und der Möglichkeit, diese durch die Erziehung zu beeinflussen, beabsichtige ich hier nicht zu sprechen. Diese Frage könnte nur von einem Menschen gelöst werden, der eine gründliche Kenntnis der Resultate sowohl der physiologischen wie der psychologischen Wissenschaften besäße und zugleich ein pädagogisches Genie wäre, – ja, vielleicht würden auf dem jetzigen Standpunkt der Wissenschaften nicht einmal hinreichende Hilfsmittel für eine solche Aufgabe zu Gebote stehen, selbst wenn es jemanden gäbe, der das Originellste in Sokrates', Rousseaus und Spencers pädagogischen Systemen beleben und weiter entwickeln könnte. Denn nichts Geringeres wird von dem verlangt, der einen für die Entwickelung wirklich bedeutungsvollen Einsatz auf diesem Gebiete machen können soll.

Meine Absicht ist nur, einige Andeutungen über die sekundäre Ursache des Übels zu geben, der nicht so viel Aufmerksamkeit geschenkt wird, wie sie verdient. Diese Ursache ist die in allen Gesellschaftsklassen gesteigerte Heimatlosigkeit.

Denn bei seinen Eltern wohnen – wie es die Schuljugend der Stadt ja im allgemeinen tut – ist nicht dasselbe, wie in einem Heim leben.

Bei uns wie überall wird das Familienleben in der arbeitenden Klasse durch die Außenarbeit der Mütter und in der Oberklasse durch eine unaufhörlich wachsende Menge öffentlicher Vergnügungen und Obliegenheiten gestört.

Früher war es eigentlich nur der Mann und Vater, den das Heim seiner äußeren Angelegenheiten wegen entbehren musste. Jetzt verlässt auch die Gattin und Mutter, nicht nur wegen Vergnügungen, Gesellschaften oder Erbauung, sondern auch wegen Versammlungen, Vorlesungen oder Sitzungen, Abend für Abend das Haus, d. h. gerade zu der Zeit, die sie den vormittags in den Schulen beschäftigten Kindern widmen sollte.

Das beständig anwachsende Gesellschaftsleben, das sich unaufhörlich mehrende Vereinsleben und Außenleben hat zur Folge, dass die Mutter so früh wie möglich die Kinder in die Schule schickt, auch wenn sie durch nichts anderes als die ebenerwähnten Verhältnisse abgehalten ist, den Kindern selbst ihren ersten Unterricht zu erteilen, zu dem in der Regel die schulgebildete Generation der jetzigen Mütter ganz tauglich wäre, und bei dem sich das Bedürfnis nach den Reizungen des kameradschaftlichen Lebens noch nicht geltend macht. Ja, selbst bevor die Schulzeit beginnt und in den freien Stunden der Schule werden die Kinder in der Regel Dienerinnen zum Spazierengehen, Eislaufen u. s. w. überlassen. Die Kinder der »oberen Klassen« werden in den meisten Fällen von der Kinderfrau und der Schule in ebenso hohem, wenn nicht in höherem Grade erzogen als von der Mutter – vom Vater gar nicht zu sprechen, der in der Regel doch nur ein unwesentlicher, gelegentlicher Faktor bei der Erziehung der Kinder ist.

Mancher hat vielleicht den Einwand bereit, dass doch zu keiner Zeit so viel für die Erziehung der Kinder geschehen ist, wie heute; dass die Eltern nie so aufmerksam auf die physischen und psychischen Bedürfnisse der Kinder waren; dass zu keiner Zeit der Verkehr zwischen Eltern und Kindern ein so freier gewesen ist, zu keiner die Schulen in so starker Tätigkeit.

All das ist wahr, aber vieles davon trägt gerade dazu bei, die Heimatlosigkeit, von der ich spreche, zu steigern. Je mehr die Schule sich entwickelt, desto mehr wird sie mit allem Unterricht der Kinder belastet und nimmt infolge dessen immer mehr Stunden des Tages in Anspruch. Die Schule muss auch in jenen einfachen Gegenständen unterrichten, die die Mütter jetzt mindestens ebenso gut übernehmen könnten, wie unsere Großmütter es einst konnten, nämlich die Kinder mit der einheimischen Schönlitteratur und mit Handarbeiten vertraut zu machen. Je mehr die Sorge für das körperliche und geistige Wohl der Kinder solche an sich vortreffliche Dinge, wie Gymnastik, Handfertigkeit und allerlei Sport hervorruft, desto mehr werden die Kinder vom Heim abgezogen; und sind sie zu Hause, werden sie oft durch Lektionen und schriftliche Aufgaben verhindert, mit Vater und Mutter zu sein – selbst wenn diese ausnahmsweise zu Hause sind! So dass, wenn man in Betracht zieht, wie das jetzige Schulsystem die Zeit der Kinder und das jetzige Gesellschafts- und Vereinsleben die der Eltern verbraucht, man eben zu der Beobachtung kommen wird, mit der ich begonnen habe: dass das häusliche Leben mehr und mehr aufhört.

Die Reformen, die man von der Schule verlangen muss, um die Kinder dem Hause in gewissem Maße wiederzugeben, kann ich hier nicht berühren, da die Absicht dieser Zeilen nur die ist, darzulegen, was die Familien selbst reformieren müssen, wenn die Reformen der Schule der Jugend wesentlich nützen sollen.

Denn Schulreformen in der angedeuteten Richtung sind geschehen, aber die Mütter beklagen sich dann darüber, dass die Kinder zu wenig Hausarbeiten oder zu wenig Schulstunden haben, und dass sie – die Mütter – gar nicht wissen, womit sie die Kinder in der vielen freien Zeit »beschäftigen« sollen!

Was man mit Grund als einen großen Fortschritt im Familienleben der Jetztzeit hervorheben kann, der vertraulichere Verkehr zwischen Eltern und Kindern, hat nur teilweise die rechte Richtung genommen. Er hat mehr die Folge gehabt, dass die Kinder mit den Gewohnheiten und Vergnügungen der Eltern die Großen spielen können, oder dass die Eltern aufgehört haben, ihr eigenes Leben zu leben. Aber keines von beiden ist die Weise, wie ein tiefes und gesundes Verhältnis zwischen Eltern und Kindern hervorgerufen wird.

Man sieht z. B. auf der einen Seite eine Minderzahl gewissenhafter Mütter und Väter, die eigentlich »nur für die Kinder leben«, ja ihr ganzes Leben für das der Kinder umgestalten, wodurch diese die Vorstellung erhalten, dass sie der Mittelpunkt des Daseins sind. Man sieht auf der anderen Seite, dass die Kinder, an allem Luxus und aller Überfeinerung des Hauses teilnehmend, die Ansprüche der Erwachsenen an Vergnügungen und Eleganz stellen, selbst Bälle und Soupers zu Hause oder in Hotels für ihre Schulkameraden geben, Veranstaltungen, bei denen alle Eitelkeit und Torheit der Erwachsenen getreulich nachgebildet wird.

Aber dann verlangt man von diesen Knaben und Mädchen – wenn das Alter, in dem die Leidenschaften erwachen, kommt – eine Selbstbeherrschung, eine Fähigkeit der Entsagung, einen Stoizismus gegenüber den Versuchungen, in dem sie nicht geübt worden sind und den sie nicht von den Eltern üben sahen.

Die meisten Häuser der oberen Klassen haben nicht die Mittel, das Leben, das dort gelebt wird, zu führen; durch das Geld der Gläubiger oder einen unbilligen Profit auf Kosten der Arbeiter oder ein leichtsinniges Verbrauchen der für schwere Zeiten oder den Todesfall des Familienversorgers sehr notwendigen Ersparnisse wird der Luxus in den Gewohnheiten des Hauses bestritten. Aber selbst wenn in dem einen oder anderen seltenen Fall die Mittel, so zu leben, wirklich vorhanden sind, sollten die Eltern doch nicht dazu »in der Lage sein« – falls nämlich das Beste der Kinder in Betracht gezogen würde.

Die Eltern mögen von Fleiß sprechen, soviel sie wollen; wenn die Arbeit von Vater und Mutter für die Kinder keine lebendige Wirklichkeit ist, täten die Eltern am besten, ganz zu schweigen. Und dasselbe gilt von Warnungen und launenhaften Verboten an die Kinder in Bezug auf Befriedigung ihrer Genusssucht, falls die Eltern nicht durch ihr Vorbild wirken.

Andererseits sind die Folgen oft ebenso betrübend, wenn arbeitsame Eltern den Kindern ihre Entbehrungen verbergen, wenn sie selbst alle Mühen auf sich nehmen, um die Jugend zu schonen, und sich abrackern, damit die Kinder nicht glauben, die Eltern seien nicht in der Lage, sie ebenso fein zu kleiden wie die Kameraden, oder ihnen dieselben Vergnügungen zu bieten. Und am allerwenigsten gelingt es jenem Heim, der Jugend durch die Schwierigkeiten der Jugendjahre zu helfen, wo die Strenge das Vertrauen zwischen Kindern und Eltern ertötet hat, wo die Kinder unwahr werden aus Mangel an Mut und leichtsinnig aus Mangel an Freiheit, wo die Eltern sich den Kindern als Ausnahmewesen gegenübergestellt haben mit der Forderung einer blinden Ehrfurcht, einer absoluten Unterwerfung. Aus solchen Heimen konnten ehemals tüchtige Männer und Frauen hervorgehen, aber jetzt äußerst selten. Denn die Jugend erkennt in unserer Zeit keine solchen Ansprüche an, seit der vertrauliche Verkehr mit den Eltern diesen ihren Unfehlbarkeitsnimbus geraubt hat.

Die Häuser, die die sittlich stärksten und arbeitsfrischesten jungen Männer und Frauen entsenden, sind diejenigen, wo Kinder und Eltern Arbeitskameraden und Gleichgestellte sind, auf dieselbe Art, wie eine gute ältere Schwester oder ein solcher Bruder jüngere Geschwister als ihresgleichen betrachten; wo die Eltern, dadurch, dass sie Kind mit den Kindern, jung mit der Jugend sind, zwanglos die Heranwachsenden in ihrer Entwickelung zu Menschen stützen, indem sie sie immer *als*

Menschen behandeln. In einem solchen Heim wird nichts besonders für die Kinder angeordnet; man betrachtet sie da nicht als einer Art von Wesen angehörig, während die Eltern einer anderen Art angehören; sondern die Eltern erringen die Achtung der Kinder dadurch, dass sie wahr und natürlich sind; sie leben und handeln so, dass sie den Kindern Einblick in ihre Arbeit, ihre Bestrebungen, ja soweit als möglich in ihre Freuden und Schmerzen, ihre Fehler und Missgriffe gewähren können. Solche Eltern können auch ohne gekünstelte Herablassung oder Überlegenheit die Mitteilsamkeit der Kinder aufnehmen und in einem freien Austausch der Gedanken und Meinungen unmerklich erziehen. Die Kinder erhalten nicht alles als Geschenk: nach Maßgabe ihrer Kräfte müssen sie an den Arbeiten des Heims teilnehmen; sie lernen Rücksicht auf Eltern, Diener und einander nehmen; sie haben Pflichten und Rechte, ebenso unerschütterlich wie die der Älteren, und man hat Achtung vor ihnen, ebenso wie man sie lehrt, Achtung vor anderen zu haben. Sie kommen in tägliche Berührung mit Wirklichkeiten; sie können Nutzen tun, nicht bloß so machen, als täten sie es; sie schaffen sich ihre Vergnügungen, ihre kleinen Einkünfte, ja selbst ihre Strafen selbst, weil die Eltern sie niemals hindern, die natürlichen Folgen ihrer Handlungen zu erleiden. In einem solchen Heim wird nie ein Befehl anders als zugleich mit dem Grunde gegeben, sobald ein solcher verstanden werden kann, und das Verantwortlichkeitsgefühl wird so vom zartesten Alter an auf die Kinder selbst übertragen. Verbote sind äußerst selten, aber unumstößlich, weil immer auf einem guten Grunde beruhend, nicht auf einer Laune; Mutter und Vater sind wachsam, aber bewachen die Kinder nicht, und die relative Freiheit lehrt die Kinder, die vollständige Freiheit zu brauchen, während Verbot und Kontrolle Unaufrichtigkeit und Schwäche hervorrufen. Eine alte, ungelehrte Haushälterin, die davon lebte, Schulknaben in Kost zu haben, war eine der besten Pädagoginnen, die ich je gesehen habe. Ihre »Methode« bestand darin, die Jungen lieb zu haben und *an sie zu glauben*, ein Vertrauen, das sie in der Regel zu verdienen suchten. Weiter ist ein gutes Heim immer froh. Die Zärtlichkeit dort ist frisch, nicht sentimental. Da wird nicht über Kleinigkeiten gepredigt und gesalbadert; da bekreuzigen sich Mütter und Schwestern nicht, wenn der Junge eine lustige Geschichte erzählt oder ein Kraftwort in den Mund nimmt; da wird ein Scherz nicht als eine Äußerung der Sittenverderbnis betrachtet, oder kühne Ansichten als Beweis von Schlechtigkeit. Da herrscht die Frische, der Mangel an Prüderie, der sich bei den weiblichen Mitgliedern des Hauses so wohl mit Gemütsreinheit und einfacher Würde vereinen lässt, Eigenschaften, die durch nichts anderes ersetzt werden können. Da herrscht Zusammenhalt, sodass jung und alt sich zu Arbeit, Zerstreuung, Lektüre und Gespräch vereinigt, wo einmal die Jungen, das andere Mal die Alten den Ton angeben. Da ist ein offenes Haus für die Freunde der Kinder und Freiheit, sich so froh als nur möglich zu vergnügen, aber in aller Einfachheit, ohne dass die Gewohnheiten des Heims dabei geändert werden. Aus des großen finnländischen Dichters Runeberg Kindheitsheim wird erzählt, dass seine Mutter – wenn sie die jungen Gäste des Sohnes aufforderte, zu tanzen, solange sie konnten – hinzufügte: »Wenn Ihr durstig werdet, so steht der Wasserzuber da, und der Trinkbecher hängt daneben«, – und fröhlichere Tanzgesellschaften erinnerte sich die alte Dame, die die Geschichte erzählte, niemals mitgemacht zu haben. Diese einstmalige Vornehmheit, der Mut, sich so zu geben, wie man war, der fehlt in den Häusern von heutzutage, und Mangel an Mut hat Mangel an Freude im Gefolge.

Die einfache, gastfreundliche häusliche Freude, die jetzt den Kinderbällen, dem Lektionenbüffeln und dem Außenleben der Eltern Platz gemacht hat – die muss wiederkommen, wenn das Übel sich nicht verschlimmern soll. Denn Böses treibt man nicht mit Bösem aus: man überwindet das Böse nur durch das Gute. Wird das Heim nicht wieder sonnig, ruhig, einfach und frisch, dann können die Mütter soviel sie wollen zu Diskussionsabenden über Erziehung und Sittlichkeit gehen – nichts wird wesentlich anders werden! Die Mütter müssen ernstlich einsehen, dass keine soziale Tätigkeit größere Bedeutung hat als die Erziehung, und dass bei dieser nichts ihren eigenen, gleichmäßigen Einfluss in einem Heim ersetzen kann. Und sie müssen sich zu Reformen entschließen, wie die, zu der eine mit öffentlichen Angelegenheiten und gesellschaftlichen Verpflichtungen überhäufte Mutter in Stockholm griff, sich nämlich, außer einmal die Woche, von allen Einladungen fern zu halten, um ihre Abende in Ruhe mit den Kindern zu haben. Wie lange wird die Mehrzahl der Mütter die Kinder dem ewigen nichtigen Einerlei des jetzigen Gesellschaftslebens und Vereinslebens opfern?

Es ist durchaus nicht beabsichtigt, dem Gesellschaftsleben oder der öffentlichen Arbeit allen Einfluss erfahrener und denkender Mütter entziehen zu wollen, sondern nur auf die Überanstrengung hinzuweisen, die jetzt dadurch verursacht wird, dass jeder sich viel zu viel Verkehr und öffentliche Tätigkeit aufbürdet, eine Überanstrengung, die besonders durch die Mütter schädlich auf das Heim zurückwirkt. Zu unserer Zeit, sowie zu allen anderen Zeiten – die Lebensanschauung möge im übrigen welche immer sein, die des Heiden oder des Christen, des Juden oder des Freidenkers – wird ein gutes Heim nur von jenen Eltern geschaffen, die eine religiöse Ehrfurcht vor der Heiligkeit des Heims empfinden.

5. Die Seelenmorde in den Schulen

Wer vor die Aufgabe gestellt würde, mit einem Federmesser einen Urwald zu fällen, müsste vermutlich dieselbe Ohnmacht der Verzweiflung empfinden, die den Reformeiferer vor dem bestehenden Schulsystem ergreift – diesem undurchdringlichen Dickicht von Torheit, Vorurteilen und Missgriffen, wo jeder Punkt sich zum Angriff eignet, aber jeder Angriff mit den zu Gebote stehenden Mitteln fruchtlos bleibt.

Der Schule der Jetztzeit ist etwas gelungen, das nach den Naturgesetzen unmöglich sein soll: die Vernichtung eines einmal vorhanden gewesenen Stoffes. Der Kenntnisdrang, die Selbsttätigkeit und die Beobachtungsgabe, die die Kinder dorthin mitbringen, sind nach Schluss der Schulzeit in der Regel verschwunden, ohne sich in Kenntnisse oder Interessen umgesetzt zu haben. Das ist das Resultat, wenn die Kinder ungefähr vom sechsten bis zum achtzehnten Jahre ihr Leben auf Schulbänken damit zugebracht haben, Stunde für Stunde, Monat für Monat, Semester für Semester Kenntnisse zuerst in Teelöffel-, dann in Dessertlöffel- und schließlich in Esslöffelportionen einzunehmen, Mixturen, die der Lehrer oft aus Darstellungen aus vierter oder fünfter Hand zusammengebraut hat.

Und nach der Schule kommt oft eine weitere Studienzeit, in der der einzige Unterschied in der »Methode« darin besteht, dass die Mixtur jetzt mit dem Schöpflöffel zugemessen wird.

Wenn die Jugend diesem Regime entrinnt, ist die geistige Esslust und Verdauungsfähigkeit bei einigen so zerstört worden, dass ihnen für immer die Fähigkeit fehlt, wirkliche Nahrung aufzunehmen; andere wieder retten sich von all diesen Unwirklichkeiten auf das Gebiet der Wirklichkeit, indem sie die Bücher in die Ecke werfen und sich irgend einer Aufgabe des praktischen Lebens widmen; in beiden Fällen sind die Studienjahre so ziemlich vergeudet. Bei denen, die weitergehen, sind die Kenntnisse gewöhnlich auf Kosten des Persönlichen erworben: der Aneignung, des Vermögens der Reflexion, der Beobachtung, der Phantasie. Und ist es jemandem gelungen, all dies zu bewahren, so ist es gewöhnlich auf Kosten der Gründlichkeit der Kenntnisse geschehen. Eine geringere Intelligenz oder eine geringere Arbeitskraft, oder ein geringeres Aneignungsvermögen als die Natur ihnen zugedacht, das ist gewöhnlich das Resultat der zehn, zwölf Schuljahre; und es liegt eine tiefe Weisheit in dem französischen Witz: Sie sagen, dass Sie nie in die Schule gegangen sind – und sind doch so stockdumm?

Die Fälle, in denen Schulstudien nicht schaden, sondern im Gegenteil teilweise nützen, sind diejenigen, wo keine regelmäßige Schulzeit hinter dem Schüler liegt, sondern lange Ruhezeiten oder Zeiten des Privatunterrichts, oder gar kein Unterricht überhaupt, sondern bloß Selbststudium. Beinahe jede hervorragende weibliche Persönlichkeit in den letzten 50 Jahren ist eine solche Autodidaktin oder ein unregelmäßig unterrichtetes Mädchen gewesen, das daher in seinen Kenntnissen vielleicht große Lücken gehabt hat, aber desto mehr Frische und Fülle in der weiteren Aneignung von Kenntnissen und in der Art, das Angeeignete zu brauchen.

Heute ist es jedoch noch so, dass, wie laut auch die Familien über die Schulen klagen, sie doch nicht eingesehen haben, dass sie ihre Ansprüche an die »allgemeine Bildung« ändern müssen, bevor ein vernünftiges Schulsystem – d. h. ein in allem von dem jetzigen verschiedenes – zu stande kommen kann. Die sehr wenig zahlreichen Privatschulen, die sich in gewissem Maße von dem allgemeinen Systeme unterscheiden, sind Schwalben, die, weit davon entfernt, Sommer zu machen, das Schicksal der zu früh gekommenen Vögel teilen!

Solange die Schule eine Idee repräsentieren, einen abstrakten Begriff bilden soll, so wie die »Familie«, der »Staat« u. s. w., so lange wird sie – ganz wie die Familie und der Staat – die denselben angehörigen Individuen unterdrücken. Erst wenn man einsieht, dass die »Schule« ebenso wenig wie »die Familie« und »der Staat« eine höhere Idee, oder etwas Größeres repräsentiert, als gerade die Anzahl Individuen, aus denen sie gebildet wird, und dass sie – ebenso wenig wie die Familie und der Staat – eine andere »Pflicht«, ein anderes »Recht« oder eine andere »Aufgabe« hat, als jedem einzelnen dieser Individuen so viel Entwickelung und Glück als möglich zu schaffen – erst dann ist der Anfang gemacht, dass Vernunft in die Schulfrage kommt. Die Schule wird dann ganz einfach das geistige Speisehaus, in dem die Eltern und Lehrer den für jedes Kind geeigneten Speisezettel entwerfen. Die Schule muss das Recht haben, zu bestimmen, was sie in ihr Menu aufnehmen kann, aber die Eltern haben das Recht, für ihre Kinder unter den von der Schule aufgenommenen geistigen Nahrungsstoffen zu wählen.

Bevor nicht das Phantom der »allgemeinen Bildung« aus den Schulplänen und den Elternköpfen vertrieben ist und die Bildung des Individuums die Wirklichkeit wird, die an ihre Stelle tritt, wird man vergebens Reformpläne entwerfen.

Aber so wie gewisse einfache Grundstoffe in jeder Nahrung enthalten sind, gibt es gewisse einfache Wissensstoffe, die die Grundlage aller höheren Kenntnisse bilden. Das Lesen und Schreiben der Muttersprache, die Anfangsgründe des Rechnens, der Geographie, der Naturkunde und der Geschichte muss die Schule als obligatorische Basis zu fortgesetzem, selbständigerem Studium verlangen.

Die eigentliche, im Alter von neun bis zehn Jahren beginnende Schule denke ich mir als eine wirkliche Gesammtschule. Die Unterrichtsweise müsste die Breite, die Ruhe, die Anschaulichkeit und die Selbsttätigkeit auf Seiten der Kinder voraussetzen, die jetzt durch das Hetzen und Jagen und die vielen Abstraktionen zerstört werden. Diese sind eine Folge des Kurslesens, der Viellernerei und des Formalismus, die von der Knabenschule ihren Einzug in die Mädchenschule gehalten haben, von der Elementarschule in die Volksschule, bis sie nun alle von diesen Gebrechen beherrscht werden, die die meisten bedauern, aber die nur durch eine radikale Reform kuriert werden können.

Ferner müsste der Unterricht gruppenweise geordnet werden, so dass gewisse Gegenstände in früheren Stadien untergebracht, andere auf spätere Stadien verschoben würden. Und nicht genug damit, dass man hierbei auf die psychologische Entwicklung des Kindes Rücksicht nähme, müssten auch noch gewisse Gegenstände auf gewisse Jahreszeiten verlegt werden.

Endlich müssten diese Schulen in dem Alter von ungefähr 15 bis 16 Jahren abschließen, damit die Jugend dann entweder ins praktische Leben treten oder zu Fortsetzungs- und Anwendungsschulen übergehen könnte. Wünschenswert wäre es, wenn die Sitte eingeführt würde, die Grundtvig anempfohlen hat, nämlich: dass das eine oder andere Ruhejahr eintrete, bevor die Studien wieder anfingen. Besonders die Mädchen würden dann mit gestärkten Körperkräften und gesteigertem Wissensdurst wiederkommen. Jetzt ist es eine allgemeine Erfahrung, dass die Wissbegierde auch bei der begabten Jugend erschlafft, wenn sie – oft vom sechsten bis zum zwanzigsten Lebensjahre und darüber – ununterbrochen mit den Studien fortfährt.

Die Bestimmung des Schemas einer solchen Schule würde ungeheure Schwierigkeiten in sich schließen. Aber sie würden sich nicht als unüberwindlich zeigen, sobald man sich darüber geeinigt hätte, dass die Seelen der Kinder mehr Berücksichtigung verdienen als das Schulschema.

Man bekommt von den Eltern unter anderen Einwänden den zu hören, dass man, bevor nicht der Staat die Initiative zur Reformierung des Schulwesens ergreift, es nicht wagen kann, sich auf einen Weg zu begeben, der die Zukunft der Kinder so ungewiss machen könnte; man müsste bis auf weiteres die Kinder das lernen lassen, was alle anderen lernen; aber wenn der Staat den ersten Schritt gemacht hätte, dann würde man mit ungeheurer Bereitwilligkeit folgen.

Aber was ist immer der richtige Weg zur Durchführung von Reformen gewesen? Dass in der Gesellschaft eine genügend starke Empörung gegen die bestehenden Missverhältnisse entstanden ist. Und diese Empörung wird noch nicht genügend stark empfunden, besonders seitens der Eltern. Die Kinder selbst fangen an, sie zu fühlen, und wenn nicht früher, so hoffe ich, dass, wenn die jetzige Generation der Schuljugend Väter, Mütter, Lehrer geworden ist, eine Reform statthaben wird.

Man darf nicht erwarten, dass ein System geändert wird, bevor die, welche das System missbilligen, dies ernstlich genug tun, um die Opfer auf sich zu nehmen, die nötig sind, um sich den unheilvollen Folgen des Systems zu entziehen. Solange die Familien über die Viellernerei klagen, aber beständig die Schule mit neuen Lehrgegenständen belasten, auch solchen, die die Familie auf sich nehmen könnte; so lange die Familien über Überanstrengung klagen, aber von der Wahlfreiheit in jenen Schulen, wo sie eingeführt ist, keinen Gebrauch machen; so lange die Eltern für die Verwirklichung ihrer Grundsätze nichts aufs Spiel zu setzen wagen – so lange kann man sich auch nicht wundern, dass der Staat sich nicht auf irgendwelche Reformen einlässt!

Ein alter pädagogischer Denkspruch lautet: »Man lernt für das Leben, nicht für die Schule.« So lange noch während eines großen Teiles ihrer Lebenszeit die Geschlechter von einander getrennt werden, dadurch, dass die Knaben für sich studieren und die Mädchen für sich, ist das eine schlechte Erziehung für das Leben, das dann ihrer harrt, und in dem die gemeinsame Arbeit und das Zusammenwirken zwischen Mann und Weib nach der Ordnung der Natur das Normale sein soll. So lange die Gesamtschule eine Schule für eine Gesellschaftsklasse ist, aber nicht für alle, ist sie keine Gesamtschule im höchsten Sinne, und auch keine Schule, in der man fürs Leben lernt.

Ich habe darum immer aufs wärmste den Gedanken gehegt, dass die Schule keine Knaben-, keine Mädchen-, keine Elementar- und keine Volksschule sein soll, sondern eine wirkliche Gesamtschule, wo das eine und das andere Geschlecht, die Kinder der einen sowie der anderen Gesellschaftsklasse das gegenseitige Vertrauen, die gegenseitige Achtung, das gegenseitige Verständnis lernten, das dann ihr segensreiches Zusammenarbeiten in der Familie und im Staate ermöglichen soll.

Die Gesamtschule, so eingerichtet, ist vielleicht das wichtigste Mittel, um schließlich die Sittlichkeitsfrage, die Frauenfrage, die Ehefrage, die Arbeiterfrage auf eine weniger einseitige, eine mehr menschliche Weise zu lösen. Aus diesem Gesichtspunkt ist die Gesamtschule viel mehr als eine pädagogische Frage: sie ist eine Lebensfrage der Gesellschaft.

Mann und Frau, Oberklasse und Unterklasse gehen noch auf verschiedenen Seiten einer Mauer, über die sie sich die Hände reichen. Aber die Mauer zu durchbrechen, darum handelt es sich. Und die Gesamtschule in dem eben erklärten Sinne des Wortes ist die erste Bresche in diese Mauer!

Eine solche Schule wäre ein Gärungsstoff, der nach und nach den ganzen Teig durchsäuern würde. Denn es ist nie so, dass die Vielen für die Wenigen reformieren; die Wenigen sind es, die nach und nach für die Vielen reformieren müssen, weil sie einen genügend starken Unwillen gegen die gegenwärtigen Missverhältnisse haben, genügend großen Mut, ihren Unwillen zu zeigen, und genügend starken Glauben an die neuen Wahrheiten, um durch ihren Glauben den Grund zur Zukunft zu legen.

Bei einer solchen Schule muss auch derselbe Grundsatz, der auf anderen Gebieten Sitte und Gesetz humanisiert hat, sich geltend machen, nämlich die Rücksicht auf die verschiedenen Individualitäten, so dass der persönlichen Freiheit so wenig Hindernisse wie möglich in den Weg gelegt werden, wenn sie dem Rechte eines anderen nicht zu nahe tritt, während die Schranken behalten, ja vermehrt werden müssen, wo das Recht eines anderen gekränkt werden kann.

Wenn diese Humanität ihren Einzug in die Schulen gehalten hat, wenn die Schüler nicht mehr als Klasse betrachtet werden, sondern jeder für sich, dann wird die Schule anfangen, eine der vielen Bedingungen zu erfüllen, um der Jugend wirkliche Nahrung und dadurch Entwickelung und Glück geben zu können.

Eine solche Schule würde fürs erste streben, ungewöhnliche Anlagen früh zu entdecken und auf Spezialstudien zu richten.

Fürs zweite würde sie auch für jene, denen ausgeprägte Anlagen fehlen, eine Studienweise anordnen, in der auch ihre Individualität ausgebildet und ihre seelische Spannkraft erhöht werden könnte. Und diese Bedingung ist wenn möglich noch wichtiger als die erste, denn die ungewöhnlichen Anlagen bringen auch eine größere Selbsterhaltungsenergie mit sich, während die gleichmäßiger oder geringer Begabten – die ja die Mehrzahl bilden – viel mehr durch die Mannigfaltigkeit verwirrt und viel leichter durch die Gleichförmigkeit des jetzt herrschenden Systems als Persönlichkeiten ausgelöscht werden.

Sowohl das Recht der ungewöhnlich Begabten wie das der übrigen könnte berücksichtigt werden, wenn, wie oben erwähnt wurde, der Schulplan so geordnet würde, dass gewisse Gegenstände während eines Teiles des Schuljahres vorgetragen würden, gewisse während eines anderen; ferner gewisse Gegenstände zu verschiedener Zeit, nie alle auf einmal.

Weiters dadurch, dass der Unterricht so eingeteilt würde, dass das lebendige selbständige Studium unter der Leitung des Lehrers das Gewöhnliche würde, der Vortrag des Lehrers hingegen das Ungewöhnliche, die Feierstunde, nicht die Alltagskost.

Schließlich dadurch, dass man bei allem Unterricht den Schüler so weit wie möglich zur Wirklichkeit selbst führte, nicht zu einem Referat derselben.

Eine solche Schule müsste absolut mit dem ganzen in konzentrischen Kreisen angeordneten Vortragssystem brechen und in gewissen Fällen zu dem System der alten Schule zurückkehren, das sich um die »humanistischen« Studien konzentrierte, obgleich nicht die toten Sprachen der Gegenstand sein sollten, um den man sich sammeln würde.

- Frühe Spezialisierung da, wo ausgeprägte individuelle Anlagen vorhanden sind;
- Konzentrierung auf gewisse Gegenstände zu gewissen Zeitpunkten;
- selbständiges Arbeiten während der ganzen Schulzeit;
- Wirklichkeitsberührung während aller Schulstadien: dies müssen die vier Ecksteine der neuen Schule sein.

Doch die Zeit, in der die staatlichen Schulen anfangen, auf dieser Grundlage zu bauen, ist wohl noch ferne. Das nun Folgende bezieht sich daher nicht auf die oben angedeutete große Umgestaltung des Schulwesens, sondern berührt nur die Verbesserungen, die schon jetzt stattfinden könnten.

Wenn man, wie dies schon in Frankreich geschieht, das Lektionenlernen in die Schule verlegte und den Kindern einen ganzen freien Tag in der Woche gäbe, könnte das häusliche Studium – die Lektüre belletristischer Arbeiten, von Reisebeschreibungen und dergleichen, die die Lehrer im Zusammenhang mit den in der Schule betriebenen Studien empfehlen würden – schon jetzt in Kraft treten.

Die Hausaufgaben zerstören das Behagen, ohne die Selbsttätigkeit zu fördern, denn sie werden in der Regel unter allzu freigebiger – und oft unkluger – Hilfe seitens der Eltern angefertigt. In der Schule würden die Aufgaben in der Regel ohne Hilfe gemacht werden, eine selbsttätige und rasch erledigte Arbeit sein.

In der Schule könnte Zeit für wahlfreies Selbststudium z. B. in folgender Weise festgesetzt werden: in einer Klasse von ungefähr zwölf Schülern – bei größeren Klassen ist keine vernünftige oder persönliche Unterrichtsmethode möglich – finden sich z. B. drei Schüler mit ausgeprägten Neigungen, der eine für Geschichte, der andere für Mathematik, der dritte für Sprachen; zwei mit ausgesprochener Unbegabung, der eine für Mathematik, der zweite für Sprachen; die anderen sieben hingegen gleichmäßig begabt. Die drei ersten müssten dann während des ganzen Semesters zu gewissen, für selbständige Studien bestimmten Stunden jeder in seinen gewählten Gegenstand tiefer eindringen; der erste einige historische Werke über die Epoche lesen, die die Geschichtsstunden behandelt haben; der zweite die Zeit seiner Mathematik widmen; der dritte einige fremdsprachige Bücher lesen, die in der Sprachlektion berührt wurden; die sieben übrigen, mehr gleichmäßig Begabten könnten dieselbe Zeit zu lauter Lektüre und Handarbeit verwenden. So erhalten alle ihr Teil an Geschichte, Mathematik und Sprachen, aber die besonders Interessierten Gelegenheit, tiefer in den Gegenstand einzugehen. Sollte wieder unter den drei Begabten einer große Neigung und leichte Auffassung für alle drei Gegenstände haben, so muss dieser für sich selbst zu Hause lernen, falls nicht das gründlichere Studium des einen Gegenstandes das des anderen ablösen könnte. Die zwei hingegen, denen Mathematik oder Sprachen besonders schwer fielen, könnten entweder den Gegenstand ganz durch einen anderen ersetzen oder in jenen Stunden schulfrei sein oder schließlich die Stunden, die für die Begabtesten zum Selbststudium über die Forderungen des gemeinsamen Kurses hinaus bestimmt wären, dazu verwenden, sich mit Hilfe des Lehrers besser in den der ganzen Klasse gemeinsamen Kurs hineinzuarbeiten.

Um einen solchen Plan durchzuführen, ist vor allem die Konzentrierung der Gegenstände nötig, von der ich früher gesprochen, so dass z. B. nie mehr als einer oder höchstens zwei der umfassendsten Hauptgegenstände – Geschichte, Geographie, Naturwissenschaft – zu gleicher Zeit studiert würden; ferner dürfte nie mehr als eine Sprache auf einmal gelehrt werden; die schon gelernten müsste man aber durch litterarische Lektüre, schriftliche Resumés und Gespräche fortwährend üben.

Noch eine andere Art der Konzentrierung ist notwendig: nämlich nicht jeden Gegenstand in Unterabteilungen zu zersplittern, sondern die Geschichte auch Litteraturgeschichte, Kirchengeschichte u. s. w.

einschließen zu lassen; in die Geographie im Anfangsstadium einen Teil der Naturkunde aufzunehmen und die Kunstgeschichte mit beiden zu vereinigen. Und eine andere, nicht weniger wichtige Konzentrierung ist die, sich bei den allen gemeinsamen Kursen auf die Hauptsachen zu richten, unter Opferung einer Menge Nebensachen, die – bei dem unablässig wachsenden Inhalt des Wissens – nicht von Generation zu Generation als »unentbehrlich für den gebildeten Menschen« mitgeschleppt werden können.

In Beziehung auf den Unterricht dürfte die jetzt in Blüte stehende Methodik wohl das Feld räumen müssen. Die bis jetzt obligaten zwei Tempi: das sorgsame mündliche Verhör und die sorgsame Präparation der nächsten Lektion müssten mit anderen Methoden abwechseln, je nach dem Alter der Schüler, der besonderen Art des Gegenstandes und der Schüler oder dem besonderen Teil des Gegenstandes. Einmal würde der Lehrer eine anregende, anschauliche Darstellung einer Zeit, einer Persönlichkeit, eines Landes, einer Naturerscheinung geben; das andere Mal sich mit einer bloß orientierenden Anweisung zur Lektüre der einen oder anderen Arbeit über den Gegenstand, am besten einer Quellenschrift begnügen; das eine Mal würde er das Referat – seines Vortrages oder des Gelesenen – mündlich verlangen, das andere Mal schriftlich. In einer von mitgeteilten Tatsachen ausgefüllten Lektion würde der Schüler eine Stunde mitschreiben, das andere Mal bloß aus dem Gedächtnis referieren dürfen. Das eine Mal könnte ein aufgegebenes Pensum erklärend vom Lehrer durchgenommen werden; ein anderes Mal würde ein Pensum gegeben, das gar nicht durchgenommen wurde, aber das die Schüler doch fähig wären, auf eigene Hand zu durchdringen und sich anzueignen. Zuweilen würde die Aufgabe in kurzer Zeit zu machen sein, von einem Tag auf den anderen, zuweilen in längerer.

All diese Arbeit würde, wie gesagt, in der Regel in der Schule stattfinden. Aber die Lektüre der Schönlitteratur und aller damit vergleichbaren Bücher muss hingegen zur Hausaufgabe werden, und zwar innerhalb weiterer Zeitbestimmungen. Denn wir wissen alle, dass, was auf uns in dieser Beziehung einen tiefen Eindruck gemacht hat, nur frei Gelesenes war, das, wozu wir uns selbst die Zeit, den Ort und die Stimmung wählen konnten. Und da es ja in diesem Falle auf den Eindruck ankommt, nicht auf die Kenntnisse, ist die Freiheit hier noch wesentlicher als sonst. Die Selbsttätigkeit kann dadurch unterstützt werden, dass der Lehrer, wie es z. B. in Frankreich geschieht, eine vorhergehende Erklärung der Worte und solcher Dinge gibt, die in der Dichtung schwer verständlich sind, und dadurch, dass der Lehrer hier und da durch Vorlesen eines Gedichtes die Lust erweckt, mehr von demselben Dichter kennen zu lernen. Am meisten wirkt ein Gedicht, wenn es unerwartet kommt. Wenn eine Geschichtslektion z. B. dadurch abgeschlossen wird, dass man etwas aus Lenaus Albigensern oder einer anderen historischen Dichtung vorliest, so vergessen die Schüler weder die Dichtung, noch die Episode, die dieselbe behandelt – mögen sie auch sonst alles andere vergessen! Aber die in der Litteraturstunde mitgeteilten Proben gehen zu dem einen Ohr hinein und zum anderen wieder heraus.

Wie ein überzeugter Lehrer dann im einzelnen diese Art konzentrierten und auf der Selbsttätigkeit des Schülers beruhenden Unterrichts durchführen würde, muss sich natürlich aus der Persönlichkeit des Lehrers selbst ergeben. Ich denke mir, dass z. B. der Geschichtslehrer die vorhistorische Zeit nicht schildern, sondern den Schülern irgend eine gute populäre Arbeit darüber in die Hand geben würde und sie einige Museumsbesuche machen Hesse. Dann würde er ein schriftliches Referat verlangen, das der Schüler mit Zeichnungen einiger charakteristischer Typen von alten Gegenständen illustrieren müsste. Hierauf könnte er selbst eine vergleichende Übersicht derselben Periode bei anderen Völkern geben und schließlich, falls ein besonders wissbegieriger Schüler vorhanden wäre, diesem ein Werk über den Urzustand des Menschen in die Hand geben. Jeder Lehrer und jede Lehrerin kann sich leicht in ihrem Gegenstand Analogien zu diesem Verfahren ausdenken. Die Geographielehrerin, die z. B. über Sibirien vorträgt, könnte allen Schülern zum Privatstudium irgend eine gute, allgemeine Schilderung geben; aber den besonders Interessierten würde sie außerdem eine Reiseschilderung über Sibirien, Dostojewskys »Aus dem toten Hause« u. s. w. zur Lektüre empfehlen. Stellte z. B. der Geschichtslehrer Napoleon dar, so könnte in der französischen Stunde eine Arbeit, wie de Vignys »Servitude et grandeur militaire« gelesen werden; während des niederländischen Freiheitskrieges Motleys Arbeit über dieses Thema, Goethes Egmont und Schillers Don Carlos. Ein ganzes Buch könnte über ähnliche Pläne geschrieben werden; mit Vorschlägen, wie die verschiedenen Wissensgebiete sich gegenseitig ausfüllen könnten; wie man Geschichte, Geographie, Litteratur und Kunst miteinander zu verflechten im stande wäre, ebenso wie auf der anderen Seite Geographie und Naturwissenschaft; wie auf diese Weise die verschiedenen Lehrer einander behilflich sein könnten, den Schülern ein volleres Wissen zu vermitteln.

Ich möchte hier zur Diskussion und Prüfung eine Hypothese aufstellen, die ich auf eine umfassende Erfahrung als Zuhörerin sowohl wie als Erzählerin von Märchen gegründet habe. Wenn ich in eine Behauptung, die zu beweisen hier nicht beabsichtigt ist, meine Erfahrung über den genannten Gegenstand zusammenfassen sollte, so wäre es die, dass jene geistige Speise, die für das Kind die anziehendste ist, auch die für dasselbe nahrhafteste sein wird; etwas, das die Physiologie unserer Tage für das organische Dasein des Kindes bewiesen hat und das die Erziehungslehre schon anfängt, bewusst oder unbewusst auf das geistige Gebiet zu übertragen, aber ohne noch recht zu wagen, die Natur für so einfach zu halten, dass sie Bedürfnis und Neigung so nahe verbunden haben sollte. Natürlich kann ebenso wenig behauptet werden, dass nur das für das Kind Fesselndste, z. B. Märchen, seine ganze Erziehung bilden soll, wie die Physiologie behauptet, dass das für das Kind Wohlschmeckendste, z. B. Zucker, seine einzige Nahrung zu bilden habe.

Was jeder Märchenerzähler als ganz besonders anziehend für das Kind finden wird, ist die episch ruhige, klare Anschaulichkeit des Märchens, seine unerschütterliche Objektivität. Und jede Darstellung, die die Aufmerksamkeit des Kindes gewinnen will – sei sie aus der nordischen, der klassischen oder der biblischen Geschichte – muss jene Eigenart des Märchens haben. Es gibt kaum Märchenerzähler, die das Kind so völlig fesseln, wie alte Kinderfrauen. Sie vergessen nie irgend einen malenden Zug im Märchen, sondern geben stets dieselbe breite, volle Darstellung. Und sie erzählen ohne Erklärungen und ohne Anwendung, mit dem eigenen unmittelbar ergriffenen Gefühl der Kinder. Alles, was den ruhigen Gang des Märchens stört, vor allem, wenn sich der Erzähler durch einen Scherz außerhalb desselben stellt, trifft das Kind als ein tiefes Unbehagen. Die Kinder sind immer mehr oder weniger Künstlernaturen, in dem Sinne, dass sie einen Eindruck rein empfangen wollen, nicht als Mittel zu etwas anderem. Und sie wollen an das Märchen glauben. Sie wollen durch dasselbe etwas Wirkliches erleben, während sie gleichzeitig »nein« rufen, wenn man sie fragt, ob sie eine wirkliche Geschichte lieber hören wollen als ein Märchen? Dieser scheinbare Widerspruch erklärt sich dadurch, dass die Darstellung, die das Märchen von der Wirklichkeit, so wie die Kinderphantasie der Völker sie auffasst, gerade die Form ist, in der auch die Phantasie des Kindes sie aufnehmen kann.

Beim Märchenerzählen findet man weiter, dass das für das Kind Anziehende die Darstellung von Handlungen ist; dass es sich nur auf diesem Umwege von Gefühlen und Stimmungen ergreifen lässt. Die Entwickelung des Kindes – das ist eine Wahrheit, die abgedroschen worden ist, bevor man sie sich wirklich angeeignet hat – entspricht im kleinen der der Menschheit im großen. Und daraus folgt, dass die Kinder ebenso naiv Idealismus und Realismus vereinen, wie es die epische Dichtung der Völker tut. Das Große, Gute, Heldenhafte, Übernatürliche ergreift sie am meisten; aber nur in konkreter Gestalt, sinnlich veranschaulicht, mit dem eigenen Kraftreichtum des Lebens, ohne Anpassung an die gegenwärtigen Auffassungen.

Man kann das erproben, wenn man z. B. ein echtes Volksmärchen erzählt und eine Variation von Andersen darüber, mit wenigen Ausnahmen werden die Kinder das erstere einstimmig als »das schönste« bezeichnen.

Was weiter für frische Kinder mit gesundem Appetit anziehend ist, ist ein Viel, aber keineswegs ein Vielerlei.

Zu allererst fragen sie, ob »das Märchen lang ist«, nachdem sie die Hoffnung haben, dass es schön ist; sie hören gerne dasselbe Märchen weiß Gott wie oft; sie haben ein unbewusstes Bedürfnis nach gründlicher Aneignung, sobald das, was man ihnen gibt, mit ihrem Entwickelungsstadium übereinstimmt. Das gilt von allen Gegenständen. Ich kenne Kinder, die die »Ausgewählten Erzählungen« aus der Bibel verabscheuten, mit denen die Morgenandacht eingeleitet wurde, die aber das neue Testament als »Unterhaltungsbuch« lasen; die durch die pädagogischen Auszüge nicht zum Interesse für die nordische Götterlehre erweckt werden konnten, die aber vor Entzücken außer sich gerieten, als ihnen der Inhalt der Edden selbst mitgeteilt wurde u. s. w. Auch darin gleichen die kleinen Kinder den großen, den Künstlern. Die Phantasie der Kinder verlangt volle, ganze, tiefe Eindrücke als Stoff für ihre rastlos bildende und umbildende Arbeit; und ist ihre gesunde Sinnlichkeit nicht durch einen aufgezwungenen Dualismus gestört, so führt sie sie mit bewundernswert sicherem Instinkt dahin, das Gesunde, Reine und Schöne zu wählen, das Ungesunde, Hässliche und Rohe aber zu verwerfen. Schließlich findet man beim Märchenerzählen, dass die Vorliebe der Kinder für *Kontinuität der Eindrücke* ebenso groß ist wie ihre vielbesprochene Vorliebe für Abwechslung. Man hört die Kinder nie sagen: erzähle jetzt ein lustiges Märchen, das vorher war so gruselig! Sondern hat man angefangen, gruselige Märchen zu erzählen, so wollen sie ein gruseliges nach dem anderen haben. Und hat man angefangen, lustige zu erzählen, werden sie gar nicht müde, zu lachen. Die Veränderlichkeit der Kinder bei Spielen, bei Lektüre und Arbeit ist kein so allgemein charakteristischer Zug der Kindernatur, wie man glaubt. Er ist wenigstens nur für jene Kinder besonders charakteristisch, deren Lektüre und Spiele nicht ihrer Natur und ihrer Neigung angepasst sind; die Veränderlichkeit ist in gewisser Weise eine Selbstverteidigung der Natur gegen das unbewusst Nachteilige.

Was das Komische betrifft, so findet man beim Märchenerzählen, dass das Kind den gewecktesten Sinn für das, was man Situationshumor nennen könnte, hat: hingegen haben sie kaum eine Spur von Empfänglichkeit für den auf tieferen seelischen Kontrasten beruhenden Humor, und am allerwenigsten für den selbstironisierenden Humor. Soll eine Erzählung aus ihrer eigenen Welt wirklich Eindruck auf sie machen, so muss sie wie das Märchen voll Leben, Handlung und Überraschungen sein, breit und naiv in der Darstellung ohne merkbare Absichten. Alle Kinderbücher, von denen Kinder das Leben hindurch eine Erinnerung und Eindrücke bewahren, sind solche, die wenigstens in der einen oder anderen Beziehung diese Bedingungen erfüllen. Die übrigen werden von anderen Eindrücken bedeckt, aber dadurch ebenso wenig unschädlich gemacht, wie arsenikhaltige Tapeten durch weiß der Himmel wie viele neue Papierschichten! Man kann sich, was den Humor des Kindes betrifft, leicht durch eine Probe überzeugen. Man kann Kindern die allerkomischste psychologische Kinderanekdote erzählen, und von 99 von hundert wird man höchstens ein »wie furchtbar dumm« hören, während sie sich über eine einfältige Geschichte, die eine Situation darstellt, vor Lachen zerkugeln wollen.

Dass Kinder sich nicht zum Abstrakten hingezogen fühlen, ist auch eine der alten Wahrheiten, für deren Richtigkeit das Märchenerzählen die besten Beweise liefert. Alle noch so gut verkleideten Tugenden und Eigenschaften enthüllen sich wunderbar rasch den Kindern als »langweilig«. Für Fabeln haben Kinder selten Geschmack, am wenigsten jedoch für Abhandlungen. Das Auftreten des Fuchses oder des Bären in einem Märchen oder in einer wirklichen Begebenheit macht sie zu den vertrauten Freunden der Kinder, während selbst die lebendigste und kindlichste Abhandlung über »*Der Bär*« oder »*Der Fuchs*« sie unberührt lässt, falls nicht ihre persönliche Erfahrung vom Lande oder von einem zoologischen Garten ihnen zu Hilfe kommen kann. Diese Wahrheit ist so anerkannt und von so vielen Gesichtspunkten bewiesen, dass ich hier bloß bemerken will, dass auch das Märchenerzählen neue Beweise für dieselbe liefert. Schließlich zeigen die Kinder beim Märchenerzählen eine feinfühlige Empfindlichkeit gegenüber aller Herablassung, allem Herabsteigen zum Standpunkt des Kindes, allem Gemachten in der

Darstellung. In dem Verkehr mit Kindern hat – besonders bei den Repräsentanten einer Entwickelung zum Besseren – die Reaktion gegen die alten Lektionen- und Büffelmethoden eine gekünstelte Naivetät, einen Bilderreichtum und eine Lebendigkeit hervorgerufen, die die Kinder bald als etwas für ihre Rechnung Hergerichtetes, als etwas nicht ganz Echtes empfinden. Diese Art, den Kindern gewißermaßen seine eigene Einbildungskraft zu geben, erschlafft die der Kinder, wenn es auch im Anfange gelingt, sie bei den Lektionen gut zu unterhalten. Denn die Bilder und Vergleiche sowohl wie die Schlussfolgerungen, die ein anderer für sie ausgedacht hat, werden für die Selbsttätigkeit des Kindes hemmend und geraten überdies sehr rasch in Vergessenheit. Es ist damit ebenso wie mit den Spielsachen: die selbstgemachten gewähren unerschöpfliches Vergnügen, während die fertig gekauften gewöhnlich nur zwei Freuden bereiten: das Zeigen und dann das Zerlegen, um das Uhrwerk herauszufinden, die einzige Selbsttätigkeit, die dabei möglich ist. Der Unterricht beginnt in diesem Falle den Kinderspielsachen und den Kinderbüchern zu gleichen; zu vollkommen, zu reich illustriert hindern diese die eigenen, freien Entdeckungsfahrten der Phantasie, und auch die guten Illustrationen gereichen so oft zum wirklichen Schaden, um nun gar nicht davon zu sprechen, wie oft sich die Kinder durch die Bilder enttäuscht fühlen.

Das Maßhalten des Märchens ist auch eine nicht wenig anziehende Eigenschaft für das Kind. Seine Bilder sind mit einigen wenigen bestimmten, oft wiederholten Zügen gezeichnet, der Phantasie bleibt es dann überlassen, das Bild mit Farben zu füllen. Die Einförmigkeit, der Rhythmus und die Symmetrie, die das echte Volksmärchen aufweist, sind für das Kind außerordentlich fesselnd, es genießt Wiederholungen wie »das erste, zweite, dritte Jahr« u. s. w. ganz wie Refrain und Reim in der Poesie.

Aber alle diese Beobachtungen führen zu dem Schlusssatze: dass das jetzige Lesebuchsystem weder das für die Kinder anziehendste ist, noch ihnen am meisten gibt. Anstatt des episch Ruhigen, Einheitlichen bringen die Lesebücher eine unruhige Mischung von allerhand aus der Kinderstube, der Religionslehre, der Poesie, der Naturgeschichte und der Geschichte. Hier und da kommt eine Sage oder ein wirkliches Gedicht, das in Ton und Anschaulichkeit grell von seinen Nachbarn absticht. Anstatt klarer Eindrücke erhalten die Kinder durch diesen Mischmasch getrübte, anstatt Objektivität sittenlehrende Kindergeschichten; anstatt Poesie belehrende Reimerei; anstatt Handlung Erwägung; anstatt viel vielerlei; anstatt Kontinuität der Eindrücke unaufhörliche

Abwechslung; anstatt konkreter Lebenseindrücke Abhandlungen und anstatt Naivetät Herablassung!

Was ist nun für die Entwickelung vom 6. bis zum 16. Jahre die Folge dieses Lesebuchsystems?

Ja, was ist im allgemeinen die Folge für die Entwickelung des Charakters, wenn man von Eindruck zu Eindruck flattert, flüchtig an den verschiedensten Dingen nippt, Bild um Bild vorüberhuschen lässt, ohne irgendwo Halt zu machen?

Man pflegt, was die Erwachsenen anlangt, die Antwort sogleich bei der Hand zu haben, und sie ist so übereinstimmend, dass sie nicht wiederholt zu werden braucht. Aber das, was für die Erwachsenen gilt, das sollte weniger für das Kind gelten? Es gilt für das Kind *viel mehr*! Die Erwachsenen haben gewöhnlich eine Arbeit, eine Aufgabe, etwas Einheitliches, um das die Mannigfaltigkeit sich ordnen kann und wobei Abwechslung manchmal nützlich sein mag. Aber der ganze Schultag des Kindes *ist* Abwechslung, die Art, wie es Kenntnisse aufnimmt, geschieht löffelweise. Hat man da nicht Grund, mit allen Kräften dieser Zersplitterung überall entgegenzuarbeiten, wo sie nicht notwendig ist?

Und sie ist *nicht* notwendig in den Lesebüchern. In den fremden Sprachen sowie in unserer eigenen wird durch ein Buch viel mehr als durch ein Lesebuch das Interesse der Kinder angespornt, ihr Wortvorrat vermehrt. Aber selbst wenn das nicht der Fall wäre, so ist das, was man durch die Lesebücher an flinkerer Fertigkeit in der Muttersprache und in den fremden Sprachen gewinnt, nicht mit dem oben angedeuteten Verlust, den sie für die Entwickelung bedeuten, vergleichbar.

Wenn schon die Schule durch ihren Mangel an Spezialisierung, Konzentrierung, Selbsttätigkeit und Wirklichkeitsberührung unverantwortlich mit den geistigen Kräften der Jugend verfährt, so sind die Gymnasien und Seminarien geradezu Vernichter der Persönlichkeit. Hier, wo nur periodische Tentamina (Kolloquien) vorkommen sollten, wo alle Studien den Charakter der Selbsttätigkeit tragen müssten, hier wird kaum in irgend einer Beziehung der Hunger der Schüler nach Wirklichkeiten befriedigt, ihr Durst, selbst zu sehen, zu lesen, zu urteilen, Eindrücke aus erster Hand zu bekommen, nicht durch fremde Referate!

Auch hier ist gewiss die Leitung des Lehrers nötig; bald um eine überflüssige Arbeit durch einen klarmachenden Überblick zu ersparen; bald um auf eine einseitige Darstellung hinzuweisen, um das Bild vollständig auszufüllen. Manchmal muss der Lehrer durch eine lebensvolle Darstellung aus eigenem Gesichtspunkte anfeuern, durch eine feine, psychologische Studie, ein farbenvolles Zeitgemälde interessieren; ein anderes Mal dem Schüler helfen, die Gesetze zu finden, die die Erscheinungen beherrschen, welche er durch eigene Erfahrung kennen gelernt hat: oder die Vergleiche anzustellen, zu denen die Erfahrungen Anlass geben. Auch hier muss das mündliche und das schriftliche Referat große Bedeutung erlangen.

Aber das Ziel des ganzen Unterrichts hier sowie in der Schule darf nicht in Examen und Zeugnissen bestehen, die von der Erde ausgetilgt werden müssen; sondern das Ziel wäre: dass die Schüler selbst aus erster Hand ihre Kenntnisse einholten, ihre Eindrücke erhielten, ihre Ansichten bildeten, sich zu ihren geistigen Genüssen durcharbeiteten, anstatt sie wie jetzt ohne alle Mühe durch den »interessanten«, oft schlaff angehörten und rasch vergessenen Vortrag der Lehrer über fünf Gegenstände an jedem Vormittag zu erlangen.

Fakten entgleiten jedermanns Gedächtnis – und am raschesten dem Gedächtnis derer, die nach dem Mixtur- und Teelöffelsystem gelernt haben. Aber Bildung ist glücklicherweise nicht bloß Kenntnis von Fakten, sondern nach einem vortrefflichen Paradoxon »das, was übrig ist, wenn wir alles, was wir gelernt haben, vergessen haben«.

Je größer der Reichtum an solchem bleibenden Gut ist, desto größer ist der Nutzen des Studiums; mit je mehr inneren Bildern, vibrierenden Gefühlen und Ideenverbindungen, mit je mehr suggestiv wirkenden Eindrücken wir erfüllt wurden, desto mehr Entwickelung haben wir durch ein Studium für unsere Persönlichkeit gewonnen. Und dass die Schüler in dieser Beziehung so wenig gewinnen, wenn sie auch alle Schulen mit »Vorzugszeugnissen« durchmachen, das ist die ernste Schädigung, an der sie ihr Leben lang zu tragen haben. Das schön geordnete, etikettierte Schachtelwissen der Examina geht nur zu bald verloren. Der jedoch, der durch freie Wahl und selbständige Arbeit Wissbegierde und Arbeitstauglichkeit beibehalten hat, kann dann leicht die Lücken ausfüllen, die diese Studienmethode in Bezug auf Kenntnisse hinterlassen hat.

Nur der, der durch das Wissen einen Blick für den großen Zusammenhang im Dasein erhalten hat, den Zusammenhang zwischen der Natur und dem Menschenleben, zwischen der Jetztzeit und der Vorzeit, zwischen Völkern und Ideen, kann seine »Bildung« nicht verlieren. Nur der, der durch die geistige Nahrung, die er erhalten, klarer sieht, feuriger fühlt, des Lebens Reichtum ganz erfasst, hat wirklich »Bildung« erworben. Diese Bildung kann in der regellosesten Weise errungen sein; vielleicht an der Kaminflamme oder auf der Wiese; am Meeresstrand oder im Walde; sie kann aus alten Scharteken oder aus der Natur selbst geholt sein; sie kann große Lücken und viele Einseitigkeiten aufweisen – aber wie lebendig, persönlich und reich ist sie nicht gegen diejenigen, die in dem fünfzehnjährigen Lehrkurs-Kreislauf mit zugebundenem Munde das Getreide auf fremden Feldern gedroschen haben!

Die Zeit ruft nach »Persönlichkeiten«, aber sie wird vergebens rufen, bis wir die Kinder als Persönlichkeiten leben und lernen lassen; ihnen gestatten, einen eigenen Willen zu haben, ihre eigenen Gedanken zu denken, sich eigene Kenntnisse zu erarbeiten, sich eigene Urteile zu bilden; bis wir mit einem Worte aufhören, in den Schulen die Rohstoffe der Persönlichkeiten zu ersticken, denen wir dann vergebens im Leben zu begegnen hoffen.

6. Die Schule der Zukunft

Ich möchte hier in kurzen Zügen meine Träume von einer Zukunftsschule schildern, in der die Seelen eine freie volle Selbstentwickelung erhalten könnten. Ich sage absichtlich Träume, damit man nicht glaube, dass ich den Anspruch erhebe, im folgenden ein Reformprogramm für die Gegenwart zu geben.

Mein erster Traum ist, dass der Kindergarten und die Kleinkinderschule überall durch den häuslichen Unterricht ersetzt wird.

Zweifellos hat die ganze Bewegung, deren Resultat unter anderem das Pestalozzi-Fröbelhaus und andere diesem nachgebildete Anstalten sind, den tief eingreifenden Einfluss ausgeübt, bessere Erzieherinnen heranzubilden. Aber als ein großes Unglück betrachte ich die zunehmende Neigung, die Krippe, den Kindergarten und die Schule als den *idealen Erziehungsplan* anzusehen. In jeder Diskussion über die Arbeitsmöglichketten der Frau im öffentlichen Leben wird nun hervorgehoben, dass dieser Plan die Mütter von der Pflege der Kinder – und die Kinder von der schlechten Pflege der Mütter!! – befreien und den Frauen Arbeitsmöglichkeiten außerhalb des Hauses geben wird. Als einen Mittelweg schlägt eine amerikanische Schriftstellerin[26] vor, dass jede pädagogisch begabte Mutter eine Gruppe Kinder neben ihren eigenen betreuen solle. Aber was die eigenen unter solchen Verhältnissen erhalten, das ist genugsam durch die armen Kinder bekannt, die in Erziehungsanstalten aufgewachsen sind, in denen ihre Eltern Vorsteher waren, und durch die armen Eltern, die darunter litten, unter diesen Verhältnissen für die eigenen Kinder nicht zuzureichen.

Es ist vollkommen wahr, dass unter den *jetzigen* Verhältnissen, mit unzähligen außer Hause arbeitenden, für ihre Pflichten schlecht vorbereiteten Müttern, die Krippe und der Kindergarten für viele Kinder ein Segen war und es noch immer ist. Und irgend ein Typus des Kindergartens wird vielleicht immer als Notbehelf für besondere Verhältnisse nötig sein, z. B. bei dem Mangel an Spielkameraden für ein Kind, bei der Unlust oder der Unfähigkeit einer Mutter, selbst zu erziehen, einer Unfähigkeit, die gewöhnlich die Folge einer allzu beweglichen, allzu willensschwachen oder allzu schwermütigen Veranlagung ist.

26 Ch. Stretton: Women and Economics.

In vielen Fällen kann man noch Mary Wolstonecrafts vor hundert Jahren getanem Ausspruch beipflichten: »dass, wenn die Kinder nicht schon physisch von ihren unwissenden Müttern gemordet worden sind, sie psychisch durch die Unfähigkeit der Mütter, zu erziehen, zu Grunde gerichtet werden; dass, nachdem die Mütter in den sechs ersten Jahren, in denen die ganze Charakterentwicklung der Kinder bestimmt wird, dieselben den Händen der Dienstboten überlassen haben – Dienstboten, deren Autorität überdies oft durch die Art, wie man sie behandelt, untergraben wird – man die Kinder der Schule übergibt, die die Unarten zähmen soll, die die Wachsamkeit der Mutter hätte verhüten können, und die sie mit Mitteln zähmt, die ihrerseits den Grund zu aller Art von Lastern legen!« Aber weil solche Fälle noch häufig sind, weil es immer Mütter ohne erzieherische Fähigkeiten geben wird, dass nicht die Mehrzahl der Frauen zu Erzieherinnen herangebildet werden könnten, wenn der Entwickelung der Frau einmal dieses Ziel gesetzt würde, das wäre doch eine übereilte Annahme, zu glauben! Eine neue Generation erzogener Mütter zu bilden, die unter anderem die Kinder vom Kindergartensystem befreien sollen, das ist eine der Aufgaben der Zukunft. Dadurch, dass man die Kinder schon im Alter von zwei und drei Jahren in Herden behandelt, sie in Herden auftreten, nach einem Plan arbeiten, dieselben kleinen, dummen und unnützen Arbeiten machen lässt – dadurch glaubt man jetzt Menschen zu bilden, während man tatsächlich Nummern exerziert! Hat man selbst als Kind am Strande oder im Walde gespielt, in einem geräumigen Kinderzimmer oder in einer Bodenrumpelkammer, und andere Kinder so spielen gesehen, dann weiß man, welchen hundertfachen Wert ein solches freies Spiel für die Vertiefung der Seele, für die Unternehmungslust und die Phantasie hat, im Vergleiche mit den von Erwachsenen angeordneten und unterbrochenen Spielen und Beschäftigungen. Diese gewöhnen die Kinder, sich in Herden zu unterhalten – eine Gewohnheit, die zu den geistigen Pöbelzeichen gehört – anstatt sich allein in der Einsamkeit zu vergnügen; und sie eifert sie an, Überflüssigkeiten hervorzubringen und sich noch dazu einzubilden, dass das »Arbeiten« sind! Die Kinder zu lehren, all die unzähligen Unnötigkeiten zu verabscheuen, die jetzt das Leben entstellen und verkünsteln, sie zu lehren, dasselbe zu vereinfachen und seine großen Werte zu suchen – das soll die Aufgabe der Erziehung sein. Das Kindergartensystem ist jedoch im Gegenteil eines der geeignetsten Mittel, um schwache Dilettanten und zähe »Herdenmenschen« heranzubilden!

Ist bis auf weiteres oder auch in Zukunft ein Kindergarten nötig, so lasse man ihn ein Platz für die Kinder sein, wo diese dieselbe Freiheit wie Kätzchen oder Hündchen haben, für sich selbst zu spielen, sich selbst etwas auszudenken, und wo sie nur mit Mitteln versehen werden, etwas auszuführen, und mit Kameraden, um mit ihnen zu spielen. Man lasse eine kluge Frau daneben sitzen und zusehen, und nur dann eingreifen, wenn die Kinder im begriffe sind, sich selbst oder einander Schaden zuzufügen; sie gebe ihnen hier und da eine Handreichung, erzähle ihnen ein Märchen oder lehre sie ein lustiges Spiel, aber sei im übrigen anscheinend ganz passiv, jedoch unermüdlich aktiv in der Beobachtung der Charakterzüge und der Anlagen, die das Spiel nur in dieser freien Form offenbart. In gleicher Weise sollte die Mutter die Spiele der Kinder beobachten, ihre Behandlung der Spielkameraden, ihre Neigungen und soviel Material als möglich sammeln, während sie sich so wenig als möglich einmischt. Diese andauernde, allseitige, anstrengende, passive Beobachtung verschafft schließlich der Mutter eine halbwegs genaue Kenntnis des Kindes; ganz lernt ein Wesen niemals das andere kennen, nicht einmal, wenn es ihm das Leben gegeben hat, nicht einmal, wenn es ihm täglich aufs neue das Leben schenkt, um das volle Glück der geistigen Mutterschaft zu erreichen! Es ist eine treffende Äußerung, dass, sowie man das Gebären eines Kindes als das Zeichen der physischen Reife ansieht, das Erziehen eines Kindes das der psychischen Reife ist. Aber durch den Mangel an psychologischer Einsicht verbleiben die meisten Eltern ihr ganzes Leben lang unreif. Sie können die besten Grundsätze, die eifrigste Pflichttreue gepaart mit einer Staarblindheit gegen die Natur der Kinder haben, gegen die wirklichen Ursachen ihrer Handlungen und gegen die verschiedenen Verbindungen, die gewisse Eigenschaften mit einander eingehen.

Um nur ein paar der gröbsten Irrtümer zu erwähnen, so wird oft das kleine Kind, das voll Interesse seine eigene Identität im Spiegel studiert, gefallsüchtig genannt; das Kind, das – aus Furcht oder Verwirrung bei einer harten oder unverstandenen Anrede – nicht antwortet oder gehorcht, trotzig. Das Kind, das seine Handlungen in jenen kleinen Dingen, in denen das Gedächtnis täglich die Erwachsenen im Stich lässt, nicht erklären kann, wird als lügnerisch angesehen, und wenn es, bevor es einen Begriff des Eigentumsrechtes hat, maust, erklärt man es für diebisch. Das Kind, das sagt, es wisse, dass es schlimm sei und wolle es sein, wird als frech und verhärtet betrachtet – während dies gerade eine Selbsterkenntnis und einen Charakter zeigt, an die man mit bestem Resultat appellieren könnte. Das Kind, das, in Gedanken versunken, die kleinen Dinge des Alltagslebens vergisst, nennt man gedankenlos. Und selbst wenn das Kind wirklichen Eigensinn oder Lügenhaftigkeit oder Trägheit zeigt, werden diese Fehler als etwas Losgelöstes behandelt, während sie doch oft nur von einem anderen, tiefer liegenden Fehler verursacht sind, gegen den man sich zu richten hätte, oder von einer guten Eigenschaft, die man zerstören kann, wenn man den Fehler mit ungeeigneten Mitteln bekämpft.

Aber auch jene Eltern, die mit mehr psychologischer Einsicht als die früherer Zeiten die Kinder jetzt beobachten, sind außer stande, sie zu studieren, wenn diese vom zartesten Alter an dem Kindergarten und der Schule angehören. Aus dem Mangel an Einsicht leiten sich dann die Irrtümer her, die ihrerseits den oft tiefen Antagonismus zwischen Kindern und Eltern veranlassen, der jetzt so viele Häuslichkeiten verbittert. Nur die Mutter und der Vater, die mit Ehrfurcht vor der Individualität ihrer Kinder eine das ganze Leben hindurch rege Beobachtung derselben verbinden, können den jetzt typischen Irrtum vermeiden, Weintrauben vom Dornenbusch zu verlangen, anstatt sich mit der Hagebutte zu begnügen! Nicht schaffen zu können, wo es keinen Stoff zum Schaffen gibt, aber fähig zu sein, die Eigenschaften zu entwickeln, die man in dem Naturgrund seines Kindes entdeckt, das ist die Resignation und der Optimismus, den einsichtsvolles psychologisches Studium mit sich bringen wird. Und das wird vielen – für Eltern wie Kinder gleich peinlichen – Bemühungen in jenen Richtungen, in denen die Energie unbelohnt bleibt, Einhalt tun.

Aber das Studium der Psychologie eines Kindes, begonnen bei seiner Geburt, fortgesetzt bei seinen Spielen, seiner Arbeit, seiner Ruhe, ein tägliches, vergleichendes Studium, verlangt einen ganzen Menschen. Es ist nur für eine Person möglich, die einige wenige Kinder unter ihrer Obhut hat; in Herden ist es unmöglich, um so unmöglicher, als das Kind in der Herde dieser mehr oder weniger gleicht, was die Beobachtung noch erschwert.

Der Kindergarten ist nur eine Fabrik, und dass die Kinder dort »modellieren« lernen, anstatt nach eigenem Geschmack ihre Lehmkuchen zu bilden, ist typisch für das, was das kleine Menschenmaterial selbst durchmacht. Von dem Erdgeschoss der Fabrik werden dann die gedrechselten Gegenstände in das nächste Stockwerk hinaufgeschickt, die Schule, und aus dieser gehen sie dann – zwanzig aufs Dutzend hervor!

Mit allen Kräften dieser Dutzendarbeit entgegenzuarbeiten, der sich unsere Zeit auf allen Gebieten zuneigt, das sollte das Ziel der Schulerziehung sein; so viele individuelle Schulmethoden wie möglich zu schaffen, das könnte die Dutzendmenschen vielleicht auf elf aufs Dutzend reduzieren?!

Solange es noch Großstädte gibt, muss man den armen Kindern dort zu den Möglichkeiten der Landkinder verhelfen, sich aus der sie umgebenden Welt Spielsachen zu machen, und durch die Obliegenheiten des eigenen Heims wirkliche »Arbeit« zu erhalten, nicht die mit dem Ernst der Wirklichkeit ganz zusammenhanglose Spiel-»Arbeit« des Kindergartens. Eine kluge Mutter oder Lehrerin entnimmt dem Kindergartensystem gerade so viel, dass sie die Kinder lehrt, die Natur und alles andere, was sie umgibt, zu beobachten, dass sie zuweilen ihre Tätigkeit mit dem einen oder anderen nützlichen Zweck verknüpft, ihr Vergnügen mit der einen oder anderen Erkenntnis.

Der Fröbelsche Satz:

> Lasst uns für die Kinder leben!

muss in den inhaltsreicheren verwandelt werden:

> Lasst uns die Kinder leben lassen!

Und das bedeutet unter anderem, sie von der Dressur des Einlernens, von den Formen der Methodik, von dem Druck der Herde in den Jahren zu befreien, wo die stille, verborgene Seelenarbeit ebenso bedeutungsvoll ist wie das Wachsen des Samens in der Erde! Das Kindergartensystem ist hingegen das Hervortreiben des Samens auf einem Teller, wo er sich recht niedlich ausnimmt – bis auf weiteres!

Die Seelen der Deutschen werden schon im Kindergarten für die Uniform einexerziert, und überhaupt ist es überall die Schule mit ihrem Kameraden- und Korpsgeist, die der öffentlichen Gewissenlosigkeit den Weg bahnt. So gelangt die moderne Gesellschaft dahin, die Verbrechen aller vergangenen Zeitalter zu reproduzieren, sie auch durch im Privatleben gewissenhafte Menschen zu reproduzieren. Denn die großen Gewissenlosen, die die verbrecherische Richtung angeben, würden niemals die Masse in Bewegung setzen können, wenn sie nicht bis auf weiteres eben *Masse* wäre, dazu geschaffen, kollektiven Ehrgesetzen, kollektiven patriotischen Gefühlen, kollektiven Pflichtbegriffen zu folgen. Das Kind lernt gehorsam gegen seine Schule sein, loyal gegen seinen Kameradenkreis, ebenso wie später gegen seine Universität, sein Korps, sein Amt – lernt das früher, als gegen sein eigenes Gewissen, sein eigenes Rechtsgefühl, seine eigenen Impulse ehrlich zu sein. Es lernt ein Auge zudrücken, beschönigen, verleugnen, was der eigene Kameradenkreis, das eigene Korps, das eigene Land sündigt.

Und so erhält die Welt ihre Dreyfusaffairen und ihre Transvaalkriege. Will man Menschen erzielen, nicht Masse, dann gilt es wirklich, das Erziehungsprogramm des großen Staatsmannes Stein zu befolgen, nämlich »*alle* jene Impulse zu entwickeln, von denen Wert und Stärke des Menschen abhängen!!« Und das geschieht nur, wenn man schon so früh wie möglich das Kind die Freiheit und die Gefahr der eigenen Wahl lehrt, das Recht und die Verantwortung des eigenen Willens, die Bedingungen und Aufgaben der eigenen Prüfung – all das also, dem schon der Kindergarten unbewusst entgegenarbeitet, und das nur ein Heim hervorarbeiten kann. Jedes Individuum allein seinem Gewissen gegenüberzustellen, das ist das höchste Resultat der Erziehung. Und das schließt keineswegs aus, dass dasselbe Individuum Schritt für Schritt das Glück und das Bedürfnis erfahren kann, ein dienender Teil eines Ganzen zu sein, zuerst im Hause, dann im Kameradenkreis, im Vaterlande und schließlich in der Welt. Der Unterschied ist der, dass der Mensch in dem einen Falle eine lebende Zelle wird, die bei dem Aufbauen lebender Formen mitwirkt, im anderen Falle ein Ziegelstein, mit dem gebaut wird!

Aber nicht nur in Bezug auf Entwickelung zu Individualität, sondern ebenso sehr in Bezug auf Gefühlskultur stehen Kindergarten und Schule hinter dem Elternhause zurück. In seinem geschlossenen kleinen Kreis kann das Gefühl innig werden; da kann sich die Zärtlichkeit durch die Handlungen entwickeln, die die Wirklichkeiten des häuslichen Lebens verlangen, während der Kindergarten und später die Schule die Kinder von den natürlichen, privaten Pflichten befreien und ihnen gewisse Forderungen eintrichtern, die in Herden erfüllt werden können. Da kommt das Kind in eine Menge oberflächliche Verhältnisse, und dies hat wieder die Veräußerlichung des Gefühles zur Folge, die die große Gefahr des in zartem Alter beginnenden Schullebens ist, so wie ein zu einseitiges häusliches Leben die Gefahr mit sich bringt, das Gefühl allzu sehr zu konzentrieren. Darum ist die häusliche Erziehung in den Jahren, wo das Gefühl seine Konsistenz, seine lebenentscheidende Kultur erhält, von ebenso großem Gewicht, wie später ein gutes Kameradenleben, wenn die Kinder das zwölfte Jahr überschritten haben. Alle intellektuelle Ausbildung nach den vortrefflichsten Methoden, alle sozialen Gefühle sind wertlos, wenn sie nicht als Grundlage die Kultur des individuellen Gefühls haben. Man muss irgendwo im Körper ein

Herz besitzen, um auch im Kopfe ein wirkliches Gleichgewicht zu haben. Und nur derjenige, welcher gelernt hat, einige wenige so tief zu lieben, dass er für sie sterben kann, wird im stande sein, für viele schön zu leben.

Aber nicht nur den Kindergarten, auch die Kleinkinderschule möchte ich ins Haus verlegt sehen. Dort kann man die Rücksichten nehmen, die eine allgemeine Schule nie beobachten kann; dort kann das Kind mit der Nahrung verschont werden, die es nicht verlangt hat, und die es zu dem Zeitpunkt, zu dem es sie jetzt in der Regel erhält, nicht braucht. Man wird in der häuslichen Schule das eine Kind spät anfangen lassen zu lesen, das andere zeitig; die Tätigkeitslust des einen und den Buchhunger des anderen befriedigen; die körperliche Entwickelung und den nach außen gekehrten Wirklichkeitssinn durch häusliche Arbeiten, Spiele und Wanderungen in der Natur berücksichtigen. Erst dann soll man anfangen, zu unterrichten, wenn das Kind selbst verlangt, etwas zu hören oder etwas zu tun, wozu ihm nur Kenntnisse verhelfen können. Das Kind wird mit doppelter Leichtigkeit mit zehn Jahren das lernen, was es jetzt mit acht lernt, mit acht, was es jetzt mit sechs lernt, wenn es mit entwickelter Beobachtung und reger Tätigkeitslust zum Studium kommt. Und da eine Schule niemals volle Einsicht in die Eigenart der Persönlichkeit erhalten kann; in die verschiedene Art, die die richtige zur Mitteilung der Kenntnisse für die eine oder die andere Natur ist; in den richtigen Zeitpunkt für das Aufnehmen eines Gegenstandes oder für das Ausruhen von demselben, so verbleibt die häusliche Schule mit einer kleinen Gruppe gut gewählter Kameraden immer der ideale Unterricht. Nur da kann alle Rücksicht auf die Individualität genommen werden, durch die große Rücksichtslosigkeit gegen Stundenpläne und Kurse, ohne die ein wirklich lebendiger Unterricht nicht möglich ist. Die Vorteile, die die moderne Schule vor dem Hause voraus hat, sind kaum der Rede wert. Die »Ordnung« der Schule, ihre »Methode«, ihr »System«, ihre »Disziplin« – die von den Vertretern der Schule als ihre Vorzüge gepriesen werden – sind von meinem Gesichtspunkte aus lauter Nachteile. Die Gewöhnung an Pflichterfüllung, Arbeit und geordnete, pünktliche Tätigkeit, die zu einer gesunden Erziehung gehören, kann die häusliche Schule mit viel weniger gekünstelten Mitteln erzielen. Ein anderer eingebildeter Vorzug der Schule ist, dass das Kind dort Mitglied einer kleinen Gemeinschaft wird, die es soziale Pflichten lehrt! Aber das Haus ist die natürliche Gemeinschaft, wo das Kind in vollem Ernst die sozialen Pflichten der Hilfsbereitschaft und

Tätigkeit lernt, während die jetzige Schule nur künstlich die häusliche soziale Erziehung ersetzt, die Schule und Hausaufgaben dem Kinde jetzt rauben. Was die Schule jetzt an eigentlichem Wert gibt – das Kameradenleben – kann die häusliche Schule ohne die Gefahren desselben ebenfalls bieten. Und mit diesen Gefahren meine ich nicht nur schlechte Einflüsse, sondern vor allem die kollektive Verdummung, die durch den starken Meinungsdruck entsteht, den die Herde ausübt; die Furcht vor der »allgemeinen Meinung«, vor der Lächerlichkeit, zu der der Grund schon in den für solche Einflüsse so ungeheuer empfänglichen Kindheitsjahren gelegt wird. Die geringste kleine Abweichung in der Kleidung, im Geschmack wird schonungslos kritisiert, und würde man eine Enquête über die Leiden der Kinder durch die Tyrannei des Kameradenlebens anstellen, eine Tyrannei, die bald in härteren, bald in milderen Formen auftritt – so würde das Vorurteil, dass die Schule in dieser Beziehung unersetzlich sei, wohl erschüttert!

Dazu kommt, dass der nivellierende Druck der gleichförmigen Disziplin die Persönlichkeit von oben niederdrückt, während das Kameradenleben sie von allen Seiten einpresst. Jeder Bemerkung über die formelle Pedanterie wird ja mit der Antwort begegnet: »In einer Schule ist es ja unmöglich, den Kindern das zu erlauben, was in einem Hause geschehen kann; denken Sie doch, wenn alle Kinder in der Schule ihre Bleistifte spitzen dürften, oder Worte in ihren Aufsätzen ausstreichen, oder ...« Ich verzichte darauf, fortzufahren! Hundert kleinliche Regeln »müssen« der Ordnung, der Disziplin wegen aufrecht erhalten werden, heißt es. Und wenn auch die Regeln ganz gut auf ein Viertteil ihres jetzigen Kubikinhalts reduziert werden könnten, so ist doch der Druck der Gleichförmigkeit auch in der besten Schule fühlbar. Je später, mit je größerer individueller Widerstandskraft jeder diesem Druck begegnet, desto besser.

Die erste Erziehung muss darauf hinzielen, die Individualität zu stärken. Die ganze biographische Litteratur bildet eine fast einstimmige Zeugnisaussage dafür, wie bedeutungsvoll es ist, dass die abplattende »Gesellschaftserziehung« der Schule nicht zu zeitig beginne! Dass sie es jetzt tut, ist eine der Ursachen der Erfahrung, die man nun immer häufiger macht, dass man nämlich »so viele kluge Kinder, aber so viele dumme Menschen trifft«, um Dumas' bekannte Äußerung anzuführen.

Fast alle großen Männer und Frauen, die selbstdenkend und selbstschaffend waren, haben ihre Bildung teils gar nicht in der Schule, teils mehr oder weniger spät, teils mit längeren oder kürzeren Unterbrechungen, teils in *verschiedenen* Schulen erhalten. Meistens war es der Zufall, die lebendige Anschauung, das im geheimen gelesene Buch, die eigene Wahl des Stoffes, die dem Ausnahmemenschen seine Bildung gegeben haben. Goethes Erziehung ist in diesem Falle ideal, wenn man von einiger Pedanterie auf Seiten des Vaters absieht. Am Arbeitstisch seiner Mutter lernt er die Bibel kennen; französisch lernt er von einer Theatertruppe; englisch von einem Sprachmeister zusammen mit dem Vater; italiänisch, indem er die Schwester in dem Gegenstande unterrichten hört; Mathematik von einem Freunde des Hauses, und Goethe wendet sie sogleich an: zuerst bei seinen Papparbeiten, später bei seinen architektonischen Zeichnungen. Er führt seine Aufsätze in Form eines Briefwechsels in verschiedenen Sprachen zwischen mehreren, in verschiedene Länder zerstreuten Geschwistern aus, und er studiert eifrig Geographie in Reisebeschreibungen, um den Schilderungen Lokalfarbe geben zu können! Er wandert mit dem Vater herum, lernt verschiedene Handwerke beobachten, kleine Aufträge ausführen u. s. w.

Aber, wendet man ein, alle Menschen sind nicht Genies, und gerade die Mehrzahl, diejenigen, denen ausgesprochene Begabung fehlt, brauchen die Schule. Glaubt man denn, dass der Zusammenhang zwischen der Originalität und dem unregelmäßigen Schulbesuch ein *zufälliger* ist?! Wieviel Verwässerung von Originalität hat die Schule nicht auf ihrem Sündenregister? Und überdies ist auch für jene, denen Originalität fehlt, das oben angeführte Argument eine Bestätigung des Bibelwortes, das dem, der nichts hat, auch das Wenige genommen wird; der, welcher keine ausgeprägte Persönlichkeit besitzt, wird in der Schule gezwungen, das Geringe, was er sein eigen nennen mag, zu verlieren.

Die frühere Schule, mit ihrem Auswendiglernen weniger Gegenstände, mit ihren oft schlechten Lehrern – bei denen man schlafen oder schwindeln konnte – mit ihrer relativen, um das Latein konzentrierten Einheitlichkeit, erscheint uns barbarisch. Aber sie war unschädlicher für die Persönlichkeit als die jetzige mit ihren gründlichen Präparationen, ihren interessanten Lektionen, ihren vervollkommneten Methoden, ihren ausgezeichneten Lehrern, die dem Schüler jedes Steinchen aus dem Wege räumen und ihm seine geistige Nahrung so schmackhaft bereitet wie möglich geben, ja sogar schon gekaut! *Diese* gute Schule ist es, die durch die Übertreibung der Vielfältigkeit den Grund zur Nervosität unserer Zeit legt und durch die dort herrschende geistige Trägheit die Negativität unserer Zeit verschuldet!

Das stillste, gehorsamste Kind ist das beste Schulkind. Das heißt, die unpersönlichsten und farblosesten werden immer »Muster« – und so werden schon in der Schule die Wertbegriffe verzerrt. Je mehr Körper und Seele sich passiv, leicht dressierbar und rezeptiv zeigen, desto bessere Resultate vom Gesichtspunkt der Schule aus. Die Unfugstifter, die trotzig Individuellen, die einseitig Originellen sind in der Schule immer Märtyrer ihrer Tätigkeitslust, ihres Widerspruchsgeistes, ihrer »Tollheiten«. Nur eine bestimmte Art leichter, liebenswürdiger, allgemein begabter Naturen kann mit halbwegs bewahrter Eigenart durch die Schule durchschlüpfen und gleichzeitig gute Fleiß-, Sitten-, Ordnungs- und Fortgangszeugnisse erlangen.

In die ausgezeichnete moderne Schule wird das zarte Persönlichkeitsmaterial eingefügt – oder richtiger, es wird in Wind und Wellen hinausgeschleudert, wie ein kleines Steinchen am Strande. Da wird es von einem Wellenschlag nach dem anderen getroffen, Tag für Tag, Semester für Semester! Platsch – fünfundvierzig Minuten Religion; platsch – ebensoviel Geschichte; platsch – ebensoviel Slöjd; platsch – ebensoviel Französisch; platsch – ebensoviel Naturkunde! Am nächsten Tage neue Gegenstände in neuen kleinen Spritzern! Am Nachmittage Hausaufgaben und Schreibereien – ebenfalls vorbereitet und »disponiert« – und dann mit der größten Genauigkeit korrigiert, so wie die vorbereiteten Lektionen nach der vortrefflichsten Methodik abgefragt werden, nachdem sie schon zu Hause von der Mutter überhört worden sind! Unter diesen Sturzwellen werden die Hirne betäubt, die Seelen verdummen und verstummen, die der Lehrer wie die der Schüler. Auch die lebensvollsten Lehrer bewegen sich in einem Käfig von Forderungen und Vorurteilen, von unbedingten »Notwendigkeiten« und methodischen »Prinzipien«. Nur hie und da rettet einer seine Seele durch totale Skepsis. Andere erheben die Kleinlichkeitskrämerei zur Seligkeitslehre. Andere wieder sind unverdrossen bestrebt, in Einzelheiten zu verändern, Detailverbesserungen zu besprechen! Aber jede tiefe Neugestaltung – das heißt, jede Neugestaltung, die das Prinzip trifft, nicht die Methoden – scheitert an dem vom Staate aufrecht erhaltenen System: an der fügsamen Unterwerfung der Eltern unter dieses System; an der Unfähigkeit der Pädagogen, die Folgen des Systems voll zu überblicken; an der Abneigung aller gegen radikale Heilmittel.

Das Ziel der Schule – wie das des Hauses und der Gesellschaft – sollte darin bestehen, unter stets vermehrter Kraft und stets wachsendem Glück, unter fortgesetzter Bekämpfung aller lebensverringernden Einflüsse das Leben in seiner Entwickelung zu immer höheren Formen zu fördern.

Aber die jetzige Schule wirkt diesem Ziel entgegen. Es ist Selbstbetrug, wenn man die Anzahl der Schulen, ihr vortreffliches Material u. s. w. als Beweis für die Bildung eines Volkes anführt! Wie man in der Schule unterrichtet; wie man das Material gebraucht; welche Gegenstände dort betrieben werden – das ist das Entscheidende!

Für das Kind wie für den Erwachsenen gilt Goethes Wort, dass Glück die Entwickelung unserer Fähigkeiten ist. Worin diese bestehen, das kann man bei dem begabten Kinde früh entdecken, und so sein Glück dadurch sichern, dass man ihm die Möglichkeit einer solchen Entwickelung gewährt. Aber es gibt auch allgemeinmenschliche Fähigkeiten, die jedem normalen Menschen eigen sind, und aus deren Entwickelung ihm sein Glück erwachsen könnte. Unter diesen Fähigkeiten ist z. B. das Gedächtnis, das der moderne Mensch beinahe zu Grunde gerichtet hat. Wir streuen, sagt Max Müller, täglich Asche auf die Glut der Erinnerung, während die Menschen der Vergangenheit es vermochten, unsere jetzigen Litteraturschätze im Gedächtnis zu behalten! Zu diesen Fähigkeiten gehört z. B. die Denkkraft, nicht in dem Sinne des philosophischen Denkens, sondern in dem einfacheren der Beobachtung, der Schlussfolgerung und des Urteils. Und vor allem ist das Gefühl eine dieser von der modernen Schule unterdrückten allgemein-menschlichen Fähigkeiten!

Es gehört zu den grundfalschen Vorurteilen auf dem Gebiete der Pädagogik, dass Mathematik und Grammatik die Verstandesfähigkeiten entwickeln. Dies geschieht erst, wenn man in diesen Gegenständen ein höheres Stadium erreicht hat. Aber es gibt keinen Menschen, der ernsthaft behauptet, dass er – in Bezug auf Natur oder Menschen – bei einer einzigen Beobachtung einem einzigen Schlusssatz, einem einzigen Urteil, mittelbar oder unmittelbar Nutzen von den Thesen und Hypothesen, den Sätzen und Problemen, den Regeln und Ausnahmen gehabt hat, die in der Mathematik und in der Grammatik in seiner Kindheit sein Hirn belastet haben. Und ich habe von Mathematikern und Sprachforschern dieselbe Ketzerei gehört, die ich hier ausspreche, dass Mathematik und Grammatik, wenn sie nicht als Wissenschaften getrieben werden, auf ein äußerstes Minimum eingeschränkt werden sollen. Hat man mathematische Begabung, dann bereitet natürlich das Studium der Mathematik Genuss durch die Entwickelung einer Fähigkeit nach einer gewissen Richtung hin; hat man sprachliche Begabung, so gilt dasselbe vom Sprachenstudium. Aber ohne eine solche spezielle Begabung bleiben diese Gegenstände bar allen Bildungswertes, denn die Beobachtung, die Schlussfolgerung, das Urteil sind ebenso unentwickelt, wie bevor das Problem gelöst oder die Regeln gelernt wurden!

Das Leben – das Leben der Natur und des Menschen – das allein erzieht fürs Leben. Was die Welt der Natur und die Welt des Menschen an Lebensformen, an Schönheitsbildern, an Arbeitsweisen, an Entwickelungsverläufen bietet – das kann durch die Naturkunde, die Geographie, die Geschichte, die Kunst und Litteratur dem Gedächtnis wirkliche Werte geben, den Verstand lehren, zu beobachten, zu unterscheiden und zu urteilen, das Gefühl, zu glühen und mit seiner Wärme den verschiedenen Stoff zu jener Einheit zu verschmelzen, die allein Bildung ist. Wirklichkeiten – das ist mit einem einzigen Worte das, was Haus und Schule den Kindern in großen, reichen, warmen Strömen geben sollten, ohne diese Ströme durch Methodik, Systematik, Kurseinteilungen und Examina zu kanalisieren und einzudämmen.

Ich habe nie von einer pädagogischen Diskussion gelesen, ohne dass die schönen Worte »Selbsttätigkeit«, »individuelle Entwickelung«, »Wahlfreiheit« mich an die Musik bei den Opferfesten der Kannibalen erinnert haben! Denn wenn dann die Anwendung kommt – dann sind die Einschränkungen und Reservationen, die der Repräsentant jedes Gegenstandes zugeben will, in ihrer Unbedeutendheit ganz lächerlich im Vergleich mit den großen Prinzipien, in deren Namen die Modifikation geschieht. Und am Schlusse werden die Kinder weiter den Bildungsidealen, den pädagogischen Systemen, den Examensforderungen geopfert, die man von keiner Seite preisgeben will!

Die ewige Sünde der Schule gegen die *Kinder* ist stets, vom *Kinde* zu sprechen! Zum Beispiel:

Der Slöjd (Handfertigkeit: Handwerk und Kunsthandwerk) hat gewisse gute Wirkungen auf das Kind; folglich muss der Slöjd auf den Schulplan kommen und alle seines Nutzens teilhaftig werden. Aber – nun gibt es Kinder, für die der Slöjd ein ebenso widerwärtiger und nutzloser Zwang ist wie das Lateinlernen! Das Kind, das in sein Buch versinken will, soll ebenso wenig zum Slöjd gezwungen werden, wie man das Kind, das an seiner Hobelbank glücklich ist, zur Litteratur zwingen soll!

Alles Reden von der »harmonischen Ausbildung« muss dorthin verwiesen werden, wo es hingehört, in die pädagogische Küchenwissenschaft! Harmonische Entwickelung ist gewiss das herrlichste Resultat der Bildung eines Menschen. Aber sie wird nur durch seine eigene Auswahl errungen! Denn sie bedingt Harmonie zwischen den eigenen Fähigkeiten des Individuums, und nicht Harmonie nach dem Rezept der Pädagogik für eine solche. Was auf dem Teigbrett der Schule, in ihrem Hacktrog erzielt wird, das ist – etwas ganz anderes.

Einzelreformen in der modernen Schule bedeuten nichts, solange man durch dieselben nicht bewusst die große Revolution vorbereitet, die, welche das ganze jetzige System zertrümmert, und von diesem nicht einen Stein auf dem anderen lässt. Ja, es müsste eine Sintflut der Pädagogik kommen, bei der die Arche nur Montaigne, Rousseau, Spencer und die neue kinderpsychologische Litteratur zu enthalten brauchte! Wenn dann die Arche aufs Trockene käme, würden die Menschen nicht Schulen bauen, sondern nur Weingärten pflanzen, wo die Lehrer die Aufgabe hätten, »die Trauben zur Höhe der Lippen der Kinder zu erheben«, anstatt dass diese jetzt den Most der Kultur in hundertfacher Verdünnung zu kosten bekommen!

Die Schule hat nur ein großes Ziel: sich selbst entbehrlich zu machen, das Leben und das Glück – das will unter anderem sagen, die Selbsttätigkeit – an Stelle des Systems und des Schemas herrschen zu lassen.

Schon vom Kindergarten an ist das Kind jetzt, wie gesagt, das von bald zornigen, bald freundlichen Händen geformte Material! Denn auch die mildeste, die scheinbar freieste Methode führt bei denselben Arbeiten, denselben Eindrücken, denselben Ordnungsregeln, Tag für Tag, Jahr für Jahr, Gleichförmigkeit herbei. Und da die Schule überdies ihre Klasseneinteilung niemals nach dem Temperament und den Anlagen des Kindes ordnet, sondern nach ihrem Alter und ihren Kenntnissen, wird das eine Kind verurteilt, sich tötlich zu langweilen und unendlich viel Zeit zu vergeuden, während es auf andere wartet.

Schon beim allerersten Unterricht gilt es, die Selbstbeobachtung und Selbstarbeit des Kindes als Erziehungsmittel für das Kind und als Richtschnur für seine eigene Beobachtung desselben zu gebrauchen.

Ist diese Beobachtung eine tiefe gewesen, so gehen aus derselben keine allgemeinen Regeln, sondern lauter besondere Regeln hervor. Das eine Kind muss Lesen oder Sport oder Handarbeit in ganz verschiedenem Maßstabe haben als das andere; das eine soll früh, das andere spät dazu gelangen, die Bildungsmittel von Museumsbesuchen oder Reisen (am besten Fußreisen) zu genießen u. s. w. Und das »Unumgängliche« wird dann auf das geringstmögliche Maß eingeschränkt. Denn was jeder Mensch zu können braucht, um sich im Leben zurechtzufinden, ist überaus wenig. Dieses Wenige ist gut lesen und richtig buchstabieren; mit beiden Händen schreiben; einfache Gegenstände abzeichnen, so dass man eine Bildschrift ebensowohl wie eine Buchstabenschrift erlernt – eine Fertigkeit, die von künstlerischer Begabung ganz unabhängig ist; ferner geometrischer Anschauungsunterricht; die vier einfachen Spezies und Dezimalbrüche; so viel Geographie, dass man sich mit einer Karte und einer Zeittabelle zurechtfinden kann; so viel Naturkunde, dass man einen Grundbegriff von den einfachsten Forderungen der Hygiene hat; schließlich die englische Sprache, um sich in dem zunehmenden Verkehr mit der weiten Welt durchzubringen. Mit diesen Fertigkeiten hat man dem Kinde das gegeben, was es braucht, um sich dann selbst in den Büchern und im Leben zurechtzufinden – wenn man dazu noch die Fähigkeit fügt, einen Strumpf zu stopfen, einen Knopf anzunähen und einen Nagel einzuschlagen.

Nur das *Unentbehrliche* soll die *obligatorische* Grundlage der weiteren Bildung sein! Diese ist dann nur eine Stickerei auf jenem einfachen Kleide. Und die Stickerei erhält ihren ganzen Wert dadurch, dass das Individuum sie selbst ausgeführt hat, dadurch, dass sie nicht nach von der Fabrik bestimmten Mustern mit der Maschine gemacht ist.

Während der erwähnte für alle gleiche Grund gelegt wird, soll es den Kindern möglich sein, sich in das Hirtenleben des alten Testamentes einzuleben, in das Leben der griechischen und der nordischen Götter und Helden, in das Leben der Volkssagen und der nationalen Geschichte, aber durch die Bücher, die sie zu ihrer Unterhaltungslektüre bekommen – während man jetzt aus all dem lauter Schulgegenstände gemacht hat!

Ist diese Grundlage einmal vorhanden, dann wird die Schule der Zukunft – die die Schule für alle ist – die allgemeine Bildung fortsetzen, aber nach einem jedem Individuum angepassten Plan. In meiner geträumten Schule wird es keine Zeugnisse oder Belohnungen geben; es werden keine anderen »Reifeprüfungen« angestellt werden als solche, die sich durch Gespräche vollziehen. Bei diesen werden nicht die Detailkenntnisse, sondern die Ganzheit der Bildung den Ausschlag für die Zensoren geben, die dann mit den Kindern in der Natur umherstreifen werden, um so in Ruhe zu erfahren, was sie von dieser, von den Menschen, von der Vorzeit und von der Jetztzeit wissen!

Und der Unterricht, der zu diesem Schlussziel der Bildung führt, wird von dem Lehrer diametral entgegengesetzt dem der Jetztzeit erteilt werden. Der Lehrer wird eigene Beobachtungen notwendig machen; er wird die Schüler zwar bei der Wahl der Bücher wie bei der Art, zu arbeiten, leiten, aber nicht zuerst seine Beobachtungen, Urteile und Kenntnisse in der Form von Vorträgen, Präparationen und Experimenten geben. Zuweilen wird er, indem er unvorbereitet ein mündliches oder schriftliches Referat verlangt, sich vergewissern, wie gründlich der

Schüler in den Gegenstand eingedrungen ist; ein anderes Mal, wenn er den Schüler dafür reif weiß, eine Zusammenfassung, einen Gesamtüberblick über den Gegenstand geben, einen erwärmenden und weckenden Eindruck als Lohn für die selbständige Arbeit; schließlich wird er auf den eigenen Wunsch der Schüler Prüfungen vornehmen. Aber seine wesentliche Arbeit wird darin bestehen, den Schüler zu lehren, seine eigenen Beobachtungen zu machen, seine eigenen Aufgaben zu lösen, seine eigenen Hilfsmittel zu finden – in Büchern, Lexika, Karten u. dgl.; sich selbst in seinen Schwierigkeiten zum Siege durchzukämpfen und so den einzigen sittlichen Lohn für seine Mühen zu erlangen: eine erweiterte Einsicht, eine errungene Stärke!

Nicht der Schüler, der dasitzt und die Demonstration oder das Experiment des Lehrers anhört oder ansieht, lernt beobachten; nicht der, dessen Schreibheft mit peinlicher Genauigkeit korrigiert wird, lernt schreiben; nicht der, der pedantisch die Modellserien des Slöjds ausführt, lernt Gerätschaften für die Aufgaben des Alltags machen! Selbst die Untersuchung anzustellen; selbst die angedeuteten Fehler zu finden; selbst die Gegenstände auszudenken, die man ausführt – überhaupt nicht in Einzelheiten korrigiert zu werden, außer wenn diese allzusehr zeitraubend fehlerhaft sind – sondern selbst tastend die richtige, die vollkommene Arbeits- und Ausdrucksweise zu finden, das ist Erziehung, das ist Bildung!

Die Lehrbücher werden alle voll Kraft und Lust sein! Das Lesebuch wird verschwinden, und die großen Bücher, die Originale – allerdings in Bearbeitungen, wenn sie von störenden Details belastet sind – werden wieder in die Hand der Jugend gegeben werden. Die Bibliothek der Schule wird das größte, schönste und wichtigste Lehrzimmer sein, und das Bücherverleihen der Schule ein wesentlicher Teil ihrer ganzen Lehrtätigkeit.

Ich träume mir jede Zukunftsschule von einem großen Garten umgeben, wo – wie es schon in verschiedenen Schulen der Fall ist – der Schönheitssinn seine unmittelbarste Nahrung erhält. Selber die Blumen in der Schule wie im Heime zu ordnen, sie zu Hause zu ziehen, um den »Fenstergarten« zu schmücken, der im Winter in allen Schulzimmern vorhanden sein wird, das wird dann die natürliche Art sein, den einfachsten aller Schönheitsgenüsse zu einem allgemeinen Bedürfnisse zu machen. Aber nicht durch »Unterricht« in der Kunst, die Blumen zu ordnen, wie es schon in Deutschland geschieht, sondern nur durch Hervorhebung der am schönsten geordneten soll der Geschmack entwickelt werden! In dieser wie in jeder anderen Beziehung ist Selbsttätigkeit das Wesentliche.

Durch Buchbinderei, Tischlerei und andere Handwerke sowie durch Gärtnerei und Sport wird man dann die natürliche Gymnastik erhalten, die eine so viel mehr erziehende Bedeutung hat, als die methodische. Deren einförmige Zwecklosigkeit ist die Qual der Jugend, und sie sollte nur an den Tagen vorkommen, an denen das Wetter Leibesübungen im Freien unmöglich macht. Gewiss kann die Gymnastik lebendiger werden, wenn man sie mit Physiologie und Hygiene verbindet, sowie die Mathematik es durch die Verbindung mit Handarbeit und Zeichnen wird. Aber nie kann sie an Wert der naturfrischen Bewegung gleichkommen.

Neben dem Garten wird die Zukunftsschule im Hause ihren Saal, außer dem Hause ihren Sportplatz für Tanz und wirklich freie Spiele haben, das heißt solche, wo die Kinder, nachdem sie einmal das Spiel gelernt haben, sich selbst überlassen sind. Beständig vom Lehrer geleitete Spiele machen das Spiel zur Parodie!

Und ebenso wie einmal bei den Griechen wird die Ausbildung der Schönheit, nicht bloß der Stärke das Ziel der physischen Erziehung sein.

Durch verschiedene Handwerke und Gartenarbeit wird man in der Mathematik und Naturlehre in einer Reihe von Fällen überhoben sein, Behauptungen aufzustellen, indem man das Kind selbst entdecken lässt. Nach der Büffelmethode erfährt das Kind, dass der Same in Wärme und Feuchtigkeit wächst. Nach der Erziehungsmethode säet das Kind selbst den Samen und sieht, was sich zuträgt. Schon jetzt geschieht das ja in manchen Schulen, aber als *Beweis* für einen gegebenen Satz. Darin besteht nämlich gerade der Missgriff der modernen Schule, ihre Behauptungen fesselnd zu illustrieren, anstatt dem Kinde Zeit und Gelegenheit zu geben, seine Behauptungen selbst aufzustellen.

In dem zukünftigen Schulgebäude gibt es gar keine Klassenzimmer. Aber es gibt da verschiedene Säle mit reichem Material für verschiedene Gegenstände, und neben ihnen Arbeitsräume, wo jeder seinen gegebenen Platz zum Selbststudium hat; gemeinsame Prüfungen finden nur dann statt, wenn mehrere bereit und willig sind, sich in demselben Gegenstand prüfen zu lassen, aber jeder kann sich unabhängig von den anderen zur Prüfung anmelden.

In jedem Raume, so wie im Äußeren des Gebäudes werden Architektur und Dekoration zusammen ein schönes Ganzes bilden. Und die freistehenden Kunstwerke, die außerdem die Schule schmücken, werden teils Originale, teils Abgüsse und Kopien berühmter Originale sein.[27]

So, aber nicht durch unmittelbaren Unterricht über Kunst, sei es in der Schule oder anlässlich von Museumsbesuchen, wird der Kunstsinn geweckt werden. Kenntnisse kann vielleicht die Klasse erlangen, die nach Lichtwarks Plan für Museumsbesuche herumgeführt wird! Aber nur dadurch, dass man von Kunst umgeben ist, dass man sie in Ruhe und Freiheit in sich aufnehmen kann, erwacht die Liebe zur Kunst. Greift man deren stillem Wachstum durch Unterricht vor – womit ich nicht die Bewunderung des Lehrers selbst meine, die er im Vorübergehen ohne Hinweisen und Ausfragen ausspricht – so trübt man auch das Wasser dieses lebendigen Quells. Hier wie überall zerstört das Daraufhinstoßen die eigene Entdeckerfreude: stets herumgeführt zu werden, raubt einem gerade die Fähigkeit, selbst zu sehen. In Bezug auf Kunst wie auf Litteratur, wie auf Religion ist aller Unterricht von Übel, bis die Jugend etwas davon als Wissenschaft erwählt hat. Kennt-

27 Ein hervorragender Lehrer wies in einem Gespräche darauf hin, welch' großes Absatzgebiet sich so einer ganzen Anzahl von Künstlern eröffnen würde, deren Technik wohl ausgebildet ist, denen aber die persönliche Auffassung, die schaffende Phantasie fehlt. Es bedeutet für eine Schule mehr, eine gute Kopie eines großen Werks zu haben, als zehn kleine Photographien von mehreren! Aber es gilt die richtigen Werke zum Kopieren herauszufinden! Man darf nicht mit Kunstwerken anfangen, die nur wirkliche Kunstbildung selbst im Original genießbar macht! Vor Botticelli und anderen Präraphaeliten z. B., vor Porträts unbekannter alter Herren und Damen – sie mögen nun Valesquez oder Franz Hals, Holbein oder Rubens signiert sein – bleiben die Kinder in der Regel ebenso unberührt, als wenn man versuchte, den Grund zu ihrem Litteraturinteresse durch Hans Sachs, Chaucer oder Montaigne in der Originalsprache zu legen. Die Bilder der Kunst aus ihrem eigenen Leben, dem Arbeitsleben, Heimleben, Tierleben, Naturleben, sowie dem Leben *bekannter* Persönlichkeiten bilden die natürliche Brücke zwischen der Kunst und dem Kinde oder dem Volke. Eine phantastische oder mystische Stimmung, von der die kindliche Phantasie dann träumen und weiterdichten kann, das macht vor allem ein Kunstwerk dem Kinde teuer. Man sollte schon jetzt bei der Ausschmückung der Schulen den eigenen Geschmack der Kinder bei der Auswahl entscheiden lassen, sodass eine Menge Photographien von Meisterwerken der Kunst – der Architektur, wie der Plastik und Malerei – ihnen vorgelegt würden; und jene Werke, die die Kinder durch Abstimmung selbst wählten, würden dann ihrer Schule geschenkt.

nisse töten, das Gefühl macht lebendig. Aber die Wurzeln des Gefühls sind sehr verletzlich.

Was die vom Lehrer geleiteten Museumsbesuche betrifft, so sind diese erst dann von Nutzen, wenn der Schüler schon auf eigene Hand seine Entdeckungen gemacht hat. Diese hingegen soll der Lehrer veranlassen. Bei der Beschäftigung mit der Geschichte Griechenlands z. B. verlangt er eine Schilderung der griechischen Skulpturen, die in dem und dem Museum zu finden sind; bei der Lektüre des niederländischen Freiheitskrieges eine Beschreibung der Gemälde der Holländer etc. Erst nachdem der Schüler so selbst seine Augen gebraucht und seine eigenen Urteile gefällt hat, wird eine Synthese seiner Erfahrungen in Form einer Vorzeigung von Nutzen sein. Dies gilt auch von naturhistorischen, historischen und ethnographischen Museen, wo die Herumführung in Herden sehr geringe Resultate für jene Kinder ergibt, die nicht schon allein vorbereitende Beobachtungen angestellt haben.

So wie sich unter den Büchern der Schule die vortrefflichste Litteratur sowohl im Original wie in guten, allen zugänglichen Übersetzungen befinden soll, so sollen auch Arbeiten vorhanden sein, die dem künstlerisch Interessierten Nahrung bieten können. Überhaupt gibt es keine größere Torheit in der modernen Erziehung als das genaue Aussuchen der Bücher, die für das eine oder andere Alter »passen«. Das ist im höchsten Grade individuell und kann nur durch die eigene Wahl des Kindes entschieden werden. Eine Razzia unter den Kinderbüchern, aber Freiheit für die Jugend, die große Litteratur zu lesen, das ist eine Grundbedingung für die gesunde Entwickelung dieser Jugend. Das Verfrühte wird schon von der Unlust des Kindes selbst beiseite geschoben. Vertieft es sich mit zehn Jahren in den Faust – und ich kenne solche Fälle – dann erhält das Kind auch mit zehn Jahren einen Lebenseindruck, der nicht verhindert, dass es von derselben Dichtung mit zwanzig Jahren einen anderen und mit dreißig, mit vierzig Jahren einen noch anderen empfängt! Was die »Gefahren« betrifft, so sind diese in der großen Litteratur für das Kind gleich Null. Seine kühlen Sinne lässt das für Ältere Aufreizende ganz unberührt. Und auch wenn die Kinder das empfindsame Entwickelungsalter erreichen, ist es selten das Unverhüllte in der Art der großen Geister, die natürlichen Dinge zu berühren, sondern die modernen Romane sind es – die Damenromane ebenso sehr wie die französischen – die die Phantasie beflecken, die Wirklichkeit verfälschen und den Geschmack verflachen!

Die Kinder können jetzt nicht, selbst wenn die Eltern so unvernünftig wären, es zu wünschen, in Unwissenheit erhalten werden. Und das roh oder verstohlen Unreine wird größere Macht über den Sinn erlangen, der nicht durch seine Erzieher und durch Eindrücke aus der großen Litteratur und der großen Kunst das Gefühl für den schlichten Ernst des Natürlichen erhalten hat.

Die Verschleierung hingegen verleitet und verroht. Für die durch diese Geschädigten wird die Bibel ebenso sinnenreizend sein, wie irgendwelche Nacktheiten der neueren Litteratur. Aber auf das ruhige Gefühl der Selbstverständlichkeit des Natürlichen lässt sich eine echte Unschuld gründen. Und nur durch echte Unschuld wird das Leben sowie die Kunst und die Litteratur groß und gesund.

In den Werken der größten Geister tritt einem eine unendliche Welt entgegen, in der die Erotik nur ein Moment ist, und das gibt ihr eine große Kühle. Die Phantasie muss überdies Nahrung erhalten, soll sie sich nicht an sich selbst verzehren, und sie soll das Erlesenste als Nahrung erhalten. Das Kind schöpfe zuerst aus der Sage und dann aus der großen Litteratur. Um so mehr, als diese sonst oft ungelesen bleibt, wenn die Mannigfaltigkeit der modernen Litteratur später anfängt, das Interesse zu absorbieren.

Gut sehen zu können – in die Welten der Natur, des Menschen und der Kunst – und gut lesen zu können, das sind die zwei großen Ziele, denen die Erziehung des Hauses wie der Schule zusteuern soll. Wenn das Kind das vermag, kann es fast alles andere selbst lernen. Beiläufig möchte ich noch darauf hinweisen, dass eine gesunde Entwickelung der Phantasie nicht nur eine ästhetische Bedeutung hat, sondern auch eine ethische, sie ist nämlich eine Grundbedingung für eine werktätige Sympathie. Unzählige Grausamkeiten werden jetzt z. B. von Menschen begangen, die nicht böse sind, die jedoch nicht genug Phantasie besitzen, um einzusehen, wie ihre Handlungen auf andere wirken.

In meiner geträumten Schule herrscht – nachdem der oben erwähnte Grund gelegt ist – Wahlfreiheit in allen Gegenständen. Die Schule bietet dieselben, aber sie zwingt sie niemandem auf. Nebst dem Englischen lehrt die Schule Deutsch und Französisch, Naturwissenschaft und Mathematik, Geschichte und Geographie. Die Muttersprache wird fleißig durch Sprechen, Lesen und Schreiben geübt; aber die in diesem Falle für die Bildung und Sprachbehandlung gleich überflüssige Grammatik gehört dem wissenschaftlichen Studium an, nicht dem auf allgemeine Bildung abzielenden. Und für die fremden Sprachen kommt nur so viel Grammatik in Anwendung, wie unumgänglich notwendig ist, um sich die Litteratur anzueignen, das einzige Ziel, das die Allgemeinbildung im Auge haben soll, während die, welche lernen wollen, die Sprachen fließend zu sprechen und fehlerlos zu schreiben, die Fertigkeiten bei einem fortgesetzten Studium erwerben müssen. Die, welche die Litteratur beherrschen, lernen das Übrige sehr leicht. Der in der Litteratur Bewanderte schreibt zum Beispiel auch mit Sprachfehlern einen besseren Brief in einer ausländischen Sprache als derjenige, der ein fehlerfreies Skriptum nur nach den Regeln der Grammatik zusammensetzt. Wenn das Kind durch die Sprechmethode so weit in einer Sprache gekommen ist, dass es ein leichteres Buch versteht, soll es sich mit dem Lexikon durch ein Buch nach dem anderen durcharbeiten und sprechend das Gelesene erzählen. So wird der Grund zu einer Kenntnis der Litteratur gelegt nicht zu den fertigen Urteilen der Litteraturgeschichte! In der einheimischen wie in der ausländischen Litteratur muss man die Jugend zum Wesen, nicht wie jetzt zum Spiegelbild, zum Meere, nicht wie jetzt zu der Wasserleitung führen! Während der Lehrer dieses Sprachstudium leitet, ist er zugleich bestrebt, dem Schüler zu einer gewissen Wahl unter den Büchern zu verhelfen, einer Wahl, die wenn möglich im Zusammenhang mit den anderen Gegenständen steht. Er empfiehlt z. B. die Litteratur, die sich mit dem historischen, dem naturhistorischen oder dem geographischen Studium verbindet. Ab und zu gibt der Lehrer eine Übersicht, er liest etwas vor, oder er regt die Lust der Schüler an, selbst ein ihnen liebes Gedicht vorzulesen. Aber alle Dichtermorde – d. h. das Zerhacken eines Dichters strophenweise und klassenweise – sind verboten.

Da die Kindheit die beste Zeit zur Einübung der Fertigkeit in Sprachen ist, sollen diejenigen, für die Eltern und Lehrer in gemeinsamer Beratung Sprachstudien beschlossen haben, nach ein paar Jahren Englisch ein paar Jahre Französisch und dann ein paar Jahre Deutsch haben – oder umgekehrt – sodass eine Sprache immer neben den übrigen Gegenständen studiert wird, aber nie drei Sprachen auf einmal. Es ist nämlich nur dann möglich, sich eine Sprache als ein künftighin unverlierbares Besitztum anzueignen, wenn man sich ein paar Jahre in diese allein vertieft.

Die, welche wünschen, Zeichnen fortzusetzen oder irgend ein Handwerk zu lernen, können das mit dem Studium der Hauptgegenstände vereinigen. Chorgesang soll auch das ganze Jahr täglich vorkommen, im Hause sowie im Freien, aber als ein Mittel behandelt, Gefühle auszudrücken, nicht als Anleitung, musikalische Fertigkeiten auszubilden, obgleich der Gesang den Anstoß zur Entdeckung der musikalischen Anlagen geben kann.

Was die vier Hauptgegenstände betrifft – – Geschichte und Geographie, Naturwissenschaft und Mathematik – so sollen diese nicht gleichzeitig getrieben werden. Die kleinliche Mannigfaltigkeit des jetzigen Systems quält alle und wirkt wie eine Wassertortur auf die Begabten, deren Lernlust, Initiative, Selbsttätigkeit und Lebensfreude so von Jahr zu Jahr ermattet, und die schließlich unter der Pein, nie aufatmen, sich nie vertiefen zu können, oberflächlich werden.

Im Winter z. B. wird in meiner geträumten Schule Mathematik gelernt; die passt zu der kalten und klaren Winterluft! Aber im Frühling und im Herbst studiert man den ganzen Tag die Natur draußen in der Natur selbst, nicht jedes Gebiet der Natur als einen besonderen Gegenstand, und die Einsichten in die Geologie, die Botanik und die Tierwelt werden in einem unzertrennlichen Zusammenhang erworben. Während die Schüler durch lebendige Anschauung die Einzelheiten lernen, bekommen sie dann in einem lebendigen Lehrbuch eine in großen Zügen entworfene Zusammenfassung dessen, was die Sinne sie gelehrt haben, oder sie machen selbst – an Regentagen! – eine solche schriftliche und illustrierte Übersicht. Nicht die Anzahl Staubgefäße oder die Anzahl Knochen einiger hundert Blumen oder Skelette zu wissen, ist allgemeine Bildung. Aber den Gesetzen des Lebens und der Entwickelung in der uns umgebenden Natur folgen zu können; die Phänomene desselben selbst zu beobachten und zu kombinieren – das ist allgemeine Bildung, das wirkt auf Gefühl und Phantasie ebensowohl wie auf das Denken und den Charakter ein. Als das letzte Glied in der Entwickelungskette kommt der Mensch. Und das Studium desselben, aus dem Gesichtspunkte der Physiologie und der Gesundheitslehre, sollte auch das letzte sein, wenn nicht die Rücksicht auf die Psychologie des Kindes dafür spräche, dass die Wissenschaften, die den Grund zur Kenntnis der organischen Natur legen, nämlich Physik und Chemie, den letzten Abschluss bilden.

So wie man in den Naturwissenschaften anfängt, mit der falschen Methode zu brechen, mit erweiterten Kursen zu demselben Gegenstand zurückzukehren, so soll man auch das Kind sich zu gewissen Zeiten in Geschichte oder Geographie vertiefen lassen, um dann diese Gegenstände ganz zu verlassen. Der ewige Kreisgang, das Büffeln, die Wiederholungen – die alle als Schlussziel das Examen haben – verschwinden mit dem Examen. Die Erfahrung, dass die kleinen Einzelheiten aller Gegenstände ein paar Monate nach dem Examen der Erinnerung entgleiten, und dass die meisten hochgebildeten Menschen keine Ahnung von dem haben, was sie an Detailkenntnis in den Schulen erworben haben, während die Ganzheitseindrücke ihre Seele und ihr Herz, ihren Willen und ihren Charakter beeinflusst haben – diese Erfahrung wird einmal *angewendet*, nicht wie jetzt beständig konstatiert werden!

In meiner geträumten Schule wird z. B. der, der sich für Geschichte interessiert, die Wintermonate dazu verwenden können, Werke über diesen Gegenstand zu lesen, während andere sich in Mathematik oder Geographie vertiefen. Im Frühling können diese »Historiker« und »Geographen« bei den Ausflügen mitkommen, ohne dabei in anderer Weise aktiv zu sein, als als Zuhörer, während die »Naturwissenschaftler« sammeln, zeichnen und mikroskopieren. Eine Gruppe kann zum Beispiel durch das Geographiestudium einen Zusammenhang mit dem Leben der Natur einerseits und dem Leben des Menschen andererseits erhalten, der sie dazu veranlasst, ein nächstes Jahr an der Geschichte im Winter und an der Naturwissenschaft im Frühling und im Herbst teilzunehmen. All die verschiedenen Kombinationen, die Eltern, Lehrer und Schüler sich ausdenken werden, können hier nur angedeutet werden. Das Schlussresultat wird jedoch sein, dass nur ein paar Gegenstände auf einmal studiert werden, und nachdem diese dem Schüler all jene Bildung gegeben haben, die er in diesem Stadium in sich aufnehmen kann, werden diese Gegenstände von neuen abgelöst, um erst später wieder von jenen aufgenommen zu werden, die sich Fachstudien in der einen oder anderen Richtung widmen. Anstatt der Trennung der Gegenstände, die in der jetzigen Schule Interesse und Kräfte zersplittert, wird in der neuen die Konzentrierung eine Hauptaufgabe sein. Die Geschichte kann – nachdem der Raum für die Kriege auf den eingeschränkt ist, den jetzt die Kultur einnimmt – wirklich das einzige werden, was sie für die Allgemeinbildung sein soll: die Entwickelungsgeschichte des Menschen. Sie wird die großen Züge der Ethnographie und der Gesellschaftslehre mitteilen; der ökonomischen Prinzipien; des Lebens großer Persönlichkeiten; der Geschichte der Kirche, der Kunst und der Litteratur. Bei dem Naturkunde- und Mathematik-Unterricht werden die hervorragendsten Männer der Wissenschaft und Entdecker geschildert. Die Geographie eröffnet Ausblicke in fast alle Gebiete, und man hat nach den schon gemachten Versuchen guten Grund, diesen Gegenstand zum Zentrum des ganzen Unterrichts zu machen.

Die Resultate der jetzigen Schule – worin bestehen sie? Abgenützte Hirnkraft, schwache Nerven, gehemmte Originalität, erschlaffte Initiative, abgestumpfter Blick für die umgebenden Wirklichkeiten, erstickte Idealität unter dem fieberhaften Eifer, es zu einem »Posten« zu bringen

– eine Hetzjagd, bei der Eltern wie Kinder den Verlust eines Jahres als ein großes Unglück betrachten! Wenn das Examen abgelegt ist, wenn ein paar Jahre vergangen sind, dann erwacht im besten Falle das Bedürfnis, seine Studien in lebendiger Weise fast auf jedem Punkt wiederzubeginnen! Für die meisten ist das Resultat jetzt, dass sie nicht einmal mit wirklichem Nutzen eine Zeitung lesen können, und die, welche ein Buch in der fremden Sprache – der unzählige Stunden geopfert wurden – ganz verstehen, sind seltene Ausnahmen, wenn das Haus nicht den Sprachunterricht der Schule unterstützt hat. Das Unvermögen, selbst zu beobachten, die Erscheinungen zu ergründen und durch Reflexionen zu verbinden, wird durch das Präparationssystem der Schule – noch durch das Lektionenüberhören der Mutter zu Hause unterstützt – immer auffallender. Der ehemalige Professor Key hat aus seinen Erfahrungen als Lehrer am Medizinischen Institut dargelegt, dass die Schüler schon in der Schule unfähig geworden sind, zu sehen, zu denken, zu arbeiten. Von einem Amt in Stockholm habe ich kürzlich ganz dieselbe Beobachtung gehört, dass nämlich die jungen Herren ratlos vor den praktischen Aufgaben stehen, bei denen sie ihre bei einem »schönen Examen« an den Tag gelegten Kenntnisse zeigen sollten. Das System dient also nicht einmal seinem eigenen sekundären Zwecke, während es allen höheren Zwecken eines menschlichen Daseins entgegenwirkt!

Diese Erfahrung wird auch schließlich in einigen hundert Jahren seinen Untergang herbeiführen.

Dann werden vielleicht diese geträumten Schulen entstehen, in denen die Jugend in erster Linie das Leben beobachten und lieben lernt, und wo ihre eigenen Kräfte als der höchste Wert des Lebens zielbewusst gehegt werden. Durch die Berührung zwischen den Kindern aller Klassen wird die Oberklasse – wenn eine solche noch vorhanden ist? – jene »Beschattung«, jenen ernsten Charakter erhalten, der ihr, wie schon Almquist sagte, fehlt; die Unterklasse wieder die »Weiße«, die allgemeine Bildung, die sie noch entbehrt. Durch diese allen gemeinsamen Bildungsschulen wird auch die natürliche Standeszirkulation gefördert werden, von der ein Schwede so weise Worte gesprochen hat, nach der der Bauernsohn und der Grafensohn den Platz wechseln, wenn die Natur den letzteren tauglich für den Stall und den ersteren tauglich für das Staatsleben geschaffen hat! Durch diese Schulen wird das Landkind immer auf dem Lande aufwachsen können und nicht seiner Bildung halber in die Großstadt geschickt werden müssen – falls es dann noch Großstädte gibt? Und schließlich werden Knaben und

Mädchen dort alle Vorteile der gemeinschaftlichen Erziehung genießen, ohne dass die besonderen Anlagen irgend eines der Teile durch den gleichförmigen Druck eines gemeinsamen Examenzwangs vergewaltigt werden.

Wenn die Kinder rings im Lande in solchen wirklichen Gesamtschulen bis ungefähr zum fünfzehnten Lebensjahre unterrichtet worden sind, die einen mit mehr Arbeit für das Hirn, die anderen mit mehr Arbeit für die Hand, werden die Anwendungsschulen beginnen: Schulen für klassische Studien, für exakte, für soziale oder für ästhetische Wissenschaften; für Künste und Handwerke, für verschiedene Berufe und Ämter. Schulen mit verschiedenen Prinzipien und Methoden, Schulen, die eine Mannigfaltigkeit verschiedener Bildungsformen und Individualitäten hervorbringen können. Und so wird die Erziehung, anstatt wie jetzt formanbetende Sklavenseelen oder alle Form hassende Aufruhrgeister zu bilden, der geistigen und materiellen Kultur – den Wissenschaften wie der Erfindung, dem künstlerischen Schaffen wie der Lebenskunst – frische persönliche Kräfte zuführen. Sie wird den Mut und die Fähigkeit entwickeln, neue wissenschaftliche Methoden zu finden, junge Gedanken zu denken, kühne Entdeckungen zu machen. Und die ausgebildeten Menschen werden dann in den ganzen Kulturverlauf ihre Gewöhnung an eigene Wahl, eigene Prüfung, eigene Wirksamkeit, eigene Mühe einsetzen, zu der Schule und Heim schon den Grund gelegt haben werden.

In der Schule wird die ängstliche Unruhe der Jetztzeit, »es zu etwas zu bringen«, ganz verschwunden sein. Die stille, große Stimmung der Schule wird in der Jugend den Grund zu der Gewissheit legen, dass das Hervorragendste eines Menschen nicht die Wirkungen, sondern das Wesen ist. Wenn es auch ein hartes Wort ist: gemeine Naturen zahlen mit dem, was sie tun, edle mit dem, was sie sind, so birgt es doch eine tiefe Wahrheit, die in dem Jahrhundert der Tätigkeit und der Frau vergessen worden ist – aber deren man sich in dem Jahrhundert der Kontemplation und des Kindes wieder erinnern dürfte!

Dann kommt man vielleicht auch auf dem Gebiet der praktischen Arbeit dahin, dass – während Maschinen und Elektrizität die Arbeiten verrichten, die keine Schaffensfreude geben können – das Handwerk wieder ein Teil des Glücks der Menschen wird. Man wird dann eine zweite Renaissance erleben: die Erneuerung der persönlichen Freude, die der Mensch früherer Zeiten empfand, wenn der kunstvolle Beschlag, das farbenreiche Gewebe, die schöne Schnitzerei aus seiner Hand hervorging. Auch in diesem Falle führt das jetzige System der Schule zur

Dutzendfabrikation von Unnötigkeiten, nicht zu einer echten Liebe und echtem Verständnis für einen gewissen Berufszweig, der Liebe und dem Verständnis, aus denen in den größten Zeiten der Kunst die Künstlerschaft organisch hervorwuchs.

Erst wenn man zugibt, dass das jetzige System auf allen Gebieten das natürliche Vermögen des Kindes zu Konzentration, Kombination, Kraftentwickelung schmälert, erst wenn man einsieht, dass es im besten Falle bei der Schlussvorweisung die jungen Menschenkinder in Enzyklopädien in Taschenformat des bis jetzt von der Menschheit errungenen Wissens verwandelt vorführt; erst wenn man das nicht länger »harmonische Entwicklung« nennt – erst dann wird man zugeben, dass die Schule nichts anderes bedeuten kann und darf als eine Bereitung für die Jugend, ihre Bildungsarbeit selbst das ganze Leben hindurch fortzusetzen. Und erst dann wird die Schule eine Anstalt, wo man fürs Leben lernt, nicht wie jetzt – auch im besten Fall – fürs Leben verarmt wird. Erst dann wird jeder dort zu seinem Recht kommen; der Studierlustige wie der nicht Studierlustige; der, welcher vor allem Bücher, und der, welcher vor allem die Tätigkeit des Auges und der Hand als Bildungsmittel braucht; der theoretisch wie der praktisch Begabte, der realistisch wie der idealistisch Angelegte. Wenn jeder frei das tun darf, was er am besten kann, dann wird er sich oft verlockt fühlen, sich auch in etwas von dem zu versuchen, was andere können. So wird die Einseitigkeit natürlich korrigiert, aber nicht wie jetzt schonungslos durch die Walze des »harmonischen Bildungsideals« abgeplattet werden.

Für die Schule der Zukunft müssen ganz neue Seminarien die Lehrer vorbereiten. Die patentierte Pädagogik wird der individuellen weichen, und nur der, welcher durch Natur und Selbstkultur mit Kindern spielen, mit Kindern leben, von Kindern lernen, sich nach Kindern sehnen kann, wird in einer Schule angestellt werden, um sich dort selbst seine persönliche »Methode« zu bilden. Und angestellt werden diese Lehrer nur nach einem Probejahr, nach dem nicht nur die Prüfungsbeisitzer – die das ganze Jahr hindurch den Unterricht verfolgt haben – sondern auch die Kinder ihr Urteil aussprechen! Man kann diesem keinen absoluten Wert beimessen, aber doch einen sehr hohen, denn der Instinkt des Kindes wählt das Vortrefflichste mit erstaunlicher Unfehlbarkeit aus.

Und was ist für das Kind das Vortrefflichste?

Goethe hat geantwortet:

Höchstes Glück der Erdenkinder
Ist nur die Persönlichkeit! …

Während man jetzt die Objektivität im Unterricht preist, hat im Gegenteil jeder große Erzieher dadurch gewirkt, dass er im höchsten Grade subjektiv war! Der Lehrer soll wahrheitsliebend sein, sodass er ein widerstreitendes Faktum nie dazu presst, seinen Ansichten zu dienen! Aber darüber hinaus, je subjektiver er ist, desto besser; desto voller und reicher teilt er den Kindern Saft und Kraft seiner Erfahrungen, seiner Lebensanschauung, seiner Eigenart mit, desto mehr wird er ihre wirkliche Entwickelung fördern, vorausgesetzt, dass er ihnen nicht seine Meinungen mit dem Anspruch der Unfehlbarkeit aufdrängt, sondern der Jugend in diesem, so wie in allen anderen Fällen, freie Wahl lässt!

Die Lehrer und Lehrerinnen meiner geträumten Schule haben eine kurze tägliche Arbeitszeit; reichliche Ruhe, einen großen Lohn – die Möglichkeit einer fortgesetzten Entwickelung – und eine Dienstzeit von höchstens zwanzig Jahren. Dann treten sie in die aus Eltern und Lehrern zusammengesetzte Schuljury ein oder werden Zensoren bei den Reifeprüfungen. Und diese werden sich – wie oben angedeutet – so abspielen, dass jeder Zensor zusammen mit höchstens fünf jungen Leuten einen Sommer im In- oder Auslande verbringt. Bei diesem Zusammenleben ist er in der Lage, wirklich das Maß ihrer Bildungsaneignung zu ergründen; sie in der Wahl einer Lebensaufgabe zu leiten; durch eine sokratische Mitteilung der Lebensweisheit der Jugend einen Ersatz für den, wie ich hoffe, dann nicht mehr bestehenden Konfirmationsunterricht zu geben, dessen psychologischer Wert nicht in dem besteht, was man daraus lernt, sondern in der Richtung des Sinnes auf die ernsten Fragen und Aufgaben des Lebens, in der Weckung zu ethischer Selbstentwickelung, die gerade im Übergang von der Kindheit zur Jugend so bedeutungsvoll ist. Da soll die Jugend in die Kunst des Lebens eingeweiht werden – das will sagen, die Kunst, seine eigene Persönlichkeit, sein eigenes Dasein zu einem Kunstwerk zu gestalten – darin eingeweiht werden von einem weisen Manne oder einer solchen Frau, die sich selbst ihre Jugendlichkeit bewahrt haben, sodass sie die Freuden und Schmerzen der Jugend verstehen, ihr Spiel und ihren Ernst, ihre Träume und Ahnungen, ihre Fehler und Gefahren: Führer, die doch nur zaghafte Anweisungen geben, wie die Jugend ihre eigenen Melodien für das große Orchester des Lebens instrumentieren soll!

Meine geträumte Schule kommt solange nicht zustande, wie die Staaten ihre größten Opfer für den Militarismus bringen. Erst wenn dieser überwunden ist, wird man es in der Entwickelung so weit gebracht haben, dass man einsieht, dass der teuerste Schulplan – der wohlfeilste ist. Denn dann beginnt man starke menschliche Hirne und Herzen als den höchsten Wert der Gesellschaft zu betrachten!

Es ist also, wie ich schon sagte, kein Reformplan für die Gegenwart, den ich hier mitgeteilt habe, sondern nur ein Zukunftstraum.

Aber Träume sind nun einmal die eigentlichen Wirklichkeiten in unserem wunderbaren Dasein!

Seit das Obenstehende geschrieben wurde, habe ich erfahren, dass in England die Kritik an dem bestehenden Schulsystem zu einigen Neugestaltungsversuchen auf diesem Gebiete geführt hat, die ich in aller Kürze skizzieren möchte. Das bis jetzt wichtigste positive Resultat dieser Kritik ist die von Dr. Cecil Reddie gegründete Schule in Abbotsholme, Rochester, Staffordshire, über die nun ein ausführlicher Bericht vorliegt.

Doktor Reddie sagt, dass er tiefe Eindrücke sowohl von Ruskin, Disraeli und Carlyle, wie von der Herbart-Rein'schen Schule empfangen habe, vor allem von den Gedanken dieser über die Einheit oder den organischen Zusammenhang zwischen allen Teilen des Unterrichts. Aber Dr. Reddie soll seiner Schule das Gepräge seiner eigenen Persönlichkeit und der britischen Nationalität gegeben haben, wodurch diese eine ganz selbständige und bahnbrechende höhere Normallehranstalt für – wie das Programm lautet – englische Knaben zwischen 11 und 18 Jahren, »the directing classes« angehörend, geworden ist. Bis zu 15 Jahren ist die Erziehung ungefähr dieselbe für alle; dann trennen sich die Linien, um zu verschiedenen Berufen und Lebenszielen zu führen. Der erstrebte Zweck ist, einen natürlichen Zusammenhang zwischen den Gegenständen der Schule und den Wirklichkeiten des Lebens, sowie zwischen den verschiedenen Gegenständen der Schule untereinander zu erzielen. Der mathematische Unterricht sowie die Handfertigkeit kommt bei der Ausrechnung, Ausmessung, Ausführung und Anordnung von Bootshütten, Vogelhäusern, Sportsplätzen u. dgl. zur Anwendung. Die in der Geschichtsstunde gegebenen Einblicke in die Grundsätze der Verwaltung werden bei der Arbeitsteilung in dem kleinen Gemeinwesen selbst angewandt, wo jeder seine besondere Aufgabe hat, die zu dem Gedeihen des Ganzen mitwirkt. Ein »Parlament«, aus den Knaben selbst bestehend, entscheidet gewisse gemeinsame Angelegenheiten, obgleich die Sanktion der »Regierung« für die Beschlüsse erforderlich ist. Der physischen Erziehung wird nicht nur durch Sport Rechnung getragen, sondern auch durch ernste Arbeit für wirkliche Zwecke in der Tischlerwerkstatt, im Felde und im Garten. Die englische Sprache ist das Grundlegende, darnach kommt Französisch und Deutsch, und in letzter Linie Lateinisch und Griechisch. Geschichte und Geographie, für deren Studium ein außerordentliches Material vorhanden ist, sind enge verbunden. So auch Geographie und Naturwissenschaften, die so weit als möglich im Freien studiert werden und stufenweise zu »einer immer tieferen Analyse des Lebens und der Welt« führen. Die moralisch-religiöse Erziehung nimmt einen bedeutenden Platz ein, aber nicht durch Unterricht im Religionsbekenntnis, sondern durch Jesu eigene Lehren und durch das Vorbild großer Persönlichkeiten. Die Kapelle ist mit den Bildern solcher Personen geschmückt, und der Gottesdienst oft der Schilderung ihrer Lebensschicksale gewidmet. Die musikalische und litterarische Erziehung wird besonders bei den Abendzusammenkünften gefördert, und in einem Debattierklub wird die Fähigkeit, sich auszudrücken, entwickelt. Zeugnisse und Preise sind als künstliche und antisoziale Anreizungsmittel abgeschafft. Hier, wie in einigen anderen Reformschulen, erhalten die Eltern natürlich Angaben über das Verhalten ihrer Kinder, aber alle gradweise Bemessung der verhältnismäßigen Werte der Kinder ist ausgeschlossen. Bei der großen Elternversammlung des Sommers ist den Eltern Gelegenheit geboten, teils die Schule zu beobachten, teils mit den Lehrern Gedanken über die Erziehung der Kinder auszutauschen. Ein Tag in Abbotsholme verfließt nach der Schlafzeit, die von 9 bis 6 Uhr dauert, in folgender Weise: Erstes Frühstück, Gymnastik, erste Lektion, die wie die übrigen 45 Minuten dauert, dann Gottesdienst, zweites Frühstück, Aufräumen der Schlafzimmer, zweite Lektion, Lunch, dritte Lektion, Bad, Mittagessen, danach Musik, dann vier Stunden verschiedene Beschäftigungen, wie Zeichnen, Handwerk, Gartenarbeit, Sport u. s. w. Nach dem Tee kommt die vierte Lektion, hierauf gemeinsames Beisammensein mit Gesang, Vorlesen von Dichtungen u. dgl., schließlich Abendbrot und Gottesdienst.

Das Programm ist sehr vielsagend durch die Proportion der Zeit, die hier für physische, praktische und ästhetische Ausbildung im Verhältnis zu der intellektuellen veranschlagt wird. Was ich in der Tageseinteilung vermisse, sind die Stunden, in denen die Knaben ganz über sich verfügen können, ohne alle bestimmten Beschäftigungen sein, frei lesen, umherstreifen oder träumen und unabhängig voneinander sein dürfen! Professor Sully hat in einem Artikel – von der Erziehung des Genies – bewiesen, was ich nur zu behaupten gewagt habe: dass beinahe alle Genies schlechte Schüler waren oder einen unregelmäßigen Unterricht bekamen, und außerdem alle Arten von wunderlichen Einfällen, Sonderlingsbedürfnissen oder anderen antigesellschaftlichen Tendenzen hatten. Und für solche eigenartigen Naturen – sowie überhaupt für Entwickelung zur Eigenart – ist es vielleicht in Abbotsholme nicht um vieles besser bestellt, als in den Schulen des alten Typus.

Das Studium der Biographien bedeutender Personen sollte bei der Ausbildung eines Erziehers immer dem Studium der pädagogischen Systeme vorausgehen! Denn ein System – das eines anderen oder sein eigenes – kann leicht die Seele des Erziehers umstricken und sie von dem einzigen schmalen Pfade abbringen, der in der Erziehung zum Leben führt: nämlich ein System für jedes Individuum zu erfinden, da es sich gerade durch die Biographien zeigt, dass, je merkwürdiger ein Mensch geworden ist, desto weniger normal er als Kind war; desto weniger hat er sich in die normierten Verhältnisse gefunden, desto weniger hat ihm das gut getan, was anderen gut tat, desto mehr hat er seinen eigenen Weg gehen müssen. Und da man nie mit Sicherheit wissen kann, welche Kinder Genies werden, hingegen aber weiß, dass es allen gut tut, als Individuen mit verschiedenem Geschmack, verschiedenen Anlagen und Bedürfnissen behandelt zu werden, so ist wohl dieses bis jetzt unversuchte System dasjenige, durch welches man auf die Länge am weitesten kommen wird, – sowohl mit den gewöhnlichen wie mit den ungewöhnlichen Kindern!

Ähnliche Grundsätze wie die in Abbotsholme werden in einer anderen Landschule, der von einem ehemaligen Lehrer in Abbotsholme begründeten Schule in Bedales, befolgt, ferner in der von Dr. H. Lietz in Ilsenberg (Harz) gegründeten Schule. Auch in Frankreich hat Abbotsholme Nachfolger gefunden. Seit einigen Jahren ist auch der für England noch ungewöhnliche Gedanke der gemeinschaftlichen Erziehung beider Geschlechter teils in Blakewells gemeinschaftlicher Schule und teils in einer von der »King Alfred School Society« gegründeten Schule in die Tat umgesetzt worden. Der Plan dieser letzteren ist in erster Linie Entwickelung des Charakters bei einer Erziehung für die Wirklichkeiten des Lebens. Gemeinschaftlicher Unterricht, Zusammenwirken von Heim und Schule und der stete Kontakt der Kinder mit dem Konkreten sind dabei die vornehmsten Mittel. Auch hier wird die Handfertigkeit in Zusammenhang mit Physik und Mathematik gebracht; aber das Hauptgewicht wird auf die humanistischen Fächer gelegt, »die die Phantasie entwickeln, während diese wieder das Vermögen der Sympathie erweitert, das die Grundveste aller echten Kultur ist« – ein in hohem Maße fruchtbarer Gesichtspunkt! Geschichte, Geographie und Litteratur – neben den lebenden Sprachen, als Mittel, sich die Litteratur anzueignen – sind daher mit gutem Grunde die Hauptgegenstände der Schule, während Religionsunterricht im gewöhnlichen Sinne des Wortes nicht vorkommt. Für den ersten Unterricht werden keine Bücher benutzt, nur Spaziergänge in der Natur oder rings um London, Besuche in Museen u. s. w. Die dabei gemachten Beobachtungen der Kinder bilden den Ausgangspunkt für ihren Unterricht, bei welchem sich Geographie, Mathematik und Naturkunde, sowie später Geographie, Geschichte und Litteratur gegenseitig beleuchten. Handfertigkeit und Sport wird als Arbeit, nicht als Erholung betrachtet; jeder Sonnabend ist ein ganzer Ferialtag, und Zeugnisse sowie Preise kommen nicht vor. Nach zweijähriger Erfahrung hat man gefunden, dass die gemeinschaftliche Erziehung das Verantwortlichkeitsgefühl und die Arbeitslust gesteigert hat, dass der Gesundheitszustand ausgezeichnet ist und dass die Unterrichtsmethode Beobachtung, Nachdenken und Selbsttätigkeit entwickelt hat.

Die jüngste und radikalste der englischen Reformschulen ist jedoch die von Harry Lowerison eröffnete gemeinschaftliche Schule »Ruskin Home School«. Der Name besagt, welchen Einfluss Ruskins pädagogische Ansichten auf den Stifter gewonnen haben. Aber Mr. Lowerison ist nicht »Ruskinianer«, er hat alle Kennzeichen des neuen Menschen, d. h. er ist ein religiöser Freidenker, ein sozialistischer Idealist, ein naturkundiger Schönheitsanbeter und freisinniger Enthusiast für die Erziehung durch Menschlichkeit zur Menschlichkeit. Mr. Lowerison war früher Lehrer an einer board-school und lernte dieses verabscheuenswerte System hassen, bei dem schon Dreijährige viele Stunden des Tages auf schlechten Bänken sitzen, um lesen zu lernen; wo die Klassen aus hundertundfünfzig Kindern bestehen können, und wo Büffeln, mechanisches Plappern, Exerzitien und Schläge die Mittel sind, die angewendet werden, um diesen oft schlecht genährten, nicht ausgeschlafenen Kindern ein gewisses Pensum und eine gewisse Disziplin einzudrillen, und wo man überdies die Kinder prügelt, die – aus Selbsterhaltungsinstinkt – die Schule schwänzen.

Mr. Lowerison konnte es schließlich unter diesem System nicht aushalten, das der Gegensatz von allem ist, was eine Schule sein sollte. Er veröffentlichte einen Artikel über sein Erziehungsideal in dem von R. Blatchford herausgegebenen sozialistischen Blatte »Clarion« und fragte, ob es Eltern gäbe, die ihm ihre Kinder anvertrauen wollten. Ungefähr fünfundzwanzig Kinder wurden angemeldet, darunter einige

Mädchen, und Mr. Lowerison beabsichtigt, immer bei einer kleinen Anzahl zu bleiben, weil nur so das familienartige Verhältnis aufrecht erhalten werden kann, das er mit Recht als bedeutungsvoll für die Entwickelung der sympathischen Gefühle ansieht. Im Januar 1900 konnten Mr. und Mrs. Lowerison ihre Schule in Hunstanton in Norfolk eröffnen, wo ich in den letzten Wochen des Sommersemesters Gelegenheit hatte, dieselbe zu beobachten. Die Freimütigkeit und Offenherzigkeit der Kinder, im Verein mit ihrem Gehorsam und ihrer Haltung, sind sogleich ein gutes Zeugnis für die Methode, die hier befolgt wurde. Hurtig, manierlich und fröhlich widmeten sie sich ihren häuslichen Pflichten im gemeinsamen Heime, ihren Lektionen und ihren Spielen. Die Fehler, die begangen werden, werden von erziehenden Strafen getroffen, aber Schläge sind aus dieser Schule gänzlich verbannt. Ihr erstes Ziel ist körperliche Gesundheit und klare Einsicht in die Voraussetzungen für dieselbe. So weit als möglich werden Lektionen im Freien erteilt, und eine Lektion im Zimmer zu unterbrechen, um den Kindern ein seltenes, schönes Naturschauspiel zu zeigen, hält Mr. Lowerison mit vollem Rechte für eine gute Methode. Der Stundenplan der Schule wird je nach Ebbe und Flut verschoben, da das Bad – ebenso wie Sonne, Luft und gesunde, reichliche Nahrung – für die Entwickelung eines harmonischen Menschen als unentbehrlich angesehen wird. Vor dem reinen Sport werden alle natürlichen Körperübungen bevorzugt, wie Schwimmen, Rudern, Fußwanderungen und Beschäftigung mit Tischlerei, Gartenbau und Pflege von Haustieren, obgleich Kricket und dergleichen nicht vernachlässigt wird. Aber hier so wie in anderen der obenerwähnten englischen Schulen hat man einen wachsamen Blick für die Gefahr, dass die Leibesübung in Sport ausartet, ein Ausarten, das Frithjof Nansen so glücklich mit den Worten charakterisiert hat: »Das Ziel des »Idrott«[28] ist, hinaus in die Natur, das Ziel des Sportes, einem anderen ein paar Meter voraus zu kommen!«

Die Knaben lernen einsehen, dass Männlichkeit nicht in Schlägereien besteht, sondern in Mut und Ausdauer, dass Milde und Gerechtigkeit die vornehmsten männlichen Eigenschaften sind. Die Freundlichkeit und rege Hilfsbereitschaft, die diese 10-14jährigen Knaben zeigten, war auch in hohem Grade ungewöhnlich. Es schien mir, als ob hier wirklich etwas von der Zeit keimte, die George Eliots schöne Worte prophezeit haben, in der es »ebenso natürlich sein wird, anderen zu helfen, wie eine Stütze zu fassen, wenn wir selbst im begriffe sind, zu fallen.« Die

28 Idrott ist Heldentat, Heldenstück, auch edlere Leibesübung.

Schule hat keine Betstunden, kein obligates Zurkirchegehen, und nur selbstgewählten Christentumsunterricht. Aber an einem Sonntag haben die Kinder am Meeresstrande von Jesus sprechen hören, an dem anderen von Buddha oder Baidur oder Apollo. Eine tiefe Ehrfurcht vor jedem religiösen Glauben, jedem ethischen Idealismus sowie vor der Göttlichkeit der eigenen Natur und des sie umgebenden Lebens ist das Leitmotiv bei all ihrem Unterricht. Auch ohne Unterricht wird ihnen durch das Zusammenleben mit ihrem allseitig gebildeten Lehrer das Verständnis und die Sympathie für alle großen Werte des Lebens mitgeteilt, die das herrlichste Resultat der Bildung sind. Bei eifrigem Naturaliensammeln und unmittelbarer Beobachtung der Formation der Felsen und Wolken, der Gestalten und des Lebens der Pflanzen und Tiere haben die Kinder einen Blick für den Platz der verschiedenen Naturerscheinungen in der Kette der Entwickelung und für ihre Anpassung an die Umgebung bekommen. Der Zeichenunterricht zielt unter anderem darauf ab, die Kinder zu lehren, die Gegenstände der Natur in einem »nature-diary« abzuzeichnen und zu kolorieren, und der Lehrer ist bestrebt, diese Seite des Unterrichts dazu zu brauchen, sowohl Ordnung und Zierlichkeit, als Beobachtung und Schlussfolgerungsfähigkeit zu entwickeln.

Französisch und Deutsch wird nach der neuen Sprachmethode gelehrt, und das Studium dieser Sprachen wird noch weiter durch Schulreisen in fremde Länder vervollkommnet werden, wobei außerdem beabsichtigt ist, die insularen Gehirne für kosmopolitischere Gesichtspunkte reif zu machen. Beim Geschichtsunterricht sind schon die Denkmäler der Umgegend als Ausgangspunkte verwendet worden, und mit jedem Jahre werden die Reisen im Heimatlande sich weiter erstrecken. Arithmetik und Geometrie werden nur als Kopfrechnen und Anschauungsunterricht, an die täglichen Erfahrungen anknüpfend, mitgeteilt. In dieser Schule sind nicht nur Preise und Zeugnisse, sondern auch *alle* Examina – alle Gedanken an ein Examen als Endziel – abgeschafft! Das Ziel ist das, was das einzige jeder Schule sein sollte: der Gesellschaft »physisch und psychisch starke und behende Wesen zu geben, mit rotem Blut, klarem Auge, breiter Brust, Wesen von Selbstvertrauen und Milde erfüllt, den Blick wach für Schönheitsbilder, die

Seele sehnend, Mysterien zu durchdringen, die Herzen im Einklang mit den Freuden und Schmerzen dieser wunderbaren Welt pochend.«[29]

29 Man sehe Sweet-Briar Sprays von Harry Lowerison. Später hat Mr. Lowerison einen Bericht über sein erstes Schuljahr in der Broschüre Ruskin School-Home veröffentlicht.

7. Der Religionsunterricht

Das im jetzigen Augenblick demoralisierendste Moment der Erziehung ist der christliche Religionsunterricht.

Mit diesem meine ich in erster Linie Katechismus und biblische Geschichte, Theologie und Kirchengeschichte. Auch viele ernste Christen haben über den gewöhnlichen Unterricht in diesen Gegenständen gesagt, dass »nichts besser beweist, wie tief die Religion in der menschlichen Natur eingewurzelt ist, als dass dieser ›Religionsunterricht‹ sie nicht auszurotten vermochte«.

Aber ich meine außerdem, dass selbst ein lebendiger »Unterricht« im Christentum den Kindern zum Schaden gereicht.

Diese sollen sich selbst in die patriarchalische Welt des alten Testaments sowie in die des neuen Testaments einleben (am besten in der Form, die Fehr der Kinderbibel gegeben hat). Dieses Buch wird dem Kinde teuer, es findet darin unendlich viel, was seiner Phantasie und seinem Gefühl unmittelbar lebendige Nahrung gibt, aber nur, wenn es sich in Ruhe in die Bibel versenken kann, ohne jegliche dogmatische oder pädagogische Auslegung. Nur im Hause soll dieses Buch – sowie die anderen Bücher des Kindes – zum Gegenstand von Gesprächen und Erklärungen gemacht werden, falls es das Kind wünscht. Auf einer Schulbank soll dies nie vorkommen.

Wenn das Kind so diese Eindrücke aus der Bibel erhält, befreit von aller anderen Autorität als der inneren der Eindrücke selbst, dann geraten die Mythen der Bibel ebenso wenig in Widerstreit mit dem übrigen Unterricht, wie dies bei der nordischen Schöpfungsgeschichte oder bei der griechischen Göttersage der Fall ist.

Aber der für die Menschheit gefährlichste aller Missgriffe der Erziehung ist der, dass man jetzt die Kinder als absolute Wahrheit die alttestamentarische Welterklärung lehrt, der der naturhistorische und der historische Unterricht widerspricht; dass man die Kinder lehrt, die Moral des neuen Testamentes als absolut bindend zu betrachten, deren Gebote das Kind bei seinen ersten Schritten ins Leben allenthalben verletzen sieht. Denn die ganze industrialistische und kapitalistische Gesellschaft ruht gerade auf dem Gegensatz des christlichen Gebotes – seinen Nächsten zu lieben wie sich selbst – nämlich auf dem Gebot: »Jeder ist sich selbst der Nächste!«

Die Augen der Kinder sind in diesem wie in so vielen anderen Fällen einfältig klarsehend. Sie beobachten schon in zartem Alter, ob ihre

Umgebung nach der christlichen Lehre lebt oder nicht. Ich erhielt von einem vierjährigen Kinde – mit dem ich von Jesu Liebesgebot sprach – die Antwort: wenn Jesus wirklich so sagte, dann ist Papa kein Christ! Es dauert nicht lange, so gerät das Kind in Kollision zwischen seinen Erziehern und den Geboten des Christentums. So hatte sich ein kleiner Knabe in einer schwedischen Stadt Jesu Worte von der Mildtätigkeit tief zu Herzen genommen. Er gab nicht nur seine Spielsachen, sondern auch seine Kleider den Armen – bis ihm die Eltern mit Schlägen dieses praktische Christentum abgewöhnten! So gab ein kleines Mädchen in einer finnländischen Stadt, als die Lehrerin das Gebot einprägte, seine Feinde zu lieben, die Antwort, dies sei unmöglich, denn niemand in Finnland könne Bobrikoff lieben!

Ich weiß sehr wohl, mit welchen Sophismen man in beiden Fällen die unbestechliche Logik des Kindes abstumpfen kann. Aber ich weiß auch, dass es diese Sophismen sind, die in der »christlichen« Gesellschaft die Heuchelei so natürlich gemacht haben, dass sie jetzt unbewusst ist, und dass nur ein neuer Kirkegaard die Gewissen wachgeißeln könnte! Auf allen Gebieten gelten Rousseaus Worte: das Kind erhält hohe Prinzipien zur Richtschnur, aber wird von seiner Umgebung gezwungen, nach kleinen Prinzipien zu handeln, jedesmal, wenn es die großen zur Ausführung bringen will! Man hat dann, sagt er, unzählige Wenn und Aber, durch die das Kind lernen muss, dass die großen Prinzipien Worte sind, und die Wirklichkeit des Lebens etwas – ganz anderes!

Das Gefährliche liegt nicht darin, dass das Ideal des Christentums ein hohes ist: es liegt ja im Begriff jedes Ideals, unerreichbar zu sein, da das Ideal sich erhebt, je näher wir ihm kommen! Aber das Demoralisierende im Christentum als Ideal besteht darin, dass es als absolut hingestellt wird, während der Gesellschaftsmensch es jeden Tag verletzen *muss* und während er außerdem durch den Religionsunterricht erfährt, dass er als gefallenes Wesen das Ideal überhaupt gar nicht erreichen kann – obgleich seine ganze Möglichkeit, recht in der Zeitlichkeit und selig in der Ewigkeit zu leben, darauf beruht, es zu verwirklichen!

In dieses Netz von unlöslichen Widersprüchen hat Generation um Generation ihren idealen Glauben verstrickt gesehen, und allmählich hat jedes neue Geschlecht gelernt, das Ideal nicht ernst zu nehmen.

Von den feigen oder großtuerischen Konzessionen an die Lächerlichkeiten der Mode und den Torheiten, mit denen man sich ruiniert, um nach seinem Stande zu leben, findet man unter anderen psychologischen Ursachen der menschlichen Haltlosigkeit im letzten Grunde diese: dass das Kind mit der Religion selbst die Erfahrung einatmet, dass Ansichten eines sind, Handlungen ein anderes. Und diese Erfahrung wirkt dann das ganze Leben hindurch auch auf jene, für die die christliche Religion ihre absolute Autorität verloren hat. Der Freidenker lässt sich trauen, tauft seine Kinder und lässt sie konfirmieren, ohne sich zu vergewissern, ob ihr eigener Wunsch oder nur der Wunsch, es anderen gleichzutun, sie dazu treibt; der Republikaner singt das Königslied und telegraphiert loyale Grüße, nimmt Orden an – aber ich breche ab! Denn wollte ich alle die kleinen und großen Untreuen gegen sich selbst aufzählen, aus denen das tägliche Leben der meisten Menschen besteht – und die sie unter dem Titel »Unwesentlichkeiten« verteidigen – dann fände ich kein Ende! So dachten die christlichen Märtyrer nicht, die sich mit ein paar Körnern Räucherwerk auf dem Altar des Kaisers vom Opfertode hätten befreien können. Ein paar Körner Räucherwerk, welche »Unwesentlichkeit!« meint der moderne Mensch und opfert täglich mit ruhigem Gewissen vielen solchen Göttern, an die er nicht glaubt!

Wie inkonsequent der Protestantismus auch ist; besaß er doch so lange eine geistig erziehende Kraft, als der Dualismus in ihm unbewusst war, als man noch mit voller Ehrlichkeit Feiertag und Werktag jedem das Seinige gab! Aber jetzt, seit ein neuer Protestantismus innerhalb des Protestantismus lebt, ist die Doppelzüngigkeit tief demoralisierend.

Stück für Stück ist die Lehre niedergerissen, die die katholische Kirche einmal so wunderbar den psychologischen Bedürfnissen der Mehrzahl angepasst hat, während sie die bis jetzt tiefsten Symbole aus den tiefsten Erfahrungen der Menschen bildete! Aber der Protestantismus scheut noch immer vor den Folgen seines eigenen Werkes zurück!

Im Hause, in der Schule, an der Hochschule, während der Wehrpflicht, im Amte, überall wird noch immer die nachgiebige Unselbständigkeit unter dem Namen von Disziplin, Diskretion, Pflichttreue eingeprägt, und wie all die schönen Worte heißen mögen, mit denen man lebendige Seelen in Sklaven der Disziplin umwandelt, die der »Korpsgeist« zwingt, zu jedem Missstand zu schweigen, die »Disziplin«, sich jeder Art roher Gewalt unterzuordnen! Erst wenn alle wirklich in vollem Ernst »Protestanten« dagegen sein werden, ihren größten Lebenswert – ihre Religion – durch Autorität zu empfangen, werden sie beginnen, auch in sozialen und politischen Fragen eine selbständige Meinung zu erwerben, oder als Lehrer und Führer dem Schulknaben wie dem Studenten, dem Offizier wie dem Beamten jene Freiheit des Wortes und der Tat zu gönnen, die das Recht des Mitbürgers und des Menschen ist. Wenn es zum Beispiel geschieht – wie es 1889 einem hohen schwedischen Offizier widerfuhr –, dass man in Ungnade fällt, weil man an einem würdigen, bürgerlichen Fest zur Erinnerung an die französische Revolution teilgenommen hat; oder wie es 1899 den Upsalaer Studenten geschah, die sich eine würdige Meinungskundgebung für die von den Sägewerksbesitzern Norrlands bedrohte Koalitionsfreiheit erlaubt hatten – sie wurden ermahnt, ihren Studien zu obliegen und sich nicht in soziale Fragen einzumischen – dann begreift man, wie der Geist der Feigheit sich verbreitet, in dessen Schatten dann die großen nationalen Verbrechen blühen und gedeihen! Männer und Frauen, die in ihrem Privatleben streng ehrenhaft sind, haben es gelernt, in allgemeinen Fragen ihr Gewissen, ihr Denken, ihr Handeln unter den Befehl eines Leiters zu stellen. Und sie haben das vor allem im Namen des religiösen Glaubens gelernt!

Der Mut, in allem, was die wesentlichen Werte des Lebens bildet, aber vor allem in seinem Glauben, sich eine eigene Meinung zu bilden, die Kraft, sie auszusprechen, der Wille, etwas für sie zu opfern, macht einen Menschen zu einem neuen Einsatz in die Kultur. Und ehe nicht Erziehung und Gesellschaftsleben diesen Mut, diese Kraft und diesen Willen bewusst fördern, wird die Welt verbleiben, was sie ist: ein Paradeplatz der Dummheit, der Roheit, der Gewalt und des Eigennutzes, ob nun radikale oder konservative, demokratische oder aristokratische Gesellschaftselemente den Befehl auf diesem Paradeplatz innehaben …

Der demoralisierendste aller Glaubenssätze war die demütigende Lehre: dass die Menschennatur gefallen und außer stande sei, aus eigener Kraft die Heiligkeit zu erreichen; dass man nur durch die Gnade und die Sündenvergebung in das richtige Verhältnis zu den zeitlichen und ewigen Dingen kommen könne. Für die Tieferstehenden ist dieser Gnadezustand zum geistigen Stillstand geworden – um nicht von all den Geschäftsleuten zu sprechen, die allabendlich Jesu Blut das Debetkonto des Tages an die Moral tilgen lassen! Nur die von Natur sehr hoch Stehenden haben an Heiligung zugenommen, seit sie ihrer Kindschaft Gottes in Christo gewiss waren. Die Menschheit in ihrer Gesamtheit hingegen zeigt die tiefe Demoralisation einer doppelten Moral. Die Zweiteilung trat schon ein, als die ersten Christen aufhörten, Jesu baldige Wiederkunft zu erwarten, eine Erwartung, während der sie ihr Leben in wirkliche Einheit mit seiner Lehre brachten. Aber die Doppelmoral hat dann durch neunzehnhundert Jahre die Seelen und die Gesellschaft im praktischen Heidentum festgehalten. Denn obgleich der eine oder der andere reine oder große Geist wirklich noch vom Christentum Flügel für sein Unendlichkeitssehnen empfängt, und obgleich im Mittelalter viele starke Herzen versuchten, dasselbe im vollen Ernst zu verwirklichen, so lebte und lebt jetzt die Mehrzahl der Menschheit in jener schwankenden Haltlosigkeit, die eine Folge beschnittener Flügel ist, während die Staatsbürger der Antike eine Ethik besaßen, die in Wirklichkeit umgesetzt wurde und sie so zu einheitlichen, stilvollen Persönlichkeiten machte.

Und da neunzehnhundert Jahre gezeigt haben, dass es keine Möglichkeit gibt, in einer von Menschen geschaffenen Gesellschaft mit Jesu Lehre als praktischer, unfehlbarer Heiligkeitsregel zu leben – so kann man der unsittlichen Doppeltheit nur auf einem Wege entrinnen, den viele einzelne Menschen schon gegangen sind, die mit Prometheus ausriefen:

> »Hast du nicht alles selbst vollendet,
> Heilig glühend Herz?«

Oder mit anderen Worten: diese haben sich klargemacht, dass auch das Christentum ein Werk der Menschheit ist und ebenso wenig wie irgend ein anderes Werk der Menschheit die absolute und ewige Wahrheit einschließt.

Wenn der Mensch also aufhört, seinen Kindern z. B. den Glauben an eine väterliche Vorsehung einzupflanzen, ohne deren Willen kein Sperling vom Dache fällt, so wird er ihnen anstatt dessen den neuen religiösen Begriff der Göttlichkeit des gesetzgebundenen Weltverlaufs einprägen können. Und auf diesem neuen religiösen Begriff wird die neue Ethik aufgebaut werden, die den Menschen mit Ehrfurcht vor dem unausweichlichen Zusammenhang zwischen Ursache und Wirkung erfüllt, dem Zusammenhang, den keine »Gnade« aufheben kann. Sein Handeln wird wirklich von dieser Gewissheit geleitet werden, und er wird sich nicht in irgendwelche Hoffnungen auf eine Vorsehung oder eine Versöhnung einwiegen, die gewisse Wirkungen abzuwenden vermögen. Diese neue Ethik, die durch die Wirklichkeiten des Lebens bekräftigt wird, lässt sich folgerichtig durchführen. Kein einziges Gebot dieser Sittenlehre braucht ein leeres Wort zu bleiben. Und in dieser Sittenlehre wird man für alle die ewig tiefen Worte Verwendung haben, die Jesus oder Buddha oder andere große Geister den Menschen gegeben haben. Aus diesen Worten werden sie immer weiter Erbauung schöpfen – das will sagen, Material, sich selbst aufzubauen – doch mit der vollen Freiheit, bei jedem von ihnen nur jene Baustoffe zu suchen, die gerade zu dem Stil passen, den sie der Architektur ihrer Persönlichkeit verleihen wollen, ohne doch die Aussagen und das Vorbild des einen oder anderen als das absolut Befolgenswerte zu betrachten.

Dann wird die Seele des Kindes nicht von den Tränen der Sündenreue oder der Höllenfurcht gebleicht werden; nicht beschmutzt durch den ideen- und idealitätslosen Realismus, das verächtliche Misstrauen, das die zerstiebenden Blasen der schönen Worte gleich kaltfeuchten Flecken zurücklassen! Dann werden die Weichen sowohl wie die Starken in dem glücklichen und verantwortungsvollen Glauben an ihre eigene Persönlichkeit, ihre eigenen Hilfsquellen aufwachsen. Der Puls ihres Willens wird stark und warm werden von rotem Blut! Sie werden nicht zur Demut gebeugt werden, auch nicht zur Gleichheit mit allen anderen oder mit irgend einem anderen, sie werden im Gegenteil in dem Rechte bestärkt werden, ihren Freuden, Leiden und Werken ihr eigenes Gepräge aufzudrücken; sie werden ermahnt werden, nur ihr eigenes Bestes zu tun, ja auch ihr eigenes Bestes zu suchen, falls sie ihre eigene Grenze dort ziehen, wo das Recht anderer beginnt.

Solange jedoch Schule und Heim zwischen zwei entgegengesetzten Lebensanschauungen Kompromisse schließen, erhält man von keiner von beiden etwas wirklich Gutes für die Erziehung der Kinder.

Ich habe schon einmal dargelegt, dass man in ein und derselben Schule kirchlichen Religionsunterricht und ein *gewisses Maß* von Kenntnis und Liebe zur Natur und Geschichte mitteilen kann; dass man auch in ein und derselben Schule den Entwickelungsverlauf der Natur und der Geschichte im Zusammenhang mit einem *religionshistorischen* Unterricht mitteilen kann, in dem das Judentum und das Christentum den ersten Platz erhalten würde, und dass man dabei die durch die Bibel schon errungene Ehrfurcht und Liebe der Kinder zu Jesu Persönlichkeit und Sittenlehre stärken kann. Man kann, auf ehrliche und ernste Gründe gestützt, den einen oder den anderen Plan wählen. Aber in den Religionsstunden Moses und Christus zu den absoluten Wahrheitsverkündern zu machen und in den Naturgeschichtsstunden Darwin auszulegen, das verursacht mehr als irgend etwas anderes die Zusammenhanglosigkeit, die moralische Schlappheit und Charakterlosigkeit, die nicht kann, nicht will .... Alles, was ich erlebt habe, seit diese Worte niedergeschrieben wurden, hat meine schon damals ausgesprochene Überzeugung hundertfach gewisser gemacht: »dass das Wichtigste nicht ist, was für eine Lebensanschauung wir haben – wie wichtig dies auch sein mag – sondern dass wir Glaubenskraft genug haben, eine Lebensanschauung zu der unseren zu machen, Tatkraft genug, sie im Leben zu verwirklichen. Aber nichts wirkt herabdrückender auf die ethische Energie der heranwachsenden Generation als die dualistische Lebensanschauung, die in der Schule heute erworben wird. Es gilt also, für die Schule eine Wahl zu treffen – nicht eine Vermittelung zwischen zwei Erziehungplänen und zwei Lebensanschauungen – wenn die Glaubenskraft und die Willensstärke der Jugend nicht gebrochen werden soll. Die Frage eines Kompromisses ist in diesem Falle nicht nur eine Anwendungsfrage: sie ist die wichtigste Prinzipienfrage der Erziehung ...«

Seit ich diese Worte niedergeschrieben habe, sind in dieser Frage viele Äußerungen getan worden. Eine derselben, die Sensation erregte, als sie 1890 veröffentlicht wurde, war das Buch *Moses oder Darwin* ...[30]

Der Verfasser zeigt darin, wie tief der Darwinismus in die Wissenschaft und in die Kultur eingreift, wie aber die Volksbildung gehemmt wird, weil man sie von den wissenschaftlichen Wahrheiten der Gegenwart ferne hält und noch immer in den kirchlichen Vorstellungskreis hineinzwingt. Durch den Religionsunterricht begeht man ein Verbrechen gegen die psychologischen Entwickelungsgesetze, denn man teilt Kindern, die nicht im stande sind, über abstrakte Begriffe nachzudenken, ein theologisches System mit. Aber das Schlimmste ist, sagt er, dass nunmehr an den Hochschulen die Entwickelungstheorie als die wissenschaftliche Wahrheit gelehrt wird, während in der von demselben Staate errichteten und erhaltenen Volksschule noch immer, in schärfstem Widerspruch zu allem, was die Wissenschaft und die lebendige Natur die Kinder lehrt, der Mythos der mosaischen Schöpfungsgeschichte mitgeteilt wird: ein unsittlicher und unredlicher Zustand, dem ein Ende gemacht werden muss!

Ein schwedischer Astronom hat in treffender Weise gezeigt, wie in demselben Maße, indem unser Wissen vorwärts schreitet, die Religion aufhört, ein Richter über das zu sein, was unser Wissen umfasst. Und je mehr Wissen wir erreichen, desto mehr wird das Gebiet des Übernatürlichen eingeschränkt, desto weniger glaubt man an das Eingreifen göttlicher Kräfte, desto weniger konkret werden die Vorstellungen vom Tode und einem Leben nach diesem. Aber das bedingt durchaus nicht, dass das religiöse Gefühl erlischt, wenn es auch nicht mehr durch den Glauben an eine göttliche Offenbarung und ein übernatürliches Eingreifen genährt wird. Als Idealität findet es noch immer seinen Ausdruck,

30 Von Dr. Dodel, Professor der Botanik in Zürich.

und ohne religiösen Glauben und Begeisterung können keine idealen Ziele verwirklicht werden. Es gilt, meint der Verfasser, die religiöse Gesinnung zu bewahren, wenn man auch die veralteten religiösen Begriffe verliert!

Dieser Punkt ist der entscheidende in der ganzen Frage. Es ist auch meine tiefste Überzeugung, dass der Mensch ohne Religiosität in der Gemütsanlage keine idealen Ziele verfolgen, nicht über seine eigenen Interessen hinaussehen, nicht mit Opferwilligkeit große Ziele verwirklichen kann. Die religiöse Begeisterung weitet unsere Seele und verpflichtet uns zu dem Handeln, das wir für das ideale halten. Aber weil das Christentum die Seele zusammendrängt und nicht mehr alle Momente unseres Handelns verbinden kann – darum verlassen immer mehr ernste Menschen dasselbe gerade aus religiösen Gründen. Und warum diese dann ihren Kindern nicht den gebräuchlichen christlichen Religionsunterricht geben sollen, hat unter anderen Tolstoi mit seiner gewöhnlichen einseitigen Stärke ausgesprochen. Er sagt:

»Wir sind so an die religiöse Lüge gewöhnt, dass wir nicht merken, welche Einfältigkeit, welche furchtbare Grausamkeit die Lehre der Kirche erfüllt. Wir merken sie nicht, aber die Kinder fühlen sie, und ihre Seele wird durch diese Lehre unheilbar verunstaltet. Wir müssen uns nur ganz klar machen, was wir tun, wenn wir unsere Kinder mit dem sogenannten Religionsunterricht erziehen. Rein und unschuldig, ohne noch betrogen zu haben oder betrogen worden zu sein, wendet sich das Kind an uns, die wir das Leben kennen, und fragt uns, nach welchen Gründen der Mensch sein Leben leben soll? Und was antworten wir? Gewöhnlich kommen wir den Fragen dadurch zuvor, dass wir ihnen die jüdische Legende mitteilen, diese plumpe und unvernünftige, dumme und vor allem unmoralische Geschichte. Wir geben das als heilige Wahrheit aus, was, wie wir selbst wissen, unmöglich ist und für uns keinen Sinn hat: dass vor sechstausend Jahren ein seltsames und grausames Wesen, das wir Gott nennen, es unternahm, diese Welt zugleich mit dem Menschen zu erschaffen; dass der erste Mensch sündigte und dass der böse Gott um dieser Sünde willen nicht nur ihn, sondern auch uns alle anderen strafte, die wir nichts verbrochen haben; endlich dass er selbst die Strafe für diese Sünde erlitten hat, indem er seinen Sohn sterben ließ, und dass unser hauptsächliches Ziel in diesem Leben darin besteht, zu versuchen, diesen Gott zu erweichen und den Leiden zu entkommen, für die er uns bestimmt hat!

Wir meinen, dass das nichts zu bedeuten hat, ja, dass es sogar für das Kind nützlich ist, und wir hören mit Wohlbehagen, wie dieses all diese Greulichkeiten wiederholt; wir reflektieren nicht über die furchtbare geistige Umwälzung, die in solchen Augenblicken, ohne dass wir es merken, in der Seele des Kindes vor sich geht. Wir stellen uns diese Seele als eine leere Tafel vor, auf die man schreiben kann, was man will; aber das ist ein Irrtum. In dem Kinde liegt eine dunkle Ahnung von einem Ursprung des Alls, von einer Macht, der es unterworfen ist, und es besitzt – nicht klar und bestimmt oder mit Worten ausdrückbar, aber als eine Empfindung, die sein Wesen erfüllt – dieselbe hohe Ahnung des Ursprungs wie der denkende Mann, und nun plötzlich, anstatt all diesem sagt man dem Kinde, dass der Urheber des Alls ein unvernünftiges, grässliches und grausames Wesen ist. Das Kind hat eine undeutliche Vorstellung vom Ziele unseres Lebens, davon, dass dieses Glück ist, errungen durch gegenseitige Liebe. Anstatt dessen muss es lernen, dass das Ziel des Lebens in seiner Gesamtheit nur eine Laune dieses unvernünftigen Gottes ist; dass unser persönliches Ziel darin besteht, zu suchen, den ewigen Strafen zu entrinnen, die für einige bestimmt sind, und den Leiden, die dieser Gott uns allen auferlegt hat. In dem Kinde schlummert ein Gefühl, dass die Pflichten der Menschen sehr zusammengesetzt und von moralischer Natur sind: anstatt dessen lehrt man es, dass die vornehmste Pflicht im blinden Glauben besteht, in Gebeten, im Aussprechen gewisser Worte bei einem gewissen Anlass, in dem Verzehren von Wein und Brot, das Gottes Fleisch und Blut vorstellen soll. Wir meinen, dass all dies keine ernsthafte Sache ist, und dennoch ist die Einpflanzung dieser Lehren – die wir Religionsunterricht nennen – das größte Verbrechen gegen das Kind, das man sich überhaupt denken kann!

Die Regierungen und die führenden Klassen brauchen diese Lüge; sie stützt ihre Macht, und darum werden die herrschenden Klassen immer fordern, dass sie den Kindern eingepflanzt werde, und so ihren hypnotisierenden Einfluss auch auf die Erwachsenen ausübe. Die Menschen hingegen, die die gegenwärtige ungerechte soziale Ordnung nicht erhalten wollen, sondern im Gegenteil ihre Veränderung wünschen, und besonders die, die ihren Kindern wohl wollen, müssen sie mit aller Macht vor dieser gefährlichen Betrügerei retten. Wenn die Kinder vollständig gleichgiltig gegen die religiösen Fragen werden, wenn jede positive Religion ihnen ganz fremd wird, so ist dies selbst dem vervollkommnetsten jüdisch-kirchlichen Religionsunterricht unendlich vorzuziehen.

Für jeden, der einsieht, was es für ein Kind bedeutet, wenn man eine Lüge für eine heilige Wahrheit ausgibt, kann es keinen Zweifel über das geben, was er zu tun hat, auch wenn er selbst dem Kinde keine persönliche religiöse Überzeugung mitzuteilen hat …

Wenn ich einem Kinde die Grundzüge der religiösen Lehre darzustellen hätte, die ich für die Wahrheit halte, dann würde ich ihm sagen: Wir sind in diese Welt gekommen und leben hier, nicht durch eigenen Willen, sondern durch den eines anderen, den wir Gott nennen. Darum handeln wir nur dann recht, wenn wir dem Willen dieses Wesens folgen. Dieser Wille besteht darin, dass wir alle glücklich seien, aber um dieses Ziel zu erreichen, gibt es nur ein Mittel: dass jeder Mensch gegen den anderen so handelt, wie er wünscht, dass andere gegen ihn handeln mögen.

Auf die Fragen: Wie ist die Welt entstanden? Was erwartet uns nach dem Tode? antworte ich auf die erste, dass ich es nicht weiß, und dass im übrigen die ganze Frage bedeutungslos ist. Auf die zweite antworte ich, dass der Wille dessen, der uns um unseres Glückes willen ins Leben gerufen hat, es wohl auch nach dem Tode vermag, uns demselben Ziele zuzuführen.«

In diesem wie in anderen Fällen, in denen die Erwachsenen darüber uneinig sind, was »das Kind« braucht, sollten wir nicht von den Erwachsenen, sondern von den Kindern selbst etwas über ihre wirklichen Bedürfnisse zu erfahren suchen.

Man findet da, dass das Kind sehr zeitig anfängt, sich mit den ewigen Rätseln der Menschheit: woher und wohin zu befassen. Aber man findet zugleich, dass ein unverfälschter einfältiger Kindersinn sich gegen die christliche Welterklärung auflehnt, bis seine Ehrlichkeit abgestumpft wird und das Kind entweder schlaff das annimmt, was man es lehrt, oder in seinem Inneren das leugnet, was seine Lippen wiederholen müssen, oder – schließlich – sein Herz von der einzigen Nahrung ergreifen lässt, die man seinen religiösen Bedürfnissen bietet!

Meine eigenen Kindheitserinnerungen haben mich früh zu Beobachtungen der religiösen Begriffe von Kindern veranlasst, und ich habe nun fünfundzwanzig Jahre umfassende Aufzeichnungen über diesen Gegenstand vor mir. Ich entsinne mich meines glühendes Hasses gegen Gott, als ich mit sechs Jahren von Jesu Tod, als durch Gottes Versöhnungsforderung veranlasst, hörte; und mit zehn Jahren an meine Leugnung von Gottes Vorsehung, als ein junger Arbeiter von seiner Frau und seinen fünf Kindern wegstarb, die ihn so notwendig brauchten. Meine Grübelei über die Existenz Gottes nahm damals die Form einer Herausforderung an, und ich schrieb in den Sand: *Gott ist tot* und dachte dabei: gibt es einen Gott, so tötet er mich jetzt mit einem Blitze! Aber da die Sonne immer weiter schien, war die Frage bis auf weiteres beantwortet – um doch bald wiederzukehren. Ich hatte keinen anderen Religionsunterricht, als ein kurzes Bibellesen des Morgens, die Predigt am Sonntag – und Katechismuslektionen, die nie erklärt wurden. Das neue Testament hingegen gehörte zu meinen »Unterhaltungsbüchern«. Ich lernte darin Jesus mit derselben Innigkeit lieben wie andere große Persönlichkeiten, von denen ich las. Aber als ich dann während der Konfirmationszeit Bibelerklärungen erhielt, wo jeder Punkt, jeder Name in den Evangelien ausgelegt war, jeder Satz haargespalten, um die Erfüllung der Prophezeiungen und den erbaulichen verborgenen Sinn jedes der früher so einfachen Worte zu zeigen – das Dreieinigkeitsdogma war auf diese Weise schon im zweiten Verse der Genesis enthalten – da war es für mich eine traurige, große Entdeckung: dass das lebendige Buch meines Kinderherzens und meiner Kinderphantasie so steintot sein konnte! Sowohl für die religiöse Gleichgiltigkeit, die oft die Folge des Religionsunterrichts ist, wie für die geistigen Erkrankungen, die der Bekehrungseifer für die Seelen der Kinder mit sich bringt, könnten zahllose Beispiele angeführt werden. Ich habe Sechsjährige mit heiligem Grauen davon sprechen hören, dass ihr vierjähriger Bruder an einem Sonntag mit seinem Spaten gegraben, während ich andererseits einen Sechsjährigen, den man an einem Tage zu drei Gottesdiensten schleppte, nachdenklich äußern hörte, ob es nicht erträglicher wäre, gleich in die Hölle zu kommen?

Der jüdisch-christliche Begriff von der schaffenden und erhaltenden Vorsehung, die allem die höchste Vollkommenheit verliehen, widerstreitet so absolut dem, was die Erfahrung und der Evolutionsbegriff uns über das Dasein lehren, dass man nicht einmal als gedankliches Experiment theoretisch die beiden Vorstellungen zusammenhalten, um wie viel weniger sie praktisch mit dem Mundleim des Kompromisses vereinigen kann. Das Kind – diese scharfsinnige Einfalt – lässt sich auch nicht betrügen. Will man nicht die Wahrheit sagen – dann sprecht überhaupt nicht zum Kinde vom Leben, dem Leben in seiner Einheit und Mannigfaltigkeit, seinen unzähligen Schöpfungsakten, seinem fortgesetzten Schaffen, seiner ewigen göttlichen Gesetzmäßigkeit!

Aber das bedeutet mit anderen Worten, dass man dann dem Kinde weder den christlichen Gott retten kann, nachdem es anfängt, über diesen Gott nachzudenken, dem es gelehrt wurde, blind zu vertrauen, noch dass man das Kind für den neuen Gottesbegriff mit seiner religiösen, – das heißt verbindenden und erhöhenden – Stärke vorbereitet, für den Begriff eines Gottes, dessen Offenbarungsbuch der gestirnte Himmel und die Seherahnung ist, die Abgründe des Meeres und die Tiefe des Menschenherzens, des Gottes, der im Leben ist und der das Leben ist. Nichts zeigt besser, wie schwach, wie wenig durchgearbeitet der eigene Glaube der modern Denkenden ist, als dass sie noch immer ihre Kinder das lehren, wovon sie selbst geistig nicht leben wollen, was sie aber für die Moral und die soziale Zukunft des Kindes für unentbehrlich halten.

Wenn man vom Vorsehungsbegriff zum Sühnebegriffe übergeht, begegnet man bei den Kindern derselben natürlichen Logik.

Das kleine Mädchen, das – selbst das einzige Kind seiner Mutter – ausrief: »Wie *konnte* Gott sein einziges Kind töten lassen? Das hättest Du mir nicht tun können!« und der kleine Knabe, der äußerte: »Das ist doch sehr gut für uns, dass die Juden Christus kreuzigten, sodass uns nichts geschieht!« … sind die beiden Pole einer gefühlvollen und einer praktischen Betrachtungsweise des Sühnetodes, die beiden Pole, zwischen denen dann alle Parallelkreise gezogen sind. Zu dem mehr humoristischen aber ganz naiven Ideenkreis gehört der Vorschlag eines kleinen Mädchens, Maria Frau Gott zu nennen, sowie die Erzählung eines Knaben, dass man in der Schule von unserem Herrn und den *beiden anderen Herren* gesprochen habe – das heißt: von der Dreieinigkeit!

Aus den Stunden in biblischer Geschichte und Katechismus gibt es unzählige Beweise dafür, wie die Kinder die Worte falsch lesen, die Begriffe falsch verstehen. Der Knabe, der bei der Mahnung, seine Lampe brennend zu erhalten, vergnügt ausrief: »Wir haben das Petroleum gratis!« oder der, welcher auf die Frage, willst du wiedergeboren werden, antwortete: »Nein, denn dann könnte ich ein Mädel werden« – sind in diesem Falle typische Beispiele. Das kleine Mädchen, das man damit tröstete, dass Gott im Dunkel bei ihr sei, das aber ihre Mutter bat, Gott hinauszuschaffen und Licht anzuzünden,; oder die andere Kleine, die vor einem Bilde der christlichen Märtyrer in der Arena mitleidig ausrief: »Ach, der arme Tiger dort, der hat gar keinen Christen bekommen!« sind einige aus der Menge von Beispielen für die Auslegung, die Kinder den Religionsbegriffen geben, die man ihnen mitteilt, Begriffen, die sie in einen Ideenkreis zwingen, den sie entweder materiell auffassen, oder dem sie blind gegenüberstehen.

In dem kindlichen Vorstellungskreis, der sich in Anekdoten wie diesen oder in dem Ausruf des kleinen Mädchens malt, das, als es hörte, dass es um elf Uhr abends geboren wurde, fragte: »Wie habe ich denn so lange aufsein dürfen?« – werden die Begriffe Erbsünde, Sündenfall, Wiedergeburt und Erlösung mit Naturnotwendigkeit zuerst leere Worte, dann erschreckend dunkle Worte! In meinem ganzen Leben hat die Höllenfurcht nicht fünf Minuten in Anspruch genommen. Aber ich kenne Kinder – und Erwachsene – die Märtyrer dieses Schreckens gewesen sind. Ich kenne auch Kinder, die – als ihnen in der Schule der Glaube an die Hölle als unumgänglich eingeprägt wurde – darüber trauerten, dass ihre Mutter gesagt hatte, sie glaube nicht an die Hölle und folglich ein sehr schlechter Mensch sein musste!!

Wir haben uns allerdings weit von den Zeiten entfernt, wo, um das treffende Bild eines Kulturhistorikers zu brauchen, die Teufelsangst »unablässig über dem Leben der Menschen dahinjagte, wie der Schatten der Flügel der Windmühle über die Fenster des Müllers«; weit von der Zeit, in der die göttlichen Personen sich unaufhörlich den Gläubigen offenbarten, und das Wunder ebenso unbedingt zu den alltäglichen Denkgewohnheiten gehörte, wie es jetzt – selbst von dem Gläubigen – ganz aus dem Spiele gelassen wird. Aber solange man noch durch den Religionsunterricht den Teufels-, Vorsehungs- und Wunderglauben aufrecht erhält, wird der Lichtstrahl der kulturfördernden – d. h. der wissenschaftlichen anstatt der abergläubischen – Auffassung nicht die Dunkelheit durchdringen, in der die Bazillen der Grausamkeit und des Wahnsinns reingezüchtet werden.

Die Begriffe, die sich die Kinder vom Himmel machen, sind in der Regel ausgezeichnete Beweise für den Realismus des Kindes. Der kleine Junge, der meinte, sein Bruder könnte nicht im Himmel sein, weil er doch auf einer Leiter hinaufgeklettert sein müsste, und in diesem Falle ungehorsam gewesen wäre, weil ihm verboten war, auf eine Leiter zu steigen; oder das kleine Mädchen, das, als es hörte, dass Großmutter im Himmel sei, fragte, ob Gott da sitze und sie halte, so dass sie nicht herunterfalle, sind einige aus der Zahl der vielen Beweise für den Wirklichkeitssinn des Kindes, den man mit seinen Antworten in dieser wie in so vielen anderen Beziehungen irreleitet. Und wenn man dagegen einwendet, dass die kindliche Phantasie den Mythos, das Symbol brauche, so ist die Antwort sehr einfach. Man kann und soll dem Kinde das Spiel der Phantasie nicht rauben, aber man soll das Spiel nicht für Ernst ausgeben! Dass die Kinder sich selbst realistische Begriffe über geistige Dinge bilden, ist nicht zu verwundern und soll ebenso wenig bekämpft werden wie andere Äußerungen des kindlichen Seelenlebens. Erst wenn diese falschen Begriffe als die höchste Wahrheit des

Lebens mitgeteilt werden, müssen sie die heilige Einfalt des Kindes stören.

Ich kenne Kinder, für die Jesu Wort, alles, worum ihr gläubigen Herzens bittet, werdet ihr erhalten, die Ursache zu ihrem Unglauben geworden ist. So betete ein kleines – in ein dunkles Zimmer gesperrtes – Mädchen, Gott möge den Menschen zeigen, wie sie es verkennten, indem er im Dunkel eine Edelsteinlampe leuchten lasse; eine andere bat um die Rettung ihrer kranken Mutter; wieder eine andere betete neben einer toten Spielkameradin, dass sie aufstehen möge! Und für alle drei wurde die Erfahrung, dass ihr inbrünstiges, gläubigstes Gebet nicht erfüllt wurde, der große Wendepunkt in ihrem inneren Leben.

All die ethische Empörung, die die Ungerechtigkeiten des alten Testaments, z. B. Gottes Bevorzugung Jakobs vor Esau, in einem gesunden Kinde erregt, kann ich aus meiner eigenen und der Erfahrung anderer bekräftigen, und die Erklärungen, die man in diesem und ähnlichen Fällen anführt, erfüllen das Kind mit stiller Verachtung.

Und wenn das Kind schließlich findet, dass die Erwachsenen das, was sie als Religion verkündeten, selbst nicht geglaubt haben, dann erhält das Vermögen des Kindes, zu glauben und zu verehren – jenes Vermögen, das gerade der Grund jedes religiösen Gefühls ist – einen Schaden fürs Leben.

Ich will gar nicht von den Helden und Heldinnen der pietistischen Kinderlitteratur sprechen mit ihren Bekehrungs- und Heiligkeitsgeschichten. Vor diesen können Eltern ihre Kinder ja schützen. Ich spreche hier nur von der Lebensanschauung, die mit oder gegen den Willen der Eltern den Kindern aufgezwungen wird; die ihre Begriffe von Gott, von Jesus, von der Natur verringert, die das Kind – in Ruhe gelassen – einfältig oder groß auffasst; jener Lebensanschauung, die unnötige Leiden und schädliche Vorurteile schafft. Die Disposition des Kindes zu tiefem religiösen Gefühl, festem Glauben, warmem Heiligkeitseifer soll ihre Nahrung dadurch erhalten, dass es frei das Lebensmark aus der Bibel schöpfe, aus der Weltlitteratur, auch der religiösen, z. B. dem Buddhismus; aus der Schilderung großer – auch religiöser großer – Persönlichkeiten, die ein ideales Streben offenbaren; aus solchen Kinderbüchern, die in gesunder Weise ein ähnliches Streben zeigen. Aber kein Kind hat für seine Religion oder seine Bildung im geringsten den Katechismus oder die Theologie nötig, oder irgend eine andere Kirchengeschichte als jene, die organisch mit der allgemeinen Weltgeschichte verbunden wird, und bei der das Hauptgewicht auf die – Irrlehren gelegt werden soll, um der Jugend die Überzeugung einzuprägen, dass alle neuen Wahrheiten von der Mitwelt Irrlehren genannt wurden: das beste negative Mittel, das man zur Erkennung der Wahrheit besitzt!

In sich selbst die Widersprüche zu verarbeiten und zu klären, die dem Kinde selbst bei einer solchen Religionserziehung, wie ich sie mir denke, begegnen, das gehört mit zur Erziehung fürs Leben, in dem man sich ja mit unzähligen Widersprüchen zurechtfinden muss! Aber diese innere Arbeit schadet weder der Frömmigkeit noch der Gesundheit der Kinderseele, wie dies hingegen bei der hetzenden Frömmelei oder der schmeichlerischen Heuchelei, dem geistigen Fanatismus, der betrogenen Vernunft, der seelischen Trockenheit oder dem gekränkten Rechtsgefühl der Fall ist, lauter Folgen einer Erziehung zum Christentum, eines Unterrichts im Christentum nach den jetzt gebräuchlichen Methoden! In der Gegenwart wie in der Zukunft wird das Kind alle seine geistigen Probleme leichter lösen können, wenn sein feines Rechtsgefühl, seine scharfe Logik nicht durch die dogmatischen Antworten auf die ewigen Probleme abgestumpft worden ist, über die das Kind ebenso gut nachgrübelt wie der Denker.

Den schwersten Grundschaden des noch immer herrschenden Religionsunterrichts hat schon Kant hervorgehoben, nämlich dass man, solange die Lehre der Kirche der Moral zu Grunde gelegt wird, unrichtige Motive seines Handelns erhält: nicht, weil Gott ein Ding verboten hat, sondern weil es an und für sich unrecht ist, muss es vermieden werden, nicht, weil Himmel oder Hölle die Guten und die Bösen erwartet, sondern weil das Gute einen höheren Wert hat als das Schlechte, soll man das Gute erstreben. Und zu diesem Gesichtspunkte Kants kommt noch der, dass eine Anschauung, nach der der Mensch außer stande ist, aus eigener Kraft das Gute zu tun – und darum in diesem wie in allen anderen Fällen demütig auf Gottes Hilfe vertrauen muss – ethisch schwächend ist, während das Vertrauen auf unsere eigene Stärke und das Gefühl unserer eigenen Verantwortlichkeit ethisch stärkend wirken. Der Glaube, unwiderruflich sündenbeladen zu sein, hat den Menschen dazu gebracht, es zu bleiben.

Soll daher das Geschlecht der Zukunft mit aufrechten Seelen heranwachsen, so ist die erste Bedingung dafür die, dass man mit einem kräftigen Federzug Katechismus, biblische Geschichte, Theologie und Kirchengeschichte aus dem Dasein der Kinder und der Jugend streiche!

Sich vor dem Unendlichen und Geheimnistiefen innerhalb des irdischen Daseins und jenseits desselben zu beugen; die echten sittlichen Werte zu unterscheiden und zu wählen; von dem Bewusstsein der Solidarität des Menschengeschlechts durchdrungen zu sein, und von seiner eigenen Pflicht, sich um des Ganzen willen zu einer reichen und starken Persönlichkeit auszubilden; zu großen Vorbildern aufzublicken; das Göttliche und Gesetzmäßige im Weltall, im Entwickelungsverlauf, im Menschengeist anzubeten – dies sind die neuen Handlungen der Andacht, die neuen religiösen Gefühle der Ehrfurcht und Liebe, die die Kinder des neuen Jahrhunderts stark, gesund und schön machen werden.

Und damit wird auch der Untergang des Gottesbegriffs anbrechen, der noch »Gottes Hilfe« mit Siegen verbindet, die die nationale Eroberungslust, die Unterdrückungssucht, die Gewinnsucht erringt. Man wird empfinden, dass Gottes Einmischung in die Kraftmessung menschlicher Leidenschaften eine Lästerung ist. Man wird einsehen, dass der Patriotismus, der von Egoismus und Hochmut genährt wird, die »gottloseste« – weil unmenschlichste – aller der lebenzerstörenden Sünden ist, mit denen die Menschen die Heiligkeit des Lebens schänden.

Die Köpfe, die jetzt die Widersprüche des Christentums und des Kriegs vereinigen können – ja, die aus ihnen Kraft und Trost holen – sind durch jahrtausendalte Zwangsvorstellungen entartet. Für Menschen mit solchen Hirnen kann man nichts anderes erwarten, als dass sie in der Wüste vergehen, ohne auch nur mit einem Blicke das gelobte Land gesehen zu haben!

Aber die Gehirne der Kinder können vor der unheilvollsten aller geistigen Missbildungen behütet werden, von dem Aberglauben, dass ein Patriotismus, ein Nationalismus, der das Recht anderer Völker kränkt, etwas mit göttlichen Begriffen gemeinsam hat!

Man lehre die Kinder, dass die nationale Eigenart, die Kraftentwickelung, die Selbstbestimmung für ein Volk ebenso unersetzlich wie für das Individuum, ja aller Opfer wert sind! Man lehre sie, dass ihre Vertiefung in die Natur ihres Vaterlandes, in sein Vergangenheits- wie in sein Gegenwartsleben Voraussetzung für ihre eigene Entwickelung ist; man lehre sie schöne, warme Träume von der Zukunft ihres Landes zu träumen, von ihrer eigenen Arbeit, um diese Zukunft zu gestalten!

Man lehre sie auch früh den tiefen Abgrund zwischen dem Vaterlandsgefühl und dem Egoismus messen, der sich Patriotismus nennt! Dieser »Patriotismus« ist es, in dessen Namen die kleinen Völker von den großen gekränkt werden; in dessen Namen hat sich das Europa des neunzehnten Jahrhunderts unter der Aufreizung des »Revanche«-

Gedankens gerüstet; in dessen Namen sah die Jahrhundertwende die Gewalttaten im Norden und Süden, im Westen und Osten zunehmen.

Militarismus und Klerikalismus – die beide die Autorität im Gegensatz zum Prinzip der persönlichen Prüfung darstellen – sind stets enge verbunden, aber sie sind nicht das, was sie sich nennen: Patriotismus und Religion. Diese schließen einen mitbürgerlichen Sinn, einen Freiheitssinn, einen Rechtssinn in sich, die sich über die enge Sphäre des Individuums, des Klasseninteresses, des eigenen Landes erheben; die die verschiedenen Gruppen innerhalb eines Landes zu allen gemeinsamen großen Interessen vereinigen, ebenso wie die verschiedenen Völker zu allen gemeinsamen großen Lebensfragen. Aber Militarismus und Klerikalismus unterdrücken die Freiheit durch das Prinzip der Autorität, die Selbstbestimmung durch das der Disziplin, den Mitbürgersinn durch das des Kriegerruhms, das Rechtsgefühl durch das der Soldatenehre. Unter dem Zeichen der Christlichkeit und des Militarismus hat in Deutschland die bürgerliche Rechtssicherheit, die kulturelle Freiheit schwere Schädigungen erlitten. Unter der Hypnose derselben Prinzipien haben auch viele im einzelnen achtungswerte Mitglieder des russischen, des französischen, des englischen Volkes den Ungerechtigkeiten ihres Volkes zugejubelt!

Und all dies wird so weitergehen; die Völker werden unter immer größeren Rüstungen zu Boden gedrückt werden; das Recht der kleinen Nationen wird von den großen immer mehr verletzt werden, auch nachdem die jetzigen Weltgewalten, so wie alle vorhergehenden, unter ihrer eigenen Expansion zerbrochen sind! Es wird so fortgehen, bis die Mütter in den Seelen der Kinder das Menschlichkeitsgefühl vor dem Vaterlandsgefühl großziehen, bis sie bestrebt sind, die Sympathie der Kinder mit allem Lebenden zu erweitern – mit Pflanzen, Tieren und Menschen; bis sie sie sehen lehren, dass die Sympathie uns nicht nur das Mitleid, sondern auch die Mitfreude schenkt, und dass das Individuum sein eigenes Lebensgefühl steigert, wenn es lernt, mit anderen Individuen und mit anderen Völkern zu fühlen. Es wird so fortgehen, bis die Mütter in die Seelen der Kinder die Gewissheit pflanzen: dass der Patriotismus, der für die Interessen seines eigenen Landes das Recht eines anderen Volkes mit Füßen tritt, verwerflich ist! Wenn dann diese Kinder als Erwachsene einmal dazu kommen, zu handeln, dann wird es in Übereinstimmung mit dieser Vorstellung geschehen. Wenn in dem Kinde der Begriff des Nationalismus von Ungerechtigkeit und Übermut befreit wird, der Gottesbegriff von einer unreinen Vermischung mit einem egoistischen Patriotismus – dann wird auch der

Begriff Krieger geadelt werden, sodass er nicht mehr mit dem Begriff des blinden Gehorsams und des beschränkten Klassenhochmuts zusammenfällt. Das Wort wird dann einen Menschen und einen Mitbürger bedeuten mit denselben kulturellen Interessen, derselben Rechtsauffassung, demselben Freiheitsbedürfnis und Ehrgefühl wie alle anderen Mitbürger, einen Vaterlandsverteidiger, in dem keine andere kriegerische Glut entzündet werden kann als die zum Schutze heiliger menschlicher und bürgerlicher Rechte!

Denn Selbstverteidigung – persönliche oder nationale – soll dem Kinde entgegen den Geboten des Christentums als die erste der Pflichten eingeprägt werden. Oder richtiger gesagt: das Kind fühlt das instinktiv, und es gilt nur, diesen Instinkt nicht zu verwirren. Das Kind sieht sehr wohl ein, dass, wenn man den Bösen nicht Widerstand leistete, diese Herr über die Guten werden würden! Es weiß, dass das Niedrige und Ungerechte siegen und die Rechtsinnigen, die Hochsinnigen von den Ungerechten und niedrig Gesinnten geopfert werden würden! Der Trieb der Gegenwehr ist der erste Keim zu sozialem Gerechtigkeitsgefühl, und von diesem Gefühl wird das unbeirrte Urteil des Kindes auch in der Geschichte geleitet. Es zweifelt z. B. nie daran, dass Wilhelm Tell Recht hatte, auch wenn es in der Religionsstunde die Untertänigkeit gegen die von Gott eingesetzte Obrigkeit einschärfen hört, und jede gerade Knabenseele schenkt Andreas Hofer ihren Beifall, trotz dessen unsanften Verfahrens mit der »gesetzlichen« Obrigkeit. Das Kind schneidet mit seiner natürlichen Freimütigkeit alle Sophismen ab, d. h. solche Kinder, die durch die christlichen Erklärungen nicht unheilbar verdummt worden sind!

Als Schlusssatz von allem, was ich hier gegen den christlichen Religionsunterricht gesagt habe, will ich die Äußerung eines zehnjährigen Jungen nach dreijährigem Büffeln des Katechismus und der biblischen Geschichte anführen:

»Ich glaube an nichts von all dem! Aber ich hoffe, wenn die Menschen einmal klug werden, darf jeder seinen eigenen Glauben haben, so wie man sein eigenes Gesicht hat!«

Dieser kleine Philosoph traf mit seinen Worten unbewusst den ernstesten seelischen Schaden des Religionsunterrichtes: dass er den Menschen eine Lebensanschauung als gleichförmige Maske vor ihr wirkliches Antlitz zwingt, während es doch zu den Bedingungen der Freiheit und dem Recht der Seelen gehört, sich selbstdenkend die Glaubensgewissheit auszuformen, in der man leben und sterben kann! Rückwärts geschaut zu haben, um das Ideal und die Wahrheit zu suchen; sie als ein für allemal gegeben und abgeschlossen angesehen zu haben – dies ist bis jetzt die große geistige Gefahr für den Menschen gewesen!

Wenn hingegen jedes Kind bei den ersten Schritten seines weichen Fußes auf Erden sich als ein Entdecker fühlen darf, mit Unendlichkeiten vor sich – dann erst wird der Königssohn im Reiche des Lebens nicht länger Knechtesdienste verrichten, wie ein verlorener Sohn in fremdem Lande, sondern er wird mit der ganzen Gewalt seines Willens die alten Worte wiederholen:

Ich will mich aufheben und zu meinem Vater gehen!

Als im Mittelalter Jaquino di Fiori vom Reiche des Vaters, des Sohnes und des heiligen Geistes predigte – predigte, »bis sein Haar silbergrau wurde wie der Olive Laub« – da verglich er diese drei Reiche mit der Art der Nessel, der Rose, der Lilie; mit dem Licht der Sterne, der Morgenröte, der Sonne!

Diese Predigt ertönt nun von allen Enden der Welt. Aber der lilienklare, sonnenwarme Traum vom dritten Reiche wird erst Wirklichkeit werden, wenn der Kindersinn – der der Wille zum Leben und zum Glücke ist – mit seinem frohen Freimut die Schatten des Sündenfalls und der Demütigung aus dem Dasein verjagt haben wird.

Denn ohne zu werden wie die Kinder können die Menschen nicht in dieses dritte Reich eingehen, des heiligen Geistes – des Menschengeistes – Reich!

Printed in Poland
by Amazon Fulfillment
Poland Sp. z o.o., Wrocław

50208936R00105